OTROS LIBROS POR BRENDON BURCHARD

El Mensajero Millionario (The Millionaire Messenger)
El Ticket de Tu Vida (Life's Golden Ticket)
The Student Leadership Guide

SEMINARIOS POR BRENDON BURCHARD

High Performance Academy
Experts Academy
World's Greatest Speaker Training
10X Wealth & Business

Conozca a Brendon en línea y reciba capacitación gratuita en
www.BrendonBurchard.com

LA
CHISPA

CÓMO ACTIVAR LOS 10 IMPULSORES HUMANOS QUE NOS HACEN SENTIR VIVOS

BRENDON BURCHARD

FREE PRESS

NUEVA YORK   LONDRES   TORONTO   SIDNEY   NUEVA DELHI

fP
Free Press
Una División de Simon & Schuster, Inc.
1230 Avenue of the Americas
New York, NY 10020

Primera Edición Free Press empastada mayo de 2012

FREE PRESS y el colofón son marcas registradas de
Simon & Schuster, Inc.

Para información sobre descuentos especiales por compras al por mayor,
comunciarse con Simon & Schuster Special Sales al 1-866-506-1949 o
business@simonandschuster.com.

La Oficina de Conferencistas de Simon & Schuster puede traer
autores a su evento en vivo. Para mayor información o para programar
un evento, comunicarse con Simon & Schuster Speakers Bureau al
1-866-248-3049 o visite el sitio Web www.simonspeakers.com.

Diseñado por Julie Schroeder

Hecho en los Estados Unidos de América

10   9   8   7   6   5   4   3   2   1

ISBN: 978-1-4516-7464-4
ISBN: 978-1-4516-7910-6 (ebook)

Dedicado a mi sorprendente y amorosa familia,
que siempre me ha permitido ir en busca de y llevar
una vida con toda la Chispa: mi madre, Helen,
Bryan, David y mi maravillosamente presente,
cariñosa, chispeante y hermosa esposa, Denise.
Y a mi padre —te perdimos demasiado pronto, papá,
pero llevamos por siempre tu fuerza en nosotros.

Nota para el lector

Como director, conferencista y capacitador en alto desempeño, he tenido la fortuna de trabajar con personas realmente sorprendentes (e incluyo aquí a todos los que me han oído) en el mundo entero. Muchas de las historias que aparecen en mi libro son imágenes instantáneas o síntesis de mis experiencias e interacciones con clientes, audiencias y a veces amigos o miembros de la familia. Se han omitido o cambiado algunos detalles porque no tienen importancia para el punto de enseñanza que deseo comunicar. Y, en los casos descritos en detalle, se han dramatizado algunas historias. En todos los casos me he esforzado por comunciar los elementos esenciales de las historias de mis amigos y clientes y por compartir ejemplos que le permitirán lograr su propia transformación. Espero que los disfruten.

Además, le agradecería tener en cuenta que no soy médico, psicólogo licenciado, psicoterapeuta, psiquiatra, neurocientífico, estratega financiero o legal, ni nada que termine en "ista". Puedo decir, a lo sumo, que soy un estudiante y un servidor y aunque me satisface compartir lo que he aprendido en estos campos, ninguna de la información que comparto en este libro tiene como propósito mostrarse, ni debe interpretarse como asesoría médica, psicológica, financiera o legal profesional. Si necesita ayuda en alguna de estas áreas, consulte con profesionales certificados de cada área específica. Debo dejar en claro que ni yo ni, en especial, mi editor, somos responsables de nada de lo que ocurra en su vida, incluyendo cualquier cosa mala o buena que le suceda como resultado de poner en práctica lo que aquí recomiendo. De hecho, este libro está basado en su totalidad en la premisa de que su vida es lo que USTED haga de ella.

NOTA PARA EL LECTOR

Al escribir esta página, comparto con usted la primera lección de una vida con Chispa: podemos disfrutar lo que hacemos y estar comprometidos con todo lo que hagamos —incluyendo tratar con abogados.

Le deseo suerte,
Brendon

Contenido

Siempre estamos listos para vivir
pero nunca vivimos.

—Ralph Waldo Emerson

Allá afuera

La vida con Chispa, la vida realmente *vivida*, no es una existencia rutinaria en algún pueblo exclusivo y pintoresco de seguridad y certeza. No, la vida que realmente vale la pena vivir está *allá afuera*, en las inexploradas selvas de lo desconocido, en el accidentado terreno de los campos de batalla que ponen a prueba nuestra inteligencia y nuestra voluntad en los combates diarios con nuestros propios demonios. Se encuentra durante los largos y difíciles períodos de tormentas y luchas, cuando sólo oímos los susurros y las desafiantes críticas de enemigos y opositores más fuertes que nosotros en un campo donde nos golpean, nos derriban y nos fuerzan a enfrentarnos a nuestras propias debilidades; y en las cumbres de las montañas a las que sólo llegamos después de haber agotado hasta la última onza de nuestra virtud, fortaleza, carácter, y valor para continuar escalando a pesar de las hondas y flechas con que nos atacan por la espalda y a pesar de las barreras que se levantan ante nosotros. Es allá afuera donde nos enfrentamos cara a cara con lo mejor de nosotros mismos y con nuestro destino. Es allá afuera, en un nuevo mundo de incertidumbre y aventura, donde llegamos más allá de nuestros límites para mejorar, para realizarnos. Es sólo en la lucha hercúlea por alcanzar algo más donde la vida nos llena de sabiduría y significado, pero sólo después de que lo hemos pagado con nuestro propio sudor, y en algunas ocasiones, con nuestras lágrimas. Es el seguir adelante cuando estamos cansados débiles y temerosos, y dentro de la camaradería de nuestros compañeros guerreros con los que nos hemos esforzado; nuestros hermanos, nuestra familia y nuestros amigos que nos han animado y han trabajado con nosotros a pesar de la confusión y aparente locura de lo que hacemos. Es allá afuera en el camino menos recorrido, por ese sendero, que no aparece en el mapa, que cada uno de nosotros elige individualmente, y es con frecuencia un sendero tortuoso, enmarañado, que conduce únicamente a otro camino sin pavimentar o a un campo abierto de oportunidad, donde tenemos que luchar otra batalla con la misma esperanza de triunfo y trascendencia. Es allá afuera donde tenemos que tener la fortaleza de mantenernos de pie, desnudos ante el mundo, como realmente somos, donde podemos escudriñar las almas de quienes nos rodean y por ultimo ver en ellos la imagen de lo divino, cuando nos sumergimos de forma valiente e incondicional en ese amor sin fondo ni fronteras. Es allá afuera, más allá de los confines de nuestro confort y de los placeres de nuestras acumulaciones, más allá de nuestra arquitectura de rutina, donde nos zafamos de las ataduras de nuestras creencias limitantes y podemos remontarnos de forma admirable por encima de nuestras propias limitaciones y expresar lo más elevado de nuestro ser. Es allá afuera, en un mundo de abundantes alternativas y retos y de miedo y libertad, donde nos esperan nuestros mayores dones y nuestras más grandes aventuras. Debemos saber escuchar. Es allá afuera donde nos llama nuestro destino. Debemos ser osados y prepararnos. Es el momento de volver al ataque.

—*Brendon Burchard*

Introducción

Este libro es un ataque frontal al hastío, la falta de atención, la mediocridad, el aislamiento y la rutina de una vida "normal". Cuestionará de inmediato el porqué se permite llevar una vida al nivel energético en el que reside actualmente y le presentará el agresivo reto de llevar una vida más vibrante, estratégica y comprometida.

En estas páginas encontrará una guía pragmática, con frecuencia contraintuitiva, que rompe los innumerables consejos erróneos, termina con cerca de medio siglo de malinterpretaciones psicológicas y prepara un deslumbrante camino dorado hacia un solo y único destino: una nueva vida que lo hará sentir real, plenamente y magníficamente *vivo*.

Acéptelo: la energía emocional del mundo ha llegado a un punto muerto. Durante los últimos cuarenta años, a través de casi todos los países desarrollados del mundo, el diagnóstico de la depresión clínica ha aumentado casi diez veces. Y esto, a pesar del hecho de que prácticamente todos los factores que asociamos con el bienestar —comida en abundancia, dinero, educación, seguridad, acceso a las artes y al cuidado de la salud— abundan en estas sociedades. Son cada vez más numerosos los casos de sensación de intranquilidad, cansancio, estrés y una especie de malestar indescriptible que con mucha frecuencia lleva a muchas personas a sentirse hastiadas, inseguras y frustradas.

Me atrevería a decir que usted cabría dentro de esa descripción.

Como todos los demás, tiene todo lo que otros dicen que "necesita" —seguridad, techo, sustento— y, sin embargo, son muchos los días en que no se siente tan entusiasta, productivo y satisfecho como debería sentirse. En un determinado nivel, tal vez sienta que no está cumpliendo las promesas que se ha hecho de expresar todo el potencial que lleva dentro. Inicia cada año lleno de entusiasmo ante una gran carrera, sólo para terminar a un lento trote. Su semana está programada para llegar a un máximo, pero en el fondo sabe que el trabajo que lo mantiene ocupado no es el trabajo al que quisiera dedicar su vida. Tiene la inquietud, el alma y el deseo, así como la voluntad, pero con demasiada frecuencia se encuentra dando vueltas en algo menos divertido que un carrusel, en un círculo de dudas y retardos. Está conectado en línea con todos y con todo, pero no se siente tan conectado con el mundo y con los demás como quisiera estarlo. Espera algún tipo de permiso o de momento adecuado para comenzar a llevar una vida plena día tras día. Tiene el deseo incesante de algo más.

Bien, aquí estoy yo para decirle que usted *merece* algo más. Pero hay una condición: para alcanzarlo, va a tener que exigirse más. Es posible que estas palabras lo desanimen o incluso le impidan continuar leyendo; ya lo sé. Se debate con todas sus fuerzas para mantenerse a flote y despierto, acosado por la difícil situación económica, por las exigencias ilógicas que se le hacen en todos los campos, y por no poder dormir lo suficiente. Tal vez lo último que quiera oír es que debe esforzarse más, hacer su trabajo de forma más inteligente, o dar más durante su vida.

El problema es que eso es lo que hay que hacer. Y sin importar si eso me hace o no popular, lo retaré en estas páginas, y espero que usted me lo permita y que se comporte a la altura del reto, porque creo que usted sabe que realmente *hay* más allá afuera para usted. Creo que ya ha podido gustar de suficientes momentos mágicos, felices, atractivos y emocionantes en su vida y que está dispuesto a hacer lo que sea necesario para disfrutar otros momentos así. Puede recordar épocas en las que se divertía más, en las que se comportaban de manera libre y despreocupada, y se sentía más animado y lleno de esperanza de lo que jamás imaginó posible. En otras palabras, ya se ha podido dar una idea y ha podido experimentar lo que es una Vida con Chispa — una existencia a un mayor nivel que lo hace sentir energizado, comprometido y entusiasta para vivir su vida.

Si eso es cierto, permítame mostrarle mis cartas: No creo que la intranquilidad, el hastío, la ansiedad, el miedo u otras emociones negativas constantes que pueda tener con respecto a usted mismo, a los demás o a la vida en general, tenga nada que ver con la economía, con el mundo cada vez más caótico en que vivimos, con su niñez, con su mala suerte o con ninguna otra excusa fácil que los propagadores de la victimización le hayan estado ofreciendo en estos días. No, cualquier ausencia de cambio en su vida es sólo el resultado de una colosal falla en la *estrategia*. Sólo la falla que le impide tener control estratégico del contenido de su ser consciente le impide sentir la carga interna consciente de estar plenamente vivo, comprometido, conectado y pleno. Las buenas noticias son que tiene ahora en sus manos un libro muy estratégico.

Estoy convencido de que ya ha experimentado en algún momento una chispa en su vida, una chispa que lo ha mantenido encendido durante días. Pero no quiero darle sólo la posibilidad de volver a experimentar una carga emocional que tal vez ya haya sentido una o dos veces antes; ese sería como el truco barato que puede esperar de cualquier hipnotizador de carnaval. Quiero mostrarle un plano de posibilidades y vibración emocional totalmente nuevo que nunca había sabido que existe. Usted puede tener una realidad más vital, más colorida, más emocionante, con mayor atractivo sexual.

Para ayudar a las personas a lograr este tipo de existencia, he dedicado quince años de estudio minucioso de todo lo que he podido encontrar sobre los campos de la psicología, la neurociencia, el potencial humano y el alto desempeño. He dedicado mi vida a la búsqueda de formas de ayudar estratégica, radical y permanentemente a los demás, a incrementar su energía, su compromiso y su entusiasmo —*su carga interna*— en todas las áreas de sus vidas. He ayudado a los ejecutivos a lograr no sólo su revigorización sino la revigorización de todas sus empresas, he ayudado a las parejas a volver a encender el aspecto sentimental en sus vidas, he ayudado a los atletas a recuperar su empuje, a los artistas a reconectarse con su más alta genialidad, a los padres a reavivar sus relaciones con sus hijos y a las celebridades y políticos a reenergizar a sus seguidores, todo esto ayudándoles a aprovechar esa carga interior más intensa, ese algo que ya tenían dentro de ellos. Por este trabajo, me he convertido en uno de los asesores y entrenadores de alto rendimiento mejor pagados del mundo y mi seminario, High Performance Academy (Academia de Alto Desempeño), reconocido a nivel mundial, es la norma del desarrollo personal y los negocios efectivos. Pero el hecho es el siguiente: esto no se trata, ni se ha tratado nunca, de mí. No hago esto dándome golpes de pecho ni abrumándolo con afirmaciones. Lo hago elaborando un plan estratégico que le permite —sin que lo *rete* a hacerlo— llevar la mejor vida posible.

Motivaciones modernas

Es hora de que todos adoptemos una vida más estratégica y significativa.

¿Cuál es la razón por la cual nuestro mundo con tanta abundancia de alternativas y conectabilidad nos hace sentir desconectados y carentes de algo más? Con toda la información de cómo hacer cosas al alcance de la mano ¿por qué estamos tan inseguros de qué palancas debemos activar para mejorar nuestra vida de forma dramática? ¿Por qué, teniendo tanto —un techo, oportunidades, seguridad, alternativas, acceso al mundo entero— no *siempre* (o al menos en muchas más oportunidades) nos sentimos encendidos y llenos de energía?

Anteriormente, los gurús de la autoayuda y los psicólogos de sillón responderían a estas preguntas con la sugerencia de que todos somos locos, desagradecidos o incapaces de apreciar todo lo bueno que nos ocurre. Diría que estamos bajo el impulso de oscuras necesidades que no nos permiten aprovechar el sol, que estamos demasiado atrapados en el pasado, que esperamos demasiado, que no somos conscientes de nuestros verdaderos pensamientos y patrones, o que no estamos trasmitiendo con la suficiente eficiencia nuestros poderosos pensamientos para atraer la felicidad que merecemos tener en nuestras vidas. Naturalmente, esas respuestas son inadecuadas. De hecho, han causado más mal que bien.

Entonces... volvemos al interrogante esencial: ¿Por qué si tenemos satisfechas tantas de nuestras necesidades humanas básicas, no nos sentimos más encendidos y satisfechos con nuestras vidas?

La respuesta introduce un argumento controversial: nos sentimos insatisfechos porque la totalidad de la línea de base de nuestras motivaciones humanas ha *evolucionado*. Lo que nos hacía sentir felices, energizados y plenos hace apenas un siglo, ya no es válido, porque nuestros cerebros, nuestros cuerpos y nuestra sociedad han cambiado de forma muy radical.

Esta terminología evolutiva no agrada a muchos de los biólogos de la vieja escuela que sostienen que el cerebro y el cuerpo humano no han podido evolucionar lo suficientemente rápido en el último medio siglo como para cambiar nuestras motivaciones humanas colectivas y que, como especie, siempre hemos estado motivados por las mismas necesidades humanas básicas. Aún si eso fuera cierto —y muchos sostiene lo contrario— lo que queda claro es que en nuestra abundante cultura moderna, la *forma en la que* nos activamos y sentimos que esas necesidades están satisfechas ha cambiado por completo.

LA CHISPA

Basta tener en cuenta lo siguiente. En el más reciente parpadeo de nuestra historia, nuestras experiencia humana y nuestra cultura colectiva se han transformado en todas las formas imaginables: en lo que hacemos (un trabajo más creativo y autónomo que el trabajo repetitivo manejado sobre el concepto de tareas); la forma como obtenemos nuestro alimento y lo que comemos (que ha llevado a una sorprendente evolución en cuanto a la talla de nuestros cuerpos a nivel mundial); el lugar que llamamos nuestros hogar (la migración global hacia las ciudades); la forma como interactuamos (un planeta recientemente interconectado que trabaja en oficinas y organizaciones más que en el campo y en las fábricas); lo que compramos (más adquisiciones no esenciales basadas en preferencias estéticas más que en los conceptos de funcionalidad o utilidad); las actividades a las que dedicamos nuestro tiempo (más tiempo en el trabajo y, no obstante, más tiempo frente al televisor y a la computadora); nuestra expectativa de vida (más longevos, pero con más problemas de salud que nunca —muchos de ellos *como resultado de que* vivimos más tiempo); y la forma como estructuramos nuestras organizaciones y naciones (más democracia y tolerancia a nivel mundial —una tendencia estrechamente estudiada desde 1981). Si pudiéramos volver atrás en la historia, a hace cincuenta o cien años, en un solo salto, veríamos cuánto ha cambiado *todo*. Y al haber cambiado nuestro mundo de forma tan absoluta, era inevitable que nosotros los humanos cambiáramos también a fin de sobrevivir y progresar. Las formas como pensamos, sentimos y nos comportamos —nuestra psicología— tuvo que mantener el ritmo de avance de nuestro mundo. Por lo tanto, la forma como expresamos y alcanzamos nuestros anhelos humanos ha evolucionado.

A medida que hay mayor abundancia en nuestra sociedad, lo que mueve a las personas no es sólo lo que *necesitan*. La mayoría de nuestras necesidades humanas de alimento, techo, seguridad y pertenencia están satisfechas y estructuradas por una sociedad en constante desarrollo. Sin embargo, el simple hecho de satisfacer esas necesidades no nos hace felices. Al contrario. Desafortunadamente, gran parte de lo que comprendemos acerca de la psicología pop aún proviene de la famosa "jerarquía de necesidades" de Abraham Maslow, desarrollada en 1940. Maslow fue una persona brillante y gran parte de su trabajo fue malinterpretado, pero su duradero legado es el siguiente: si podemos satisfacer nuestras necesidades, deberíamos ser felices. Por lo tanto, cuando nuestras necesidades han sido satisfechas y *no* somos felices, todos creemos que algo está mal en nosotros.

La realidad es que en una cultura de abundancia, simplemente ya no tenemos que centrarnos tanto en lo que necesitamos como en lo que *queremos*. Tenemos más opciones y, por lo tanto, más libertad de elegir qué queremos para nuestras vidas. Rodeados de millones de alternativas, estamos libres de las restricciones de nuestras necesidades y, sin embargo, al mismo tiempo, enfrentamos el reto de encontrarle un enfoque y un significado a la vida. Pero nadie sugeriría que diéramos marcha atrás. Es una bendición poder buscar lo que deseamos. Es simplemente que lo que queremos hoy es muy, muy diferente a lo que queríamos hace diez años.

Pensemos en cómo ese cambio radical de lo que necesitamos a lo que queremos ha afectado nuestro trabajo. Nuestra fuerza laboral moderna está motivada por la simple seguridad de un cheque a fin de mes o por la motivación primitiva del palo y la zanahoria sostenidos por administradores manipuladores. En la actualidad, los trabajadores tienen un nuevo e insaciable deseo de motivaciones intrínsecas, en especial el compromiso y la plenitud que se alcanzan con los proyectos relacionados con el control creativo, la conectividad, el diseño y la historia social, y las contribuciones que van más allá de los confines del cubículo en una gran organización. Nos hemos convertido en una fuerza laboral en constante movimiento, "basada en la amistad" que da prioridad a la interacción, la estética, la experiencia, la innovación y la colaboración significativa social al evaluar los trabajos, las causas, los proyectos y los líderes. Los antiguos conceptos de motivación en el trabajo, basados exclusivamente en la compensación, una oficina de esquina y ambiciones de ascenso a largo plazo ya no son válidos (y no lo han sido desde hace una década). Ya no nos dejamos engañar más por las trampas comunes del éxito, porque, en una sociedad ya abundante, *lo que nos impulsa* ha cambiado. Nuestras vidas modernas ya no funcionan sólo con base en las mismas consideraciones de seguridad y sustento, tampoco vemos como lo veíamos hace una generación nuestro camino de autoactualización. Con todas las alternativas que tenemos a nuestra disposición, pasamos por alto la seguridad tradicional y buscamos en cambio experiencias novedosas, desafiantes, conectadas y creativas. Esto no es solamente una serie inconexa de ideas de alguien que se reconoce como un libre agente moderno. La neurociencia demuestra que, de hecho, cuando nuestros cerebros están libres de las necesidades animales básicas de seguridad, lo que interesa principalmente a nuestra actividad neural son exactamente esas cosas: *la novedad, el reto, la conexión* y *la expresión*. Y muchas de las mayores encuestas mundiales acerca de la felicidad encuentran lo mismo a nivel global —queremos sentirnos comprometidos con el trabajo y lo que nos compromete son cosas como alternativas, contribución y expresión creativa.

Hemos visto cómo nuestras vidas a nivel profesional y personal se van mezclando cada vez más hasta que el concepto de equilibrio entre trabajo y vida parece un nostálgico sueño fantástico de la década de 1950. Ahora, nuestras vidas de familia son más caóticas, estresantes e inestables que nunca. Es difícil para las personas mantenerse unidas, o aún entenderse entre sí. Para los padres resulta muy difícil entender qué es lo que impulsa la conducta de sus hijos, por no hablar de la propia. En una sociedad en la que los niños llenan su tiempo libre con actividades extraescolares y los padres trabajan todo el tiempo ¿Qué pueden *realmente* esperar lograr las familias unidas? Tener un techo para la familia o comida en la mesa ya no es suficiente, por mucho que lo deseáramos. En un mundo de abundancia e hiperconectado, los miembros de la familia son ahora más que conscientes de las alternativas que tienen a su alcance. Todos los días ven mejores casas, padres, escuelas y juguetes y aparatos en la televisión y en la Web. Por lo tanto, poco les importa el hecho de tener lo que necesitan —eso lo dan por descontado. Lo que les importa es tener lo que *quieren*.

¿Cómo podemos pensar de forma más estratégica acerca de nosotros y de lo que nos motiva hoy en cuanto a suplir nuestras necesidades humanas básicas, lo que no consiste simplemente en lograr que la aguja del indicador de felicidad se desplace hacia el ocio? ¿Qué nos llevará a alcanzar vidas interesantes, plenas, dentro de un mar de cambios que se producen en nuestros lugares de trabajo y en nuestras vidas personales? ¿Cómo devolverle la chispa a nuestras vidas para que lo que hagamos nos llene de gozo y satisfacción? ¿Qué palancas podemos activar en este gran viaje de la vida para alcanzar nuestro pleno potencial y viajar en primera clase hacia nuestro destino?

En *La chispa,* responderé estos interrogantes al proponer un nuevo marco conceptual para enfocar la motivación humana; una que nos saque de hacer simplemente lo que tenemos que hacer para sentirnos seguros y tranquilos y nos lleve a encontrar los impulsores que nos hagan sentir realmente *vivos*. En el proceso, entraremos dentro de su mente y entenderemos la estructura de su cerebro, le daremos las palancas mentales para poder *cambiar* realmente el cableado. Esa mezcla de emociones que siente en relación con su vida y su trabajo quedará expuesta, al desnudo, ante sus ojos y, tal vez, por primera vez en su vida de adulto consciente, aprenderá cómo controlar, reconstruir y reconfigurarla para poder experimentar esa nueva Chispa en su vida.

Una vida con Chispa es una existencia conscientemente diseñada con un nivel de compromiso uniforme, una vida energizada y entusiasta. Es una vida que se elije intencionalmente y se activa mediante el aprendizaje de los 10 impulsores que nos hacen humanos, que constituyen el tema de este libro. Tener Chispa en la vida no es una sensación de una sola vez ni se trata de una chispa fugaz. Es una llama constante en el alma que nos ilumina durante toda la vida por oscuras que parezcan las cosas a nuestro alrededor. Tampoco se trata de deambular sin rumbo con una permanente sonrisa falsa, ni bajo el efecto de una sobredosis de cafeína ni animados por algún empalagoso coctel de afirmaciones de autoayuda. Se trata de una energía de alto nivel, y no obstante consistente, estratégicamente programada y sostenible para que estemos plenamente comprometidos con el momento y seamos optimistas acerca del futuro. Describiré en más detalle esta vida en el próximo capítulo, pero por ahora debo destacar la frase operativa de su definición: *una existencia conscientemente diseñada.*

A fin de diseñar mejor su vida, tendrá que entender y activar 10 sencillos impulsores de la emoción y la felicidad humanas. Estos son niveles psicológicos que puede utilizar para reestructurar y reenergizar toda su vida. En la Sección I de este libro, le enseñaré a entender y a apalancar lo que podría llamar sus cinco "impulsores básicos", que son los deseos más automáticos que se tienen de desarrollar control, competencia, congruencia, preocupación por los otros y conexiones con las demás personas en su vida. En la Sección II, desvelaré los "impulsores progresistas", que le ayudarán a utilizar el cambio, el reto, la expresión creativa, la contribución y la conciencia para avanzar realmente en su vida. Los impulsores de base y los progresistas suman un total de 10 impulsores humanos que le ayudarán a encender su nueva vida con Chispa.

Es probable que todo este aspecto de "cambiar su vida" parezca demasiado exagerado e inalcanzable, si no fuera por algunos avances recientes en los campos de la neurociencia, la psicología positiva y el alto desempeño. En los últimos tres años, hemos aprendido más acerca de cómo funcionan nuestros cerebros que en los tres mil años precedentes. Hemos roto el enfoque psicológico centenario de la neurosis y de lo que no funciona bien en nosotros, y hemos elaborado un nuevo marco para nuestro estudio sobre lo que *sí funciona bien* en nosotros. Hemos descubierto la clave de lo que se requiere para desempeñarse a niveles más altos de gozo, compromiso y productividad.

Ya es tiempo de traer nuestra nueva comprensión de la experiencia humana al primer plano de la forma como estructuramos y determinamos la estrategia de nuestras vidas. El momento no podría ser mejor. Vemos el desánimo, la falta de orientación y los dolorosos autoexámenes de nuestros parientes, amigos, vecinos y compañeros de trabajo. Todos buscan algo, pero no están seguros de lo que buscan ni de dónde encontrarlo. Como siempre, las respuestas ya las tenemos. Lo único que hay que hacer es saber entendernos mejor a nosotros mismos y activar aquellas partes de nosotros que hacen que nuestras vidas sean interesantes, que estén conectadas y sean significativas.

No pretendo decir que el viaje del autoconocimiento sea fácil. Al decidir de forma consciente tomar las riendas de nuestra vida y galopar en una nueva dirección, nos vamos a encontrar (al menos al comienzo) en un camino irregular y desagradable. Pero eso está bien; es el único camino que vale la pena tomar. Cambiar la vida es difícil. Pueden creerme, yo lo sé. Ha sido necesario sufrir accidentes automovilísticos, cambios de carrera y caos así como épicas luchas internas para llegar adonde me encuentro ahora, viviendo mi mejor vida. Pero, en el proceso, he aprendido a manejar mejor mis impulsores humanos, y como consecuencia, llevo una vida feliz, vibrante y plena como jamás la hubiera podido imaginar. Lo mismo les ha ocurrido a mis clientes. Mi deseo es que le ocurra también a usted y poder contribuir a que lo logre. Estoy dispuesto a sacarlo de su rincón y de su zona de confort (que es también la zona de la mediocridad). Espero que lo acepte, porque la alternativa —continuar en el mismo camino, con la esperanza de que venga algo mejor mientras que se niega a actuar con decisión— es el lugar donde ahora se encuentra. La época en que vivimos lo está llamando a dominar su mente y a contribuir a darle más magia y energía positiva al mundo. Todos necesitamos que *usted* vuelva a comprometerse plenamente y comparta con nosotros ese ser extraordinario, en toda su expresión, que es usted. Necesitamos que elija un tipo de vida diferente y que haga que se encienda la chispa que le permitirá enfrentar los retos que esperan a toda la humanidad.

Cuando la voluntad es más fuerte que el poder de la mente

Sin importar cuáles sean sus circunstancias, su posición o sus oportunidades en la vida, siempre tiene la libertad mental de elegir la forma como experimentará, interpretará, y, en último término, conformará su mundo. Si puede creer esto, podrá entonces elegir de forma estratégica y crear una vida con Chispa. Ahora, más que nunca, estoy convencido de que esto es así y de que no se trata simplemente de un nivel filosófico sino también de un nivel extremadamente práctico y físico.

A pesar de ser reconocido a nivel mundial como una persona con un alto nivel de desempeño, hace poco perdí la chispa en mi vida por un período de varios meses. Fue necesario hacer un increíble esfuerzo por mantenerme consciente y enfocado a fin de encender mi llama interna y reavivar mi vida. Me vi obligado a luchar *día tras día*, para activar los 10 impulsores humanos que son el núcleo de este libro. En el proceso, aprendí que nuestras mentes son mucho más potentes de lo que la mayoría de nosotros imagina; son aún más fuertes que nuestros cerebros, pero, ya hablaremos de ese tema.

Para ser sincero, he perdido y recuperado esa chispa en mi vida en tres oportunidades. La primera fue cuando tuve una depresión después de una dolorosa terminación con mi novia en la universidad. Fue una época horrible, con tendencias suicidas, que duró todo un año, y fue necesario que sufriera un accidente automovilístico para salir de ese estado. (Ya he escrito con anterioridad acerca de ese accidente en mis otros libros *The Millionaire Messenger (El mensajero millonario)* y *Life's Golden Ticket (El ticket de tu vida)*. En resumen, después de sufrir ese accidente automovilístico en un vehículo que se volcó en una curva a ciento treinta y siete kilómetros por hora, aprendí que cuando uno se estrella y se encuentra de manos a boca con el umbral de la muerte, todos nos vemos obligados a hacernos tres preguntas: *¿Viví? ¿Amé? ¿Tuvo alguna importancia?* Fue una alertadora experiencia de autoexamen, y el accidente me obligó a auto examinarme con toda seriedad. Antes, nunca había vivido realmente la vida, y el accidente hizo tomar en serio la importancia de hacerlo. Una cita de Virgilio resumía mis sentimientos: "La muerte me tira de la oreja. 'Vida', dice, 'allá voy". Decidí utilizar mi ticket para una segunda oportunidad de crear conscientemente una vida mejor, para que, cuando cruce mi última esquina, pueda estar contento con las respuestas que encontraré al final.

Mi ticket resulto ser válido para quince años sorprendentes de vibración, conexión y significado. Durante ese período de tiempo, descubrí y dominé los 10 impulsores humanos que conocerá en este libro. Establecí empresas multimillonarias, asesoré a algunos de los más famosos ejecutivos y celebridades del mundo, escribí unos cuantos libros, me enamoré, me casé, sostuve a mi familia en tiempos difíciles, viajé por el mundo, superé sin dificultad casi todos los retos, dicté conferencias en distintos escenarios con legendarios líderes de pensamiento y motivadores, me codeé con magnates y ex presidentes, y di y logré más de lo que jamás hubiera podido imaginar. Vivía una vida plenamente reenergizada y todos a mi alrededor me preguntaban, "¿Cómo puedes divertirte tanto, ser tan enfocado y tener tanta energía?".

Después, hace poco, todo cambió. Mi padre, a quien amaba con el alma, mi mejor amigo, fue diagnosticado con leucemia y murió repentinamente. Como contaré más adelante, logré continuar con mi vida de la mejor forma que pude, durante bastante tiempo. Gracias a Dios, tenía todas las palancas mentales para ayudarme a superar nuestra repentina pérdida y, afortunadamente, supe usarlas lo suficientemente bien para mantenerme fuerte ante él, ante mí mismo y ante mi familia durante esa época tan difícil. Sin embargo, con la súbita pérdida de mi padre, mi chispa, sin duda, disminuyó.

Después, hace muy poco —en otro accidente— todo, absolutamente todo, se vino abajo en un momento. Es irónico que, la tercera vez que perdí mi chispa fue justo en el momento en el que comencé a escribir este libro.

Recuerdo nítidamente ese día. Un grupo de amigos íntimos y yo conducíamos rápidamente nuestros 4x4 todoterreno (ATVs) por una playa desierta de arena blanca en México. El cielo estaba totalmente azul, el aire ligeramente húmedo. El mar, color turquesa, estaba quieto y calmado. Había estado conduciendo por el desierto todo el día, con seguridad y tranquilidad. Al avanzar por uno de los últimos trechos de playa, estaba relajado, y respiraba profundamente, disfrutando de la adrenalina de una buena carrera y las bendiciones de encontrarme en un lugar tan precioso. Ese día, pensaba mucho en mi padre. Me había enseñado a conducir, a vivir.

Tal vez hubo un momento en que perdí la concentración y me desconecté, sólo por un segundo y me quedé mirando el mar por más de un instante. Comoquiera que fuera, conduciendo por la playa a treinta y cinco millas por hora, no vi un pequeño cúmulo de arena que había delante de mí. A diferencia de los efectos especiales en cámara lenta, cuando nuestro auto dio una voltereta en el aire y salió de la carretera, hace quince años, esta vez, fue todo muy *rápido*.

El auto golpeó el montículo de arena, se elevo en el aire y cayó sobre la llanta delantera izquierda de modo que se volteó con fuerza hacia la izquierda arrojándome contra el suelo. Sentí el impacto de la arena y sentí el aire escapar de mis pulmones. Recuerdo haber rodado por el suelo y recuerdo el ruido de la arena golpeando contra mi casco. Podía oír el auto rebotando a mi lado —¡bang! ¡bang! ¡bang!— y pensé, *Por favor, Dios, no permitas que esa cosa me caiga encima.*

Cuando recobré la conciencia, mis amigos, arrodillados y reunidos a mi alrededor, me preguntaban si estaba bien. El guía repetía una y otra vez, "¿Te cayó encima? ¿Te cayó encima? ¿Te cayó encima?". No lo sabía y no le podía responder. Estaba parpadeando para despejar las estrellas que bloqueaban mi visión y me esforzaba por respirar. Cerré los ojos, intenté sentir mi cuerpo y pasaron unos segundos antes de que pudiera sentir algo. Me dolía la cabeza; mi pierna izquierda estaba dormida; el brazo izquierdo me dolía intensamente; el guía comenzó a palpar todo mi cuerpo, en busca de huesos rotos que protruyeran por la piel o de inflamación interna alrededor de mis costillas y mi abdomen. Mis amigos me ayudaron a incorporarme y por un momento, sólo por un segundo, perdí la conciencia. Fue ahí cuando supe que tenía problemas. Todo mi lado izquierdo me dolía intensamente: la cabeza, el hombro, la muñeca, las costillas, la cadera.

Mis amigos merecen una medalla de oro por meterme en la parte de atrás de un vehículo todoterreno y llevarme al campamento base y de ahí al hospital de la ciudad; todo lo cual tardó dos horas, la ventana de tiempo más brutal que pueda recordar. El veredicto inicial no fue tan malo: una muñeca fracturada que requería cirugía, unas cuantas costillas lastimadas que no me permitieron respirar normalmente por un par de semanas, un caso severo de latigazo en el cuello y una cadera y un hombro muy adoloridos. Pensé que había tenido suerte.

Tres meses después, sin embargo, justo cuando empecé a escribir este libro, mi vida era un caos. No podía concentrarme. Tenía problemas para programar, imaginar y recordar cosas. Mi agilidad mental para juzgar era lenta y mi coordinación parecía no acertar ningún intento. Los éxitos parecían huecos y aparentemente no podía razonar bien ni establecer una adecuada empatía con los demás. Mi estado de ánimo era totalmente impredecible. Actuaba de forma impulsiva. No me sentía alerta, ni comprometido, ni conectado ni satisfecho en ninguna forma. Peor aún, ya no podía enfrentar bien la situación; los tristes recuerdos de la muerte de mi padre me consumían. Había *perdido* la energía.

Sintiéndome a la deriva en el flujo incierto de la vida, estaba triste e insatisfecho. Como muchos otros, me limité a dejar mi realidad a un lado y a culpar a mis múltiples ocupaciones de mi malestar emocional y mi comportamiento errático. *Debo estar cansado y estresado*, pensaba, *pero esto ya pasará si sólo continúo con mis actividades.* Después de todo, tenía todo lo que supuestamente debía tener para ser feliz: una hermosa esposa, una familia amorosa, un trabajo apasionante, buenos autos, buenas casas, los teléfonos de varias celebridades almacenados en discado rápido. Pero algo andaba muy mal.

El hecho fue que escribir este libro me salvó la vida. Había estado investigando en el campo de la neurociencia durante años para aclarar y respaldar mis conceptos acerca de lo que impulsa la conducta y la motivación humanas. Había aprendido mucho acerca del cerebro y, una mañana, ocurrió algo que me hizo pensar en mi investigación neurocientífica.

Después de semanas de luchar con problemas para escribir, una tarde tuve un momento de iluminación cargado de cafeína y escribí veinte páginas. Al día siguiente, corrí a la computadora y comencé a escanear lo que había escrito la noche anterior. Es extraño cómo, en sólo unos pocos minutos, la vida puede cambiar para siempre. Allí, en la pantalla, descubrí que necesitaba ayuda. Lo que vi fue una frase

INTRODUCCIÓN

tras otra en las que faltaban palabras. Por alguna razón, las palabras que tenía en la mente no salían al teclado a través de mis dedos. Aún peor, en muchas frases, no podía descifrar lo que realmente quería decir con la suficiente claridad como para llenar lo que faltaba. Al leer lo que había escrito, quedé aterrado al ver una sopa ilógica de ideas y frases inconexas. Era evidente que algo andaba mal con mis destrezas de lenguaje y memoria.

Todo esto me preocupó y me recordó lo que había estado investigando en neurociencia, específicamente, cómo las personas con lesiones cerebrales suelen tener problemas de lenguaje. Pero también tienden a tener problemas de visión, así como problemas para controlar los impulsos, la empatía, la memoria y el movimiento. Yo no había tenido *todos* esos problemas desde mi accidente… ¿o sí?

Súbitamente me di cuenta de que algo estaba mal en "mí"; algo estaba mal en mi *cerebro*. Recordé algunos momentos de los últimos meses: la vez que estaba grabando un video para mis clientes y de pronto mi ojo derecho se desenfocó y dejó de estar en sincronización con el izquierdo; la vez que decidí, de un momento a otro, sin razón aparente, comprar un auto (una decisión sobre la que no se debe actuar de modo impulsivo, como me lo advirtió de inmediato mi esposa); las veces que no sentí alegría ni conexión con las cosas con las que antes lo hacía; los problemas que estaba experimentando para prestar atención a proyectos importantes; la repentina incapacidad de controlar las emociones fuertes, como la tristeza por la muerte de mi padre; la forma como mi equipo me preguntaba constantemente si "me sentía mal" porque no encontraban en mí la misma presencia ni la misma resonancia empática de siempre. La lista iba creciendo.

En unos días, me hicieron una tomografía del cerebro y el veredicto final como resultado de mi accidente fue que tenía una especie de trauma cerebral —un síndrome postconcusión— con baja actividad en la corteza prefrontal, en el cerebelo y en el hipocampo. Me hicieron algunas pruebas cognoscitivas que confirmaron aún más el veredicto. Mi habilidad cognoscitiva estaba en el percentil 25 más bajo de los egresados de secundaria. El daño a mi corteza prefrontal estaba afectando mi concentración, mi control emocional y mis capacidades de razonamiento abstracto; la baja actividad de mi cerebelo estaba reduciendo mi habilidad para tomar decisiones en forma rápida; y el bajo funcionamiento de mi hipocampo me había dejado con una memoria realmente mala; todos graves problemas cuando tenemos que seguir viviendo, por no mencionar la necesidad de tomar pruebas cognoscitivas o escribir un libro.

Afortunadamente, el cerebro humano suele ser reparable. Así como se rehabilita cualquier parte lesionada del cuerpo se puede rehabilitar el cerebro mediante una práctica y unas terapias centradas y consistentes. Al apalancar la capacidad del cerebro para lo que los neurocientíficos llaman "neuroplasticidad", se pueden orientar los pensamientos y experiencias de forma que reformen y refuercen las partes dañadas del cerebro. Específicamente, al aceptar nuevos retos y utilizar el pensamiento consciente, la meditación y los acertijos mentales para reactivar el bajo rendimiento de algunas partes del cerebro, es posible, como dice mi amigo, el importante neurocientífico, el Dr. Daniel Amen, "cambiar nuestro cerebro y cambiar nuestra vida".

Mientras escribía estas páginas, tuve que luchar con todas mis fuerzas por recuperar mi chispa. Tuve que practicar la teoría de la mente sobre la materia, utilizando mis pensamientos y mi capacidad de atención para reactivar partes de mi cerebro y reenergizar mi vida. Tuve que poner en práctica todo lo que había aprendido de psicología, neurociencia y alto desempeño. Luché cada día para encontrar esa fuerza de voluntad necesaria para centrar mi atención, hacer acopio de mis energías, superar mis limitaciones físicas y golpear estas teclas para usted. Derramé mi sangre en estas páginas, poniendo a prueba los límites de mis propias filosofías.

He estado con personas que tienen que hacer frente a graves

enfermedades, lesiones y muerte. Mi accidente, mi historia, no fue tan dramática ni tan caótica si la comparo con toda esa serie de experiencias. La comparto porque he luchado contra los retos, y he aprendido a controlar conscientemente mi mente y mi vida, que es, exactamente lo que le estaré pidiendo que haga. Hice esto bajo una tremenda presión emocional, con una capacidad limitada de enfoque mental y en un momento en el que tenía grandes expectativas acerca de mí mismo para escribir este libro y manejar un negocio multimillonario. Estuve viajando todo el tiempo mientras intentaba ocuparme de mi esposa y de mi familia, de mis amigos, de mi equipo, de mis clientes y de mí mismo. Lo que me permitió mantener todo esto unido fue que tenía un plan. Conocía el camino que me llevaría de vuelta a una vida vibrante. Conocía los 10 impulsores de la experiencia y la felicidad humanas. Todo lo que debía hacer era matarme trabajando para activarlos.

Me alegra poder informar que *he vuelto,* totalmente recuperado, totalmente cargado. No hay cómo pueda describir los niveles de energía, compromiso y entusiasmo que he recuperado en la vida, gracias a los esfuerzos más disciplinados que haya hecho jamás para activar las estrategias en este libro. En vez de describir el sentimiento, permitiré que lo descubra por usted mismo en las siguientes páginas.

Lo que compartiré con usted ahora es que estoy simplemente agradecido de haber conocido de antemano las palancas para empujar y halar en mi vida a fin de garantizar que no caería en períodos de tristeza y apatía durante una de las épocas más difíciles de mi vida. Escribir acerca de la chispa de la vida y de los 10 impulsores humanos me recordó cuánto control había tenido sobre mi vida, por difícil que fuera la situación. Y esto me mantuvo centrado en lo que realmente importaba mientras luchaba por alcanzar lo que llegó a ser una recuperación plena y saludable. Mi mayor ambición es hacer lo mismo por usted. Pienso personalmente que nuestra vida está en juego todos los días de nuestra existencia. La que será su experiencia de vida y su legado, en último término, se va construyendo momento a momento, día a día. Su historia se va creando por cada una de sus acciones y lo va llevando a algún sitio, todo orientado hacia lo que uno espera que será un magnífico crescendo. Tal vez no necesita darse un golpe en la cabeza como lo hice yo para decidir que debe esforzarse y luchar por alcanzar una mejor calidad de vida. Tal vez sólo elija, en este momento, activar lo mejor que tiene dentro de sí.

Este es su momento. Su destino lo espera. Prepárese. Comencemos.

Capítulo uno

SALIR DE
LA OSCURIDAD

Durante los últimos quince años como estudiante y entrenador de alto rendimiento, he tenido la fortuna de ver las dramáticas transformaciones que las personas pueden lograr día tras día en sus vidas, cuando simplemente se *deciden* a ascender y salir de esa mediocridad de media luz de una existencia sin compromisos ni satisfacciones. He visto también otros que aunque ya llevan vidas felices, amplían sus niveles de gozo y satisfacción hasta un punto que jamás habrían imaginado. Sin importar en qué punto de ese espectro se encuentre, le ayudará saber en qué tipo de vida se encuentra y qué tipo de persona es, ya que ha llegado temprano y no más tarde a tener esa vida. Teniendo esto en mente, comenzamos con una exploración de tres tipos de vida muy diferentes.

Tres vidas

Una vida con Chispa es muy diferente del tipo de vida que lleva la mayoría de las personas. No porque sea inalcanzable sino más bien porque la mayoría no piensa (o no maneja estratégicamente) lo que será su energía y su compromiso a largo plazo a través de su vida

—lo que llamaremos su "nivel de chispa". No es así como piensan en sus vidas, porque la mayoría simplemente procura hacer acopio de la energía suficiente para soportar cada uno de sus recargados y extenuantes días. Van avanzando de una semana a la próxima, sólo intentando llegar hasta el sábado, cuando se dejan caer en el sofá o hacen algo que realmente quieran hacer. Lo que con frecuencia no entienden es que debido a las *múltiples ocupaciones* de nuestras vidas, se va creando un curioso efecto de miopía que nos impide ver lo que realmente es posible. Cuando uno no puede ver más allá de su agenda, es difícil ver la realidad acumulativa de la persona en la que nos hemos convertido y hacia dónde vamos.

A veces conviene detenerse en medio de todo este frenesí, levantar la cabeza de nuestro ajetreado trabajo y de las pantallas de la computadora y preguntarnos acerca de qué sentimos y cuál es la calidad de vida que llevamos. Deberíamos medir nuestros propios niveles de carga y preguntarnos qué tan entusiasmados estamos con nuestra realidad actual y con nuestro futuro.

Sentirse totalmente cargado, encendido, significa sentirse *comprometido, energético y entusiasta*; estoy seguro de que eso es algo que todos queremos. Nuestros niveles de carga tienen dos propiedades: calidad e intensidad. La calidad de la carga emocional que tenemos en la vida puede ser positiva o negativa, y puede ser también de baja intensidad (como un motor que escasamente hace ruido) o de alta intensidad (como un motor que suena a todo volumen). Entonces, en la situación ideal, todos tendríamos una intensa carga positiva deseable en nuestras vidas. Pero ¿tiene *usted* esa carga intensa y positiva? ¿Es la calidad e intensidad de la carga que actualmente experimenta día tras día lo que siempre había esperado experimentar en la vida? ¿Esa energía que usted trasmite a su trabajo tiene la calidad e intensidad como para inspirarlo e inspirar a los demás? ¿Esa carga de energía que trasmite a su cónyuge, a sus hijos, tiene la calidad e intensidad que comunique de manera efectiva la adoración y el afecto que siente hacia ellos?

Después de quince años de estudiar la condición humana, he llegado a ver que las personas tienden a vivir uno de tres tipos de vida. Usted corresponde a una de esas vidas en la actualidad y puede decidir mantenerla, ampliarla o cambiarla por completo. Examinemos en detalle los tres tipos de vida para poder diferenciar mejor la vida que realmente tiene Chispa, de las otras y luego entrar al proceso de crearla de forma estratégica.

La vida enjaulada

Muchos viven su vida enjaulados ya sea en el pasado o en las expectativas de otros. Nunca se han aventurado realmente a salir a lo desconocido ni han buscado la forma de romper los límites que otros les han fijado. Debido a que han permitido que otras personas o que su pasado les indique quiénes son, sus identidades están confinadas en una caja hermética de creencias acerca de lo que es posible para ellos. Por consiguiente, su experiencia en la vida y sus pensamientos, sentimientos y comportamientos en su diario vivir son restringidos. Generalmente se sienten atados al lugar donde se encuentran, restringidos por experiencias que nunca pudieron superar, dominados por los resultados de ayer, temerosos de decepcionar a sus amos —amos que, muy probablemente, sólo existen en sus mentes. Sentir que el mundo los ha encajonado en una cierta forma de ser y que no les permite escapar, atándolos a falsos o injustos rótulos, expectativas o suposiciones.

Desde que nacemos se nos engaña con palos y zanahorias para que hagamos lo que otros quieren. Quienes nos "manejaban" o nos cuidaban, querían que presentáramos ante el mundo una cierta imagen o una determinada identidad. A veces, nos instaban a comportarnos como ellos querían, ofreciéndonos premios de aceptación y amor. En otras oportunidades, es posible que hayan sido más estrictos. El resultado final fue, inevitablemente, que adaptamos nuestras conductas y nuestros deseos de forma que concordaran con recompensas externas. Después de un tiempo, fue fácil aceptar esta realidad como rutina. Siempre que recibiéramos atención, cuidado y recompensas, estar en un corral era, hasta cierto punto, algo muy ventajoso.

Así se sentía Moriah, una cliente que atendí en una ocasión; atrapada por su deseo de ganarse la aprobación y el amor de los demás. Cuando empecé a tratarla, no dejaba de quejarse, *"Nadie me entiende ni me da una oportunidad; soy sólo una prisionera de lo que quieren y piensan de mi los demás"*. A pesar de esta queja, nunca se arriesgó a expresar quién era y lo que ella esperaba de la vida. Había ido al colegio al que sus padres quisieron que fuera, aceptó un empleo que sus amigos pensaron que era bueno para ella, y se mudó a una ciudad en la que su novio siempre había deseado vivir (y que ella odiaba, en secreto). Se movía, hablaba y actuaba como pensaba que los demás querían que lo hiciera y nunca se atrevió a separarse mucho de sus rutinas por miedo a fallar y ser juzgada por los demás. Toda su existencia era una proyección de los deseos de otros, y nunca tuvo la fuerza suficiente para mirarse al espejo y preguntarse qué era lo que realmente quería.

Esta es una vida aprisionada, obediente. En algún momento, todos hemos experimentado esta represión que nos hace ver como seres sin voluntad. Nos sentimos atrapados, controlados, ansiosos por liberarnos. No todos nos hemos liberado, y esta es la parte que realmente nos hace pensar: algunos nunca lo lograrán.

Hay sólo dos formas de salir del corral. La primera se da cuando por casualidad o por cosas del destino, la vida da un vuelco y destroza nuestra cómoda realidad haciendo que se rompa la cerca para siempre. La segunda forma de salir de allí es por voluntad propia, y requiere un enorme esfuerzo personal. Sucede cuando al fin decidimos explorar más allá de la cerca del corral de nuestra experiencia motivada por el afán de aprobación y el temor de no ser aceptados para ver si la vida ofrece algo más que estar simplemente restringidos en el corral de otro. Esto sucede cuando hacemos lo único que ha permitido que alguien diseñe su futuro de forma diferente: optar conscientemente por una nueva autoimagen y una nueva vida y luchar para forjarla y hacerla realidad al alinear de forma consistente nuestros pensamientos y conductas para lograrlo.

La vida cómoda

Para muchos de nosotros nuestra vida no es algo tan aterrador como la vida encajonada. A través del trabajo, la dedicación y las circunstancias afortunadas, somos muchos los que vivimos lo que yo llamaría la vida cómoda. Hemos tomado caminos similares hacia la independencia, la oportunidad y la libertad. Tenemos casas, cónyuges, autos e hijos. Nos sentimos comprometidos y agradecidos por nuestras vidas. Sabemos que hemos renunciado a ciertas cosas —nuestra vida ahora tiene un menor componente de aventura, unas cuantas horas más de trabajo en la oficina— pero sabíamos a qué nos estábamos comprometiendo. Veíamos a nuestros amigos y compañeros en una situación similar, y parecían satisfechos.

Después, un buen día, viene alguien que nos pregunta sobre nuestra vida, y uno se sorprende al oír que responde, "Bueno, todo está… ya sabes… muy bien".

Los problemas comienzan cuando en el subconsciente empiezan a aparecer interrogantes como: *¿Es esto lo que realmente quería? ¿Es esto todo lo que la vida ofrece? ¿He renunciado a demasiadas cosas? ¿Estoy viviendo mi vida o estoy viviendo la de alguien más? ¿No soy yo una persona más creativa, más atractiva y espontánea y más ambiciosa que esto?*

Con frecuencia, nuestro cerebro responde a estos pensamientos con una aguda herramienta de culpabilidad: *No sabes la vida tan buena que tienes. Deberías ser mucho más agradecido. ¿No puedes conformarte simplemente con lo que tienes?*

Debido más a la rutina que a un corral, empezamos a sentirnos atrapados. No te engañes: las trampas son mucho menos incómodas y la puerta que lleva a la posibilidad es mucho más grande y más accesible —es un portal de vaivén que te lleva a más y más cada vez. Pero, aún dentro de esta comodidad, hay una cierta inquietud que va tomando cuerpo.

La vida no se considera como algo sin sentido sino como algo misterioso. Uno se pregunta: *¿Cómo vine a terminar aquí? ¿A dónde se fueron mi ambición, mi impulso y mi entusiasmo?*

Mientras que el ser encajonado ve el mundo como algo aterrador, el ser cómodo lo ve como insulso. El ser encajonado siente que no tiene potencial; el ser cómodo ha procurado activamente alcanzar su pleno potencial, pero teme que éste haya llegado a su punto máximo. El ser encajonado se siente limitado por las condiciones externas, el ser cómodo se siente limitado por su propio éxito. El ser encajonado siente que no tiene voz y, por consiguiente, no la utiliza; el ser cómodo ha utilizado, compartido y aprovechado su voz… pero ahora se pregunta si esa voz es la correcta, la auténtica.

Hay, sin embargo, una innegable similitud entre la persona encajonada y la que lleva una vida cómoda: ya sea que estén atrapadas dentro de un corral o dentro de las trampas del éxito, ambas desean más color, variedad, creatividad, libertad y conexión. Ambas anhelan una vida con Chispa.

La vida con Chispa

Lo único que se pregunta la persona encajonada es: *¿Sobreviviré?* Por consiguiente, el enfoque está siempre en si la persona va a estar segura o resultará herida o lesionada. La persona que lleva la vida cómoda se pregunta: *¿Seré aceptado y tendré éxito?* Así que, por lo general, se centra en alcanzar el sentido de pertenencia y en saciarse. La persona que tiene Chispa en su vida se pregunta: *¿Vivo realmente mi verdad y actualizo mi potencial? ¿Llevo una vida inspirada e inspiro a los demás?* El hastío, o la falta de propósito, que siente la persona que lleva una vida cómoda no es el repertorio emocional de quien tiene Chispa en su vida, porque el gozo y el propósito de una persona que lleve una vida encendida es comprometerse en el desempeño de nuevas y desafiantes actividades. Mientras que para el ser que lleva una existencia confortable la vida es un misterio, el ser que tiene Chispa considera la vida como algo mágico y significativo. El ser cómodo ve el mundo como algo familiar y, por lo tanto, carente de interés; la persona que vive una vida con Chispa ve ese mismo mundo lleno de posibilidades ilimitadas y emocionantes de crecimiento y progreso.

Quienes llevamos una vida plenamente encendida no nos sentimos distantes ni intranquilos debido a los peligros que podamos enfrentar. No somos pasajeros en una marcha de progreso colectivo —creamos nuestro propio mundo y nuestras propias definiciones de lo que significa vivir y progresar. Llevamos una vida plena y experimentamos la vida que deseamos, sin desear ni pretender llevar las vidas de los demás.

No llevamos años de avanzando a velocidad controlada. Experimentamos la emoción de un control y una presencia plenamente conscientes, la presión que ejercemos sobre el acelerador es exactamente la que requerimos en cada momento, ya sea que queramos avanzar a toda velocidad o ir despacio para disfrutar el panorama.

No estamos atrapados en la monotonía de la rutina ni en una serie de destrezas antiguas o familiares; por el contrario, estamos comprometidos con el presente. A diferencia de lo que ocurre con el ser confortable, *deseamos y estamos ansiosos* de encontrar retos que pongan a prueba nuestras destrezas. No cuestionamos nuestros méritos ni dudamos de nuestras fortalezas; nos concentramos, en cambio, en una deseo altruista de contribuir al progreso y el bienestar del mundo y orientamos toda nuestra energía a lograrlo.

Cuando vivimos una vida con Chispa no nos preocupa el oleaje; nos preocupa hacer lo que es correcto y significativo. Si por el camino encontramos controversias o sentimientos heridos, los enfrentamos con la debida precaución —pero seguimos adelante.

A primera vista parecería que quienes llevan una vida con Chispa hubieran superado todos los obstáculos y vivieran una existencia encantada. Pero eso no es exactamente así. Es sólo que quienes tienen la Chispa totalmente encendida *disfrutan* el viaje en el que se encuentran a pesar de los obstáculos que puedan encontrar en el camino; tienen un profundo *entusiasmo* por enfrentar los retos de la vida y diseñar sus propios destinos. Saben que son obras en construcción, pero disfrutan el hecho de forjarse y de reinventar sus realidades. Así, a diferencia del que lleva una vida encajonada o del que vive una vida confortable, no le piden en absoluto a la realidad ni a la vida que los mantenga saciados. En cambio, se interesan por buscar oportunidades para el cambio y el crecimiento. Se centran con servir y contribuir al mundo. Su credo es: *no preguntes qué es lo que recibes del mundo sino más bien qué es lo que le estás dando al mundo.*

Para los que viven encajonados o confortables, tener Chispa en la vida parece como una estrella inalcanzable en el firmamento, una energía fogosa y encendida en sui propia órbita. De hecho, la vida con Chispa les parece algo fuera de lo común, impulsada por una energía totalmente diferente y orientada hacia un destino completamente distinto. Sin embargo, quienes viven la vida con Chispa están bien centrados y muchos señalan que también ellos estuvieron alguna vez encajonados o cómodos, o inclusive en ambas situaciones. Porque con frecuencia la condición humana pasa por las etapas de cumplir con obediencia al principio, luego afirmarse pero continuar cooperando o llegando a acuerdos, y por último, descubriendo, decidiendo, exigiendo, la madurez y una búsqueda cada vez más impetuosa de la libertad, la expresión y la contribución. Entonces, la vida con Chispa generalmente nos llama después de que hemos hecho lo que se suponía que debíamos hacer, después de que nos hemos convertido en quienes pensábamos que deberíamos ser, después de que hemos vivido como pensábamos que debíamos vivir. Entonces, la seguridad y la comodidad y el compromiso nos hastían y una ola de intranquilidad y de revolución nos hace avanzar en busca de mayores aventuras y mayor significado.

Cuando la encontramos, la vida con Chispa no se parece a nada de lo que hayamos conocido. Es una constante fuerza de entusiasmo por la vida que parece perpetuarse cualesquiera que sean las circunstancias o retos que enfrentemos.

Conozca a quienes tienen esa Chispa en su vida

Cuando uno descubre que está llevando esa Vida Encendida, somos conscientes de que tenemos una energía alegre y permanente. Nuestra energía es alta, con un total compromiso en lo que realizamos y un entusiasmo palpable por nuestra vida y nuestro futuro.

Hay quienes sugieren que no todo el mundo puede llevar este estilo de vida. Pero ¿por qué no? Quienes tienen "la Chispa" como llamo a los que viven una Vida totalmente Energizada, no nacen con algún tipo de relámpago en sus mentes. No son diferentes de los demás, de ustedes ni de mí. Si en algo se diferencian es en que actúan y perciben tanto al mundo como a ellos mismos *de forma diferente*. Pocos de ellos culpan a su niñez de lo que hayan decidido o los retos que hayan enfrentado como adultos. No guardan mucho resentimiento ni apego en cuanto a su pasado. No parecen estar desorientados en el presente. Por otra parte, no temen en futuro ni los inevitables obstáculos que la vida les presenta. En esto, de hecho, parecen diferir de los demás.

Pero no es por su falta de apego al temor o a los aspectos negativos de la vida lo que hace que estas personas sean tan fascinantes y estén tan empoderadas. Es más bien su capacidad de irradiar una energía, un compromiso y un entusiasmo bien fundados, positivos y constantes y un entusiasmo por la vida cualquiera que sea la situación en la que se encuentre. Esto no es siempre fácil. Algo que escucho con frecuencia de quienes tiene la Chispa es cómo se esfuerzan, de forma *consistente* de ser conscientes de sus reacciones y realidades. Se *esfuerzan* por mantener la Chispa y saben que deben hacerlo. Quienes tienen la Chispa no piensan que su fuerza interna sea un don o una forma "fija" de pensar, ni una personalidad permanente. (Y tienen razón: los expertos en neurociencia han escrito acerca de que el cerebro y la personalidad de los adultos no son "fijos" sino que siguen desarrollándose y madurando con base en nuevas ideas, experiencias y condicionamientos. Estas son buenas noticias para alguien que crea que su cerebro o su personalidad le impiden tener la Chispa.) El hecho es que, quienes tienen la Chispa prestan una atención increíble a sus realidades internas y externas y se esfuerzan por desarrollar las características que todos podrían suponer que son naturales en ellos.

Los siguientes son los siete atributos más comunes que he descubierto en quienes tienen la Chispa:

1. Quienes tienen la Chispa mantienen una actitud abierta y observante del momento.

Conscientes de su pasado, pero no confinados a él, quienes tienen la Chispa conocen y aceptan el presente. Tienden a interrelacionarse con el mundo que se despliega a su alrededor con gran curiosidad, espontaneidad y flexibilidad. No se apresuran a juzgar el significado de las cosas ni se aferran a suposiciones de cómo "deberían" resultar las cosas. Con esta completa paleta de percepción, tienden a ser más pacientes, tolerantes y receptivos acerca de cualquier cosa a la que se enfrenten y a ser más creativos en la forma como interpretan una situación. Consideran que el viaje es tan importante como el destino, por lo que procuran compenetrarse y comprometerse plenamente con el ahora.

2. *Quienes tienen la Chispa se orientan hacia el futuro.*

Aunque tienen la capacidad de estar presentes en el momento actual, quienes tienen la Chispa tienen visiones y ambiciones muy amplias. Tienen una visión extremadamente detallada del futuro y se esfuerzan por convertir esas visiones en realidades. Quienes tienen la Chispa son optimistas acerca del futuro, y ese optimismo es como un imán que atrae hacia ellos el futuro que desean. Son sinceramente entusiastas acerca de los futuros que prevén para ellos y sienten que tienen la capacidad de dar los pasos necesarios para hacer sus sueños realidad. Consideran que los problemas del presente tienen solución y, por consiguiente, se esfuerzan por resolverlos y por hacer del mundo futuro un mejor lugar.

3. *Quienes tienen la Chispa buscan los retos.*

Gran parte del entusiasmo por la vida de quienes tienen la Chispa es el resultado de su búsqueda constante de nuevos retos. Como lo podrá ver en los próximos capítulos, los nuevos retos son como golosinas para el cerebro, activan sus centros de placer y sus hormonas. Quienes tienen la Chispa desean esforzarse, expresarse y realizarse y saben que esto no será posible sin enfrentar retos. Quienes tienen la Chispa están dispuestos a hacer frente a cualquier situación que la vida les presente porque están convencidos de que pueden responder a las exigencias de cualquier situación. Esto les permite disfrutar e inclusive encontrar aspectos divertidos dentro del incierto y tumultuoso proceso de desarrollo.

4. *Quienes tienen la Chispa se interesan profundamente en los demás y se conectan con ellos.*

En otras palabras, quienes tienen la Chispa *aman* a las demás personas. Tienen un profundo sentido de curiosidad y respeto hacia los demás. Hacen muchas preguntas y con un interés genuino escuchan sus sueños, temores y realidades diarias.

No son simplemente mariposas sociales, ni toman a la ligera sus interacciones con los demás. Por el contrario, tienden a centrarse intensamente en ellos y a establecer auténticas interacciones con todos y sus relaciones tanto con sus amigos como con sus familias son estrechas. Aunque, por lo general, son considerados como personas más abiertas y extrovertidas que otras, son conversadores conscientes, y tienen pocas relaciones superficiales. Ven cada relación en la vida como una oportunidad para conectarse, aprender, crecer y compartir algo de ellos mismos. Quienes tienen la Chispa sostienen que sus relaciones con los demás suelen ser lo más importante en sus vidas; consideran las relaciones como el vehículo clave para tener una vida plena y participativa.

5. *Quienes tienen la Chispa confían en ellos mismos.*

A pesar de su interés por conectarse con los demás, quienes tienen la Chispa son extremadamente independientes y recursivos. Avanza a su propio ritmo; les agrada tener compañía en sus viajes, pero no hasta el grado de estar dispuestos a cambiar de rumbo. No se sienten responsables de hacer que todos los que nos rodean estén a gusto si esto significa poner en juego sus propios valores. Por esta razón suelen considerarse injustamente como tercos o autosuficientes. Pero la realidad es que simplemente tienen el valor necesario para fijar sus propios cursos y confianza suficiente en lo que están haciendo para ensayar nuevas ideas e incluso para fracasar y sacar sus propias conclusiones del fracaso.

6. *Quienes tienen la Chispa son personas creativas.*

La expresión creativa es parte importante de las vidas de quienes tienen la Chispa. Tienden a buscar trabajos, profesiones, proyectos, causas y oportunidades con base en si consideran que podrán ser creativos y expresivos. Por lo tanto, en una determinada situación, quienes tienen la Chispa tienden a ser creadores, artistas, diseñadores, cuentistas y líderes de opinión. Se desempeñan activamente en sus capacidades creativas y se centran en sus propias y exclusivas perspectivas expresivas. Así, sus talentos expresivos tienden a hacerlos sobresalir. Tienden también a no disculparse por sus estilos o perspectivas, y en cambio se precian de su osadía y su compromiso para compartir sus obras.

7. *Quienes tienen la Chispa son forjadores de significado.*

Quienes tienen la Chispa tienen un profundo respeto por el significado que impregna cada día y un deseo igualmente intenso de crear momentos significativos en sus vidas. Al buscar esos momentos significativos, pueden evitar quedar atrapados en los detalles que tienden a atraer a otras personas y les impiden avanzar. Son personas que aprecian realmente la "totalidad del panorama"; dedican sus vidas a esforzarse por lograr metas realmente valiosas relacionadas con las pasiones y propósitos de sus vidas. Saben, como nos enseñó Viktor Frankl, que lo que el hombre verdaderamente busca es una existencia significativa. Al comprender esto, adquieren una gran facilidad de determinar en forma consciente lo que significan las cosas, con la tendencia a interpretar de modo positivo tanto sus luchas como sus éxitos en la vida. Quienes tienen la Chispa procuran también crear momentos y recuerdos significativos con los demás, sorprendiéndolos frecuentemente con regalos, experiencias únicas o, simplemente, con amables palabras de amor, admiración o aprecio.

Al leer estas descripciones de quienes tienen la Chispa podría parecer que poseen algún don excepcional o que "siempre han sido así". Pero, una vez más, quienes tienen esta Chispa en sus vidas nos dirán con frecuencia que alguna vez llevaron vidas enjauladas o vidas cómodas. La transformación de sus vidas ocurrió cuando ellos mismos *decidieron* transformarse. Sintieron el deseo de tener *más vida en sus vidas,* y se esforzaron por hacerlo realidad. De la misma forma, usted y yo podemos tener más Chispa en nuestras vidas, mediante decisiones conscientes y acciones consistentes. Pero ¿cómo empezar?

Los 10 impulsores humanos

Si pudiera diseñar conscientemente su vida ideal, ¿qué debería tener en cuenta y qué palancas podría activar para mejorar de forma consistente su vida y mantener niveles más altos de energía, compromiso y entusiasmo?

Piénselo por un momento. En los mejores momentos de su vida, se produjo una chispa. Usted la sintió y nunca la olvidó del todo. La pregunta entonces es: ¿qué dio lugar a esa Chispa? ¿Qué la hizo tan intensa? Y ¿cómo hago para tener esa sensación todos los días de la vida? Mejor aún ¿cómo convertir esa chispa en una llama constante, en fuego en el alma —en una Chispa interior que jamás se acabe?

Las respuestas a estas preguntas no implican soluciones rápidas ni enfoque superficiales que le den una energía rápida. Eso puede hacerse con una bebida energética, pero como ya sabe, no perdura. Crear una vida con Chispa requiere que profundicemos en nosotros mismos para activar aquellos impulsores que nos hacen realmente humanos.

Mi investigación y mi práctica siempre han buscado comprender cómo activar esos impulsores de modo que produzcan un cambio verdadero y permanente y un compromiso con el caótico mundo de hoy. He creado el marco conceptual de 10 impulsores humanos y he tenido un éxito enorme enseñando a otros a utilizarlo para cambiar sus vidas de manera estratégica y radical. Además les he indicado cómo utilizar estos impulsores humanos en el contexto actual —cómo activar los impulsores básicos que todos hemos sentido como humanos, aproximadamente durante los últimos cincuenta años— de modo que los hagan sentirse contentos y energizados en esta diferente y abundante sociedad.

Antes de entrar en materia, quisiera aclarar lo que quiero decir con "impulsores humanos". Pienso en los impulsores humanos como motivadores psicológicos más relacionados con nuestros deseos que con nuestras necesidades. No necesariamente tenemos que *tener o cumplir* con ninguno de los elementos en mi modelo. En el siglo XX, una serie de teorías psicológicas conocidas como "teorías impulsoras" propusieron la idea de que todos nacemos con ciertas necesidades físicas y que de no lograr satisfacerlas lo más pronto posible, experimentaríamos estados de tensión adversos y emociones negativas. Cuando utilizo el término "impulsor" no lo considero como una *necesidad* física o psicológica en absoluto. De hecho, con excepción de una serie muy limitada de necesidades vitales —alimentos, agua, sueño, protección contra los elementos, cuidados después de nacer— no creo que tengamos más *necesidades* reales. Algunos ven el desarrollo personal o la "actualización" como una necesidad humana, pero entonces, ¿cómo explicamos la actitud del hijo de treinta y cinco años de un vecino que no desea levantarse del sofá y esforzarse por llegar a ser alguien en el mundo? Otras actitudes y características populares, como la moralidad, el amor, a la autoestima, el respeto, la fe y la trascendencia, tampoco son necesidades reales. ¿Son deseos intensos e importantes que mejoran la vida? Por supuesto que sí. Pero, ¿son aspectos de vida o muerte? No para la mayoría.

Consideremos uno de los primeros impulsores humanos, el impulsor de control. Claro está que todos estamos orientados a tener más control en nuestras vidas porque creemos que un mayor control nos puede llevar a una mayor felicidad. Pero si no tenemos más control, no quiere decir que seamos inútiles ni que perdamos nuestra capacidad de comprometernos, funcionar o ser productivos. La expresión creativa —un impulsor más que propongo dentro de ese marco conceptual— es también algo que todos deseamos, aunque muchos pueden vivir sin necesidad de tenerlo. Sí, es cierto que sin él no seremos *tan* felices, pero aún podemos sobrevivir. El control y la expresión creativa son realmente cosas que *deseamos,* no cosas que necesitemos para poder vivir. Lo mismo se aplica a todos los impulsores a los que me refiero; nos impulsan a todos porque pueden llevarnos y realmente nos llevan a una existencia mejor, pero no son algo que realmente *necesitemos*.

¿Por qué toda esta disertación semántica en este momento? Porque quiero ser directo y franco desde el comienzo. Usted *está impulsado* por los 10 impulsores que propongo, pero realmente no *necesita* ninguno de estos conceptos —o ninguno de los modelos, ni siquiera este libro— para ser feliz. No cabe duda de que puede seguir adelante con su vida sin más control ni más expresión creativa.

Después de todo, podría decidir en este mismo instante ser feliz si tener *más* de nada. Si lo decide, en este preciso momento puede simplemente cerrar los ojos y entrar en un estado de felicidad llamado nirvana. Es el poder de la mente humana. Sólo hay un problema: es algo que no dura.

Estoy convencido de que los 10 impulsores humanos son lo que realmente deseamos en la vida y si nos esforzamos por activarlos, nuestros esfuerzos nos llevarán a un estado de energía, compromiso y entusiasmo mucho mayor —sí, a una felicidad— que, simplemente nos sorprenderá.

En la Sección I de este libro, describiré los primeros cinco impulsores de la motivación humana, que llamaré los "impulsores básicos": control, competencia, congruencia, preocupación por los demás y conexión. Son los impulsores clave que contribuyen a nuestra estabilidad en nuestro sentido de ser y pertenecer a la realidad.

Si podemos activar todos estos impulsores básicos e incrementarlos de forma más consistente, nos encontraremos de pronto convertidos en personas más seguras y más conectadas desde el punto de vista social. Es una excelente receta para la felicidad, pero no es suficiente. Activar los primeros cinco impulsores es algo similar a satisfacer sus necesidades básicas en una sociedad moderna: es un punto de partida, pero no ofrece satisfacción total. Es por eso que los llamo impulsores básicos; tenemos que tenerlos, pero todo lo que hacen es incluirnos en el juego. La anotación de las carreras se logra con los otros cinco impulsores que llamo impulsores para avanzar: cambio, reto, expresión creativa, contribución y conciencia. En la Sección II, cubriré estos impulsores de avance y podrá descubrir por qué suelen llevar la aguja del cuadrante indicador a los niveles más altos de seguridad en la vida. Aunque los impulsores de avance son impulsores de más alto orden que los primeros cinco, todos los 10 impulsores son, en realidad, vitales e importantes. ¿Puede imaginarse no activar bien uno de estos impulsores en su vida? Si quitamos cualquiera de ellos, su ecuación de felicidad se derrumba. Entender y dominar todos los 10 impulsores humanos parece algo inalcanzable, pero las buenas noticias son que, puede leer este libro una y otra vez, hasta lograrlo.

Los próximos capítulos, cada uno de los cuales analiza en detalle uno de los 10 impulsores humanos, están todos escritos teniendo en mente la acción. Cubro muchos aspectos acerca de cómo se debe pensar en cada uno de ellos, pero, al final, propongo sólo tres estrategias específicas que se pueden utilizar para desplazar en forma dramática la aguja del medidor para la activación de cada uno de ellos. Diez impulsores humanos, tres estrategias para llevar la aguja a niveles más altos, treinta estrategias en total. Y no tiene que utilizarlas todas a la vez. Simplemente va eligiendo una por una para concentrarse en ella y ver cómo afecta su vida.

Al terminar éste y cada uno de los capítulos siguientes, me gustaría animarlo a realizar una serie de actividades en las que se completan algunas frases, y a las que les he dado el título de Puntos de Ignición. Son cosas que puede utilizar para activar su forma de pensar y encontrar respuestas, a su propio ritmo, después de reflexionar acerca de los conceptos que se presentan en cada capítulo. Yo comenzaré las frases y usted las terminará. Le recomiendo escribirlas en un diario personal a medida que avanza en la lectura del libro. Le ayudará a reflexionar sobre las lecciones y a integrarlas.

PUNTOS DE IGNICIÓN

1. Si me he sentido encajonado o demasiado cómodo en mi vida reciente, es probable que se deba a...

2. Si voy a comenzar a experimentar una vida con más Chispa, tendría que...

3. De todas las características de las personas que tienen Chispa en la vida —abiertas al momento actual y observadoras del mismo, orientadas hacia el futuro, buscadoras de retos, profundamente interesadas en los demás, confiadas en sí mismas, impulsadas por la creatividad y forjadoras de significado— la que mejor podría integrar o ampliar en mi vida, sería...

LOS CINCO IMPULSORES BÁSICOS

CONTROL

COMPETENCIA

CONGRUENCIA

PREOCUPACIÓN POR LOS DEMÁS

CONEXIÓN

Capítulo dos

EL IMPULSOR DE
CONTROL

La estabilidad que no podemos encontrar en el mundo,
debemos crearla dentro de nosotros mismos.

—Nathaniel Branden

Mi padre, Mel Burchard, fue diagnosticado con leucemia mieloide aguda el Día de la Madre, 10 de mayo de 2009. Ocurrió de un momento a otro. La semana anterior había estado jugando golf y raquetbol. Los médicos le dieron una probabilidad de 5 por ciento de superarla. Los dos médicos que lo atendieron dijeron que era el peor caso que habían visto en el ejercicio de su profesión.

Mi padre era un hombre extraordinario: gracioso, siempre dispuesto a cooperar con los demás, fuerte, amoroso. Su mensaje para sus hijos, a lo largo de su vida, nos enseñó todo lo que hay que saber acerca del hombre: "Actúen con sinceridad. Sean francos. Esfuércense al máximo. Sean buenos ciudadanos. Traten a todos con respeto. Persigan sus sueños".

Su dedicación a los demás era también evidente. Veinte años con los Marines, tres viajes a Vietnam; veinte años con el Estado de Montana; treinta y cuatro años con mi madre; un gran hombre durante sesenta y nueve años.

El día después del Día del Padre, supimos que su segunda ronda de quimioterapia no había surtido efecto. El cáncer había invadido su organismo. Él conocía el desenlace y estaba tranquilo. Le quedaban sólo unas pocas semanas de vida. Mi padre decidió pasar esas últimas semanas en su casa, con toda la atención necesaria, rodeado y atendido por su familia.

Todas las enfermeras lloraron cuando salió del hospital porque todas estaban encantadas con su amabilidad, su sentido del humor y sus historias acerca de la vida. Dondequiera que fuera, respetaba a los demás y compartía un buen chiste y una historia. Establecía relaciones de amistad en todas partes. Todos lo querían.

En el corto tiempo que estuvo en casa, mi padre no dejó de decir nada de lo que quería decir ni dejó de hacer nada de lo que debía hacer. Nuestra familia inmediata se encontraba allí con él: mi madre; mis dos hermanos, Bryan y David; mi hermana Helen y su marido, Adam; y mi esposa, Denise.

Fue una bendición para nosotros pasar esos días con él. Pudimos decirle lo orgullosos que estábamos de él, que había llevado una buena vida, que siempre cuidaríamos de nuestra madre, que sus valores y su espíritu vivirían en cada uno de nosotros. Estas cosas eran importantes para él. Hasta que en los últimos dos días perdió su capacidad de hablar, siempre nos pidió que cuidáramos de mi madre. Así lo haremos.

Es difícil ver cómo se va apagando un padre. Para mí fue lo peor que pudo haberme pasado en toda mi vida, y me desesperaba no poder evitarlo ni controlarlo. Pero mi padre lo enfrentó con gran presencia de ánimo y fortaleza, a pesar de que los efectos secundarios de la quimioterapia lo hacían sentir terriblemente mal. Se mostraba agradecido y cariñoso mientras cuidábamos de él. Sabía que le quedaba poco tiempo y era sorprendente verlo tan cariñoso con nosotros, tan tranquilo y consciente de lo que era inevitable.

Mi padre murió justo después de la medianoche. A las 12:30 a.m.

del 9 de julio, la enfermera nos dio el informe final. Murió tranquilo, sin dolor, sólo con una larga serie de respiraciones dificultosas, cada vez más distanciadas hasta que expiró. Mi padre murió mientras yo sostenía su mano derecha y mi hermano Bryan sostenía su mano izquierda, con mi madre y mi hermana a su lado. En su casa, rodeado de su familia; exactamente como lo había deseado.

Unas pocas semanas antes de su muerte, cuando supimos que la quimioterapia no había surtido efecto, me encontraba dictando un seminario. Unas cuatrocientas personas habían venido del mundo entero para asistir a él. Estaba en San Francisco; papá estaba en Nevada, dónde él y mi madre tenían un segundo hogar y donde él enfermó. La víspera de mi seminario, mi padre me llamó y me dio la noticia. Le quedaban sólo unas pocas semanas, eso le habían dicho. Él no quería que yo me preocupara en exceso y cancelara el seminario, lo que sabía que haría de inmediato para ir a estar con él.

Al día siguiente, por la noche, después de dictar unas nueve horas de seminario en el escenario, lo llamé por teléfono. Se me había ocurrido la idea de entrevistarlo, y hacerle una amplia serie de preguntas sobre su vida, para dejar esa conversación grabada y compartirla después con mi familia. Una de las cosas que más me gustó fue un mensaje que compartió con todos sus hijos: "Amen siempre a su madre, a sus hermanos y a su hermana, crean en ustedes mismos y ayuden a los demás, menos afortunados que ustedes, y no teman pedir ayuda y amor. Simplemente sean buenos samaritanos y hagan lo mejor que puedan hacer".

Aprendí mucho de él, con esa conversación. No me hizo ninguna revelación sorprendente acerca de su vida; fue sólo la forma como habló y como lo manejó todo. Era una persona excepcionalmente amplia y optimista, dispuesta a hacer frente a lo incontrolable, con una cierta medida de decisión y voluntad.

Mi padre luchó un buen combate contra el cáncer. Durante su última semana, cuando fue evidente que sería la última, lo aceptó y pareció deshacerse de cualquier miedo. Nunca se quejó de nada; ni de dolor, ni de la necesidad de usar los elementos esenciales de un enfermo para sus necesidades diarias, de las hemorragias ni de las infecciones ni de tener que voltearse hacia uno y otro lado para que le cambiaran las sábanas. Simplemente lo aceptó y decidió enfrentar la mayor y más temible transición de la vida con una actitud de amor y distinción. En una situación incontrolable, controlaba aún su fortaleza de carácter, su personalidad como miembro de los Marines definía el significado de todo esto y en sus propios términos, hasta el final.

No es fácil escribir esto, procurando mantenerlo breve sin dejar de expresar las características del extraordinario hombre que era, tratar de compartir con usted mis más íntimos pensamientos acerca del control, acerca de la vida.

Decir que la muerte generalmente no es bienvenida y no es controlable es una subestimación. Pero sin embargo ocurre, como sucede con muchas cosas que no esperamos ni deseamos. Sin embargo, en medio de nuestras luchas, incluso nuestras batallas finales, si nuestra inteligencia y nuestra voluntad nos lo permiten, tenemos la capacidad de controlar la forma como enfrentamos el mundo, podemos definir el significado de nuestra experiencia y dejar un ejemplo de los sorprendentes que podemos ser durante todo este proceso.

• • •

Podría parecer extraño comenzar un libro sobre motivación con el relato de una muerte. Pero deseo que me conozca y quiero comenzar siendo franco —no lo podemos controlar todo en la vida, tampoco debemos intentarlo. De hecho, suelo decir que la mayoría del sufrimiento que experimentan las personas en la vida proviene de intentar controlar cosas que no pueden controlar o que son inconsecuentes. No podemos controlar el clima ni la economía. No podemos controlar a los demás... eso ya debe saberlo, estoy seguro. En gran medida, sólo podemos controlar la calidad de nuestro carácter, nuestros actos y nuestras contribuciones al mundo.

Sin embargo, el impulso humano de controlar es algo que todos llevamos muy adentro y que intentamos lograr e incrementar hasta que por fin lo perdemos. En el intervalo, deberíamos aprender cuáles son los factores que *sí podemos* controlar para que nuestro viaje por la vida sea sorprendente. El propósito de este capítulo es ayudarlo a lograrlo.

Comenzaremos con una prueba:

¿Qué tanto control cree que tiene sobre su vida en la actualidad, en una escala de uno a diez, en la que diez representa control total?

¿Qué tanto control piensa que tiene sobre su mente, sus emociones y sus experiencias?

¿Qué tanto control tiene del mundo inmediato que lo rodea?

Sus respuestas son un importante indicativo de cómo ha decidido esforzarse en el mundo, y se correlacionan directamente con su grado de felicidad.

Pocos negarían que dedicamos gran parte de nuestras vidas a intentar obtener más control, pero ¿qué es, específicamente, lo que tratamos de controlar? ¿Qué factores nos hacen sentir que tenemos el suficiente control para ser equilibrados y felices?

En términos generales lo que todos buscamos es un sentido de control de nuestros mundos internos y externos. Deseamos tener control sobre nuestras experiencias conscientes, nuestros pensamientos, sentimientos y comportamientos; queremos controlar los resultados que obtenemos de las relaciones que establecemos en el mundo exterior. *Este deseo de controlar e influir en nuestra experiencia de vida en general es de lo que se trata el impulsor humano del control.*

Al igual que con todos los impulsores humanos, el impulsor de control puede ser una espada de doble filo. Si pretendemos tener demasiado control, terminaremos convirtiéndonos en seres inflexibles y rígidos. Empezamos por esperar que todo salga exactamente como lo planeamos y luego perdemos la capacidad de ser receptivos y de saber adaptarnos a cualquier imprevisto. Intentemos reprimir cualquier variabilidad en nuestras vidas, encajonándonos en una actitud obsesiva por controlar las rutinas, las relaciones y los entornos. Nos resulta menos fácil colaborar con los demás y tendemos a tratar a los demás con dureza cuando no cumplen exactamente lo que queremos. Es algo extremadamente restrictivo y, en último término, nos impide experimentar la diversidad, el color y la alegría de una vida más flexible y liberada.

Por otra parte, si no tenemos control en nuestras vidas, podemos entrar en una aterradora caída libre. Si bien entregar el control y dejarse "llevar por la corriente" es una actitud que pueda sonar muy atractiva en este momento, es algo que requiere también desentenderse de lo que es real. Renunciar a todo control tal vez resulte si nos encontramos en un spa o en la cima de una montaña, pero en los caudalosos ríos de la vida, es, por lo general, una mala idea. No tener control significa que no tenemos capacidad de decidir, no podemos ejercer nuestra voluntad y podemos quedar totalmente impotentes. Si no tenemos control o no lo podemos ejercer, no podremos orientar nuestras mentes ni influir en nuestro entorno. Quedamos sin la libertad de elegir nuestros rumbos si nos abandonamos completamente a los caprichos del destino y a las circunstancias.

Mi objetivo al analizar cada uno de estos impulsores no es cuánto debe esforzarse por restringir o dar rienda suelta a ninguno de ellos. Lo que me hace sentir que tengo el debido control de mi vida puede ser para otro la definición de un exceso o una carencia de control. Todos necesitamos niveles de control distintos en diferentes momentos de nuestras vidas. Si bien creo que la mayoría de nosotros quiere encontrarse en o en las proximidades de un armonioso punto medio entre dos extremos de cada uno de estos impulsores, ese no siempre es el caso.

He podido ver que hay tres activadores específicos que desencadenan nuestro impulsor de control y nos hacen sentir especialmente energizados, comprometidos y entusiastas. No importa qué tanto o qué tan poco control prefiera tener, si va a controlar algo en su vida, debe centrar su atención en las tres siguientes áreas.

Activador #1: Controle sus expectativas y su carácter

La mayoría de los hechos y experiencias que ocurren en la vida suelen ser aleatorios, inesperados, coincidencia, o, si lo prefiere, cosas del destino —simplemente suceden y es algo que no puede prever. Sin embargo, su respuesta final —el significado que dé a estos conocimientos— es algo sobre lo que tiene 100 por ciento de control. En esa capacidad se encuentra el mayor diferenciador de la experiencia humana y su herramienta más poderosa para forjar una vida con Chispa. El hecho es que el principal activador de necesidad en su profundidad de control de su vida está en sus expectativas, en la calidad del significado que dé a cada uno de los acontecimientos de su vida y de su futuro.

Si esto es así, usted tiene un papel crítico que desempeñar en la vida; servir de guardián y director de sus expectativas relacionadas con usted, con los demás y con el mundo. Esta es una tarea más difícil de lo que podría imaginar, puesto que lo que uno ve en el mundo, normalmente, es lo que tiende a esperar, y lo que la mayoría de la gente está viendo no es ni mucho menos positivo. Casi todo lo que vemos y leemos ahora es, de una u otra forma, una publicidad de alguna especie de caos, tensión, conflicto, negatividad, consumismo u otras agendas del ser humano. Consideremos nuestro mundo manejado por los medios modernos que, aparentemente, conspiran para ensombrecer nuestra perspectiva de la humanidad. El norteamericano promedio ve cuatro horas de televisión, la mayoría de las cuales sólo perpetúan la polarización, la violencia, el narcisismo y la codicia. Lo que es aún peor, dedicamos otras cuantas horas a navegar por Internet, visitando sitios que no ayudan para nada a nuestras vidas sino que, por el contrario, le agregan más distracción y un mayor número de callejones sin salida. Si dedicamos más de cuatro horas al día a ver y experimentar estas cosas, ¿qué comenzaríamos a esperar del mundo? ¿Cosas positivas o cosas negativas?

Esto nos conduce a algo que es evidente: si queremos mantener una perspectiva sana y positiva del mundo, es importante controlar mejor la información que consumimos. En todos los casos, no nos haría ningún daño reducir en *forma dramática* el tiempo que dedicamos a ver televisión, a oír conversaciones sin fondo en el radio, a navegar por la red o a leer revistas de chismes de la farándula. Toda esa información que consumimos consciente a inconscientemente va creando en nosotros una tensión indebida y un desasosiego en nuestra vida, y hasta un punto que tal vez uno no entienda. A pesar de la metáfora popular, el cerebro no es una computadora. Las computadoras carecen de emociones; usted sí las tiene. A cada bit de datos que entra en su vida, su cerebro le da un significado y una emoción. Esto significa que la información es realmente "pesada", y mientras más información entre a su vida, mayor será el peso que lo abrume. Si una computadora se recarga con exceso de datos, simplemente se vuelve lenta o, en casos extremos, se apaga. Piense, entonces, lo que le hace el exceso de medios negativos con todo su bagaje emocional.

Lo mismo puede decirse de la energía y la estima que ataca su vida como un vampiro. Ya sabe —aquellos que constantemente lo atacan con sus juicios y críticas y lo hacen sentir como la peor de las personas. Reducir su tiempo de exposición a las personas tóxicas es tan importante como reducir su exposición a los medios negativos.

En cambio, tal vez es el momento de centrarse durante aproximadamente cuatro horas al día al consumo intencionalmente elegido de libros y programas de carácter educativo, o a reunirse con amigos que también infunden optimismo a su visión de la vida o a esforzarse por enfrentar y dominar nuevos retos que le recuerdan su fortaleza y su grado de control.

En términos de nuestra felicidad personal, la forma más importante de salvaguardar nuestra forma de ver el mundo es controlar nuestras interpretaciones de qué tan positivos y personales consideramos los eventos de nuestras vidas. Es la base para hablar del optimismo y la identidad en la mayor parte de la psicología.

Comenzaremos con el optimismo y por qué es importante comenzar a controlar la forma de pensar para convertirse en un optimista o continuar siéndolo. Si a alguna prueba concluyente han llegado los psicólogos es la de que es mejor interpretar la información y los acontecimientos de su vida dentro de un marco conceptual optimista, considerando lo que vemos, oímos y experimentamos como algo más positivo que negativo.

Ser optimista significa ver las cosas por el lado bueno y no perder la esperanza y la confianza en que todo saldrá bien para usted. Cuando suceden cosas malas, el optimismo nos ayuda a mantenerlas en perspectiva. Es por eso que el optimismo tiende a ver los acontecimientos negativos de la vida como algo transitorio, específico de una situación y algo que uno no necesariamente causó pero que puede ayudar a manejar o resolver.

A pesar de las populares malinterpretaciones, los optimistas no son sólo soñadores incapaces de ver el mundo tal como es. De hecho, es más probable que los optimistas *vean el mundo como realmente es* y actúen para resolver los problemas, que aquellos que son pesimistas. Esto se debe a que los pesimistas no creen que los problemas puedan resolverse mientras que los optimistas sí piensan así y están más dispuestos a actuar. Por lo general, se ha visto que los optimistas son más felices, viven más tiempo, enfrentan mejor las situaciones, tienen matrimonios mejor avenidos y más duraderos y viven estilos de vida más sanos. Los pesimistas tienden a ver las experiencias y los eventos negativos como cosas que durarán más tiempo, que debilitarán y causarán caos en sus vidas y que no pueden ser controlados o resueltos.

Para quienes dicen, "Bien, yo nací optimista" o "Así no soy yo", hay esperanza; los neurocientíficos han demostrado una y otra vez que se pueden abrir nuevas vías neurales (y fortalecer las ya existentes) mediante un enfoque y una práctica conscientes de nuestra atención. Sin lugar a dudas, todos los seres humanos que tengan funciones normales pueden convertirse en personas siempre optimistas si se esfuerzan y se centran en ello. En último término, es cuestión de elección. Por lo tanto, dada la alternativa, qué prefiere: ¿una vida con un enfoque positivo o una expectativa negativa?

La otra interpretación más frecuente que hacemos, y que deberíamos controlar para salvaguardar nuestra perspectiva de la vida es la forma como relacionamos los eventos y la información que nos llega, con el concepto de nosotros mismos, con nuestra identidad. Quienes llevan una vida encajonada suelen considerar la información negativa que reciben y las experiencias de su vida como evidencia de que son personas "malas" o "que no son dignas". Quienes llevan una vida cómoda sienten que "no son lo suficientemente capaces" o que deberían haber evitado personalmente que se presentaran problemas en sus vidas. Pero quienes viven la vida con Chispa, tienden a considerar la información simplemente como lo que es: información. No le dan ninguna emoción negativa y no se juzgan a sí mismos sólo porque alguien siga algo negativo o porque ocurra algo negativo en el mundo. Protegen su autoimagen y comprenden que un mundo a veces caótico y volátil no tiene por qué afectar su constitución interna ni su perspectiva de lo mágico que puede ser el mundo en realidad.

Este poder interno de salvaguardar y orientar su forma de ver las cosas es la misma fuerza que le permite forjar y determinar su carácter.

Una de las elecciones más definidoras que puede hacer en toda su vida es decidirse a controlar la calidad de persona que será día tras día. ¿Qué principios defenderá? ¿Qué valores positivos, normas y creencias demostrará tener día tras día? ¿Cuánta sinceridad, integridad, justicia y amabilidad insistirá en mostrar ante el mundo? De esto está formado el carácter.

A partir de hoy, fíjese un enfoque y una intención constante de vivir su vida como la mejor persona que pueda ser, en todas las situaciones. Exíjase demostrar fortaleza y carácter de forma que se sienta orgulloso de ser quien es y que los demás lo vean como un ejemplo.

Usted no puede controlar todo en la vida. Pero *puede* controlarse *usted*: quién es, cómo trata a los demás, cuál es el propósito que lo impulsa. Controlar la calidad de su carácter día a día, interacción por interacción, situación por situación es lo que, en cierta forma define y forma la calidad de vida que lleve, y también el legado que deje. Cuando mi padre estaba enfrentando y luchando contra el cáncer, recuerdo que toda mi familia se sorprendía de ver la fortaleza que tenía, su integridad, su demostración de la dignidad con la que podemos enfrentar cualquier reto. Su carácter y su determinación de ser un buen ser humano durante toda su vida y hasta el último momento, hasta su muerte, es algo que me inspira aún hoy.

El ejemplo de mi padre me recordó también que el carácter no es sólo quién creemos que somos y lo que defendemos; es lo que le mostremos al mundo. No bastan las intenciones; nuestras acciones definen quienes somos realmente. Por lo tanto, nada cambiará en su vida hasta que cambie su comportamiento, lo que necesita que desarrolle y demuestre un carácter más magnánimo. Por lo tanto, plantéese constantemente este reto mediante la siguiente pregunta: "¿Reflejan mis actos el tipo de persona que quiero ser y que puedo llegar a ser?".

Recuerdo haber conocido a una voluntaria de 90 años muy alegre, en un evento sin ánimo de lucro para la juventud. Después de ver a esta mujer trabajar feliz por cerca de dos horas con un grupo de niños de primaria, me le acerqué y entablé una conversación con ella acerca de la vida. Había algo en ella que mostraba un carácter tan excelente que era casi palpable. En un momento dado le dije:

—¿Cómo hace para tener tanta energía y cómo hace para tener una influencia tan increíble en estos niños?

Su respuesta, que me apresuré a garrapatear en una servilleta de papel después, me cambió para siempre.

—Brendon —me dijo— toda la energía y la influencia que podemos desear en la vida está *controlada* por una sola cosa: *el que estemos o no actuando a propósito como los mejores seres que podamos llegar a ser*. Desde ese nivel de carácter fluyen la gracia y el amor y en ese lugar encontramos la felicidad y el significado.

(La letra cursiva es mía.)

Activador #2: Control hacia lo nuevo

Tengo un amigo llamado Paulo Coelho, el escritor brasileño, autor de apreciados bestsellers como *El alquimista*, *Once minutos*, *Las valquirias* y docenas más. Si vemos su vida a distancia, parecería tenerlo todo.

Personas de todas las nacionalidades lo reconocen. Como miembro del jet set, viaja de un lugar a otro frecuentando las casas de sus amigos en Francia, Suiza y Brasil. Su trabajo es fascinante y gratificante y sus libros han transformado las vidas de más de quinientos millones de personas. Más de nueve millones de admiradores siguen cada una de sus palabras en línea. Presidentes y líderes de varios países reconocen sus contribuciones y le han pedido que los visite en sus capitales. Goza de excelente salud y estuvo casado por treinta años con la mujer con la que sabe en lo más profundo de su alma que estaba destinado a vivir. Como un ser profundamente espiritual y conforme, sus propios viajes de descubrimiento de sí mismo y búsqueda del sentido de la vida fueron, precisamente, los que lo convirtieron en un hombre rico, famoso y admirado. No obstante, con el tiempo, muy lentamente pero hasta una sorprendente profundidad, se convirtió en una persona absolutamente infeliz.

¿Cómo fue posible? ¿Era acaso sólo un desagradecido? No. Cuando hablé con él, el día que cumplió sesenta y cinco años, pude darme cuenta de que se consideraba más que afortunado en la vida. Estaba verdaderamente honrado de tener lo que todos deseamos: amor, seguridad, respeto, abundancia y una profesión creativa llena de significado. ¿Qué podía estar pasando, entonces, en su alma y en su mente, para haberlo llevado a ese estado de insatisfacción? Su historia y su lucha por encontrar la respuesta revelan mucho acerca de la vida y, coincidencialmente, acerca de la neurociencia.

Paulo me ha permitido compartir aquí su historia y, además, ha detallado su crisis de fe y satisfacción en su excelente libro *Aleph*. El y yo abordamos el problema desde distintas perspectivas —la suya desde el punto de vista espiritual y la mía desde el punto de vista del alto desempeño— y sin embargo, ambos llegamos a exactamente la misma conclusión: Paulo necesitaba más *novedad* en su vida.

En *Aleph,* Paulo describe cómo llegó a creer que su crisis de fe se debía a que el ya no salía a explorar el mundo. Sí, viajaba a todas partes, pero lo hacía yendo de una segura crisálida a otra, en donde todo estaba debidamente programado y había pocos nuevos retos y oportunidades. No estaba viviendo nuevas aventuras, no estaba conociendo nuevas personas ni se esforzaba lo suficiente como para sentirse comprometido. Los surcos de su rutina se habían ahondado hasta formar una rutina espiritual.

Paulo no estaba exactamente seguro de lo que buscaba, de manera que seguía las coincidencias en su vida y se comprometía a hacer algo nuevo. Esto lo llevó a viajar por todo el territorio euroasiático de Rusia a través de la Vía Férrea Transiberiana, una ardua aventura que lo llevó a conocer una mujer que le ayudó a encontrar algo que había estado buscando por mucho tiempo. Dejaré el resto de la historia a su libro, pero lo que al fin le ayudó a recuperar el control de su vida fue retarse a explorarse a sí mismo y a explorar el mundo de forma diferente. Este simple acto de lo que llamo "control de lo nuevo" fue lo que en último término devolvió la energía a su mente y a su alma. Me alegra que se haya reencontrado con su fe y que haya encontrado de nuevo la Chispa; es mi autor favorito de todos los tiempos y espero con entusiasmo cada cosa que hace.

El "control de lo nuevo" es una frase que utilizo con mis clientes que se estancan aparentemente. Significa que debemos dedicar tanto tiempo a la planeación estratégica de la introducción de cosas y experiencias nuevas en nuestras vidas como el que dedicamos a planear lo que vamos a comer, y las horas que dedicaremos al trabajo y cómo lograremos nuestros objetivos. Gran parte del hastío, la depresión, el descontento y el malestar emocional de nuestra vida puede remediarse mediante este concepto de "control de lo nuevo", y los últimos avances en la neurociencia demuestran por qué.

Después de escudriñar en miles de cerebros de distintas personas con las tecnologías más avanzadas de imagenología como la resonancia magnética nuclear, los neurocientíficos han concluido que el cerebro está cableado para buscar y disfrutar la novedad y el cambio. Recuerde esos dos ingredientes: *novedad* y *cambio*. Puede tener todo lo que se requiere para llevar una vida increíble —amor, respeto, abundancia, etc.— pero sin estos dos ingredientes, su receta terminará siendo una sopa insulsa de tristeza y desinterés.

Su cerebro logra un grado de activación mucho mayor cuando ocurre algo novedoso o que represente un reto. Lo novedoso hace que su mente esté atenta y más aguda, liberando dopamina y energizando el cerebro para que entre en la modalidad de "vamos a entender cómo es esto". Es lo que nos motiva a prender. Si además, esa novedad nos desafía, nuestros cerebros permanecen interesados por más tiempo. Y un cerebro interesado es un cerebro feliz.

Es interesante que los neurocientíficos no sean los únicos, ni los primeros en demostrarlo. El reconocido psicólogo Mihaly Csikszentmihalyi concluyó esencialmente lo mismo en su trabajo seminal sobre el "flujo" de experiencias. Determinó que la felicidad era lo que se mencionaba con más frecuencia como un estado en el que perdemos la noción del tiempo y quedamos totalmente inmersos en algo que disfrutamos y para lo cual tenemos habilidad, pero que además tiene elementos lo suficientemente novedosos como para desafiarnos.

De todo lo que pretendemos controlar en la vida, el hecho es que uno de los factores más importantes es la introducción de lo *nuevo*. No hacerlo, tiene dramáticas repercusiones: un cerebro hastiado, un alma intranquila. Y, al igual que Paulo, no importa cuántas cosas tenga uno en la vida, nada será suficiente sin este componente.

El control de lo nuevo no significa que debamos atiborrarnos constantemente de cosas nuevas todos los días de la vida. Dios sabe que pocos de nosotros necesitamos agregar una cosa nueva más a nuestra ya larga lista de lavandería. Al igual que con casi todas las cosas en nuestras vidas, sin embargo, no se trata de cantidad sino más bien de calidad. Debemos esforzarnos por agregar experiencias nuevas y satisfactorias consistentemente en la vida. Para la mayoría, esto significa algo tan sencillo como ir a un nuevo restaurante una vez por semana. Para otros, eso podría ser aprender una nueva destreza o simplemente conocer gente nueva. El control de lo nuevo no significa cambiar radicalmente toda nuestra vida. Sin embargo, los cambios pequeños tienen un enorme impacto y tal vez sea precisamente lo que se requieran para cambiar nuestro rumbo hacia una vida con Chispa.

El resultado: fijar nuestra meta en disfrutar de forma regular experiencias nuevas, como una de las mejores formas de permanecer plenamente comprometidos, energizados y entusiastas durante toda la vida. Las siguientes son sólo unas pocas ideas para un buen comienzo de enfoque en lo *nuevo*.

Seis formas sencillas de controlar lo nuevo:

1. *El plan de escape de los noventa días.* Programe un plan de escape ya sea para usted o para usted y su cónyuge u otra personas significativa, cada noventa días. Si, *cada* noventa días. No necesariamente tiene que ser un viaje alrededor del mundo —el objetivo no es qué tan lejos vaya; es qué tanto *se escapa*, la diferencia se mide no en millas recorridas sino en hasta qué punto puede romper mentalmente la monotonía o la rutina a fin de descansar y rejuvenecer. Tómese unas "vacaciones estáticas" en casa, o aún mejor, deje su casa por uno a cinco días y váyase a algún lugar donde nuca haya estado y desconéctese. Algunos dirán de inmediato, "Eso es imposible". A lo cual respondo, "Oh, pensé que usted era una persona mucho más creativa y recursiva, sobre todo en lo que tiene que ver con mejorar su vida". Si realmente es importante para usted escaparse, podrá lograrlo; es sólo cuatro veces al año, alejado, y debería estarlo haciendo por su bien.

2. *El restaurante o una salida a comer fuera de casa.* Haga que sus salidas sean una excursión nocturna a un nuevo restaurante una vez por semana. Si está en una ciudad pequeña, busque un grupo de amigos que organicen cada uno una cena cada dos o tres semanas. El objetivo es salir y experimentar nuevos lugares donde ir a cenar.

3. *Espectáculos, eventos deportivos, experiencias.* ¿Qué va a ocurrir en su ciudad este fin de semana? ¿Hay algún espectáculo o alguna obra de teatro que desee ver? ¿Hay alguna exposición o exhibición nueva? A pesar de que a muchos nos encanta ir al cine, asistir a los eventos deportivos o ir al teatro, rara vez lo hacemos. Haga que para usted sea un hábito buscar cosas que pueda salir a ver y las disfrute.

4. *Viajes de aventura.* ¿Tiene usted una lista de los cincuenta destinos principales adonde quiera ir durante su vida? ¿Los está eliminando de la lista como ya conocidos al menos una vez por año? De no ser así comience a hacerlo. Viajar es una de las formas más seguras de introducir novedad, compromiso y emoción saludables en su vida. Asegúrese de ahorrar dinero y tiempo para salir de vacaciones para hacer realidad estas aventuras. La principal regla que hay que observar al visitar nuevos sitios es la siguiente: hacer algo nuevo. No quedarse todo el tiempo en un club de vacaciones o en un hotel. Salir y conocer, buscar la aventura.

5. *Ampliar su círculo de amigos.* Es curioso como "hacer amigos" es algo tan importante para todos cuando estamos jóvenes, pero a medida que envejecemos, abandonamos cada vez más este esfuerzo. Sin embargo, sus amistades y círculos de amigos son las influencias externas más importantes para determinar su felicidad (a excepción de sus relaciones íntimas). Tome en serio el propósito de ampliar su círculo de amigos asistiendo a eventos para establecer contactos, para recaudar fondos y eventos y presentaciones locales. Esté atento no sólo con el propósito de conectarse con los demás sino para hacer amistades.

6. *Desarrollar destrezas.* ¿Qué nuevas destrezas debe desarrollar este año? ¿Qué tan activamente se empeña en la actualidad en dominar algún arte, como escribir, hablar en público, cocinar, programación de sistemas, liderazgo, jugar fútbol o alguna otra destreza artística, atlética o profesional? El reto de buscar nuevas destrezas es una de las formas más seguras de poner a prueba y trascender sus propios límites. Propóngaselo y busque algo nuevo que aprender, no tema

caer de narices al tratar de aprender algo nuevo. Disfrute el proceso de aprendizaje; es una de las vías más sencillas para tener un cerebro más comprometido (y una vida más interesante).

Estas son sólo unas pocas ideas para usted. Personalmente, yo las pongo todas en práctica con un enfoque continuo en mi vida, porque me preocupa lo suficiente mi nivel de energía de compromiso y de entusiasmo como para hacerlo. No siempre es fácil pero, como sin duda lo descubrirá, la variedad es, de hecho, el condimento de la vida.

Activador #3: Control del flujo de trabajo

Al preguntar acerca de un área de la vida que todos desearían poder controlar mejor y poder derivar más satisfacción, el trabajo y la profesión encabezan la lista. Esto, a pesar de décadas de progreso en la teoría y la práctica del manejo y desarrollo de la vida profesional. Ahora sabemos más que nunca acerca de lo que nos hace trabajadores contentos en ambientes de trabajo agradables. Basta con ir a la librería local y encontrará cientos de títulos sobre profesiones, administración, cultura, liderazgo, buenos negocios y efectividad de la fuerza laboral. Hemos encontrado las formas de crear lugares de trabajo divertidos y alegres, organizaciones "planas" y descentralizadas, tercerización de tareas que no son críticas para la misión, colaboración entre funciones, cómo compartir las mejores prácticas, cómo trabajar desde un lugar remoto, cómo asistir a reuniones virtuales, etc. Sin embargo, menos del 20 por ciento de las personas que trabajan en el mundo entero dicen estar activamente comprometidas y disfrutando su trabajo.

Si alguna vez ha trabajado en una organización grande, por bien dirigida que esté y por bueno que sea su resultado en el mercado, es fácil detectar que sus compañeros de trabajo y usted mismo experimentan una intranquilidad no expresada, un deseo de mayor control y significado en el trabajo. ¿Qué anda mal? ¿Por qué, a pesar de todo lo que sabemos sobre cómo trabajar bien y de forma inteligente, tantos de nosotros no estamos más satisfechos, más comprometidos o no somos más productivos en nuestro trabajo, ya sea como empleados o empresarios?

He dedicado casi quince años de mi vida a estudiar este aspecto en mi trabajo de alto desempeño, y he llegado a creer que la respuesta radica en dos novedades que tenemos desde hace relativamente poco en la fuerza laboral moderna: *ausencia de sentido de propiedad* y *distracción*.

Durante la mayor parte de la historia de la humanidad, la vida consistía en realizar determinadas tareas individuales. Desde el principio de los tiempos el mundo estuvo poblado de granjeros y artesanos, y eran ellos quienes controlaban los insumos básicos y los productos de trabajo, de principio a fin. El agricultor sembraba, cultivaba y cosechaba la siembra. Los artesanos convertían materias primas en productos. El hombre era propietario de su trabajo y se hacía lo mismo prácticamente todo el año y año tras año, durante toda su "carrera".

Saltemos a la época de mediados a fines del siglo XX y observemos la filosofía de una sola administración, que destruyó todo eso. La idea pretendía incrementar la productividad de nuestras vidas organizacionales, y no puede negarse que lo hizo. El único problema, a pesar de su éxito, es —y sigue siendo— que nadie se ha dado cuenta de que esa filosofía fue el ladrón en la noche que nos robó a todos de la posibilidad de disfrutar más nuestro trabajo.

¿Quién fue el culpable? El equipo funcional cruzado basado en un proyecto. A partir de la década de los cincuenta, cuando se comenzó a hablar de la "administración científica", el entusiasmo fue muy grande a nivel mundial, el mundo organizacional fue cambiando rápidamente de tareas a proyectos. Ya no trabajábamos en nuestro pequeño espacio dentro de la organización y ya no éramos dueños de nuestro trabajo de principio a fin. En cambio, el trabajo se realizaba en equipos formados por personas de toda la organización que trabajaban en distintos proyectos. Este modelo sigue siendo la realidad dominante de nuestras vidas organizacionales actuales y su repercusión en relación con nuestra felicidad será algo que lo dejará aterrado. El hecho es que la vida del equipo funcional cruzado basado en proyectos nos ha despojado de algo que ni siquiera sabíamos que era tan valioso para nosotros: la propiedad.

Cuando estaba promoviendo este libro entre las posibles editoriales, supe que entenderían sus ramificaciones si lo podía relacionar con sus vidas. Para hacerlo les preguntaba: "¿Alguna vez ha trabajado en un proyecto de un libro en el que usted asistiera a lo que pudiéramos llamar múltiples reuniones acerca del libro, y luego el libro resultaba exitoso, y su equipo se sentía muy satisfecho al respecto?", pregunta a la que todos respondían afirmativamente. Luego les preguntaba: "¿Y alguna vez han trabajado en un proyecto de un libro que realmente hubieran tomado bajo su responsabilidad de principio a fin, como su bebé, y después el libro se haya convertido en un éxito y usted y su equipo hayan quedado muy contentos?", también a esta pregunta todos respondieron sí. Luego les hacía la pregunta maestra: "¿En cuál de los dos casos se sintieron mejor? ¿En cuál de los casos se sintieron más comprometidos y obtuvieron más satisfacción?".

Naturalmente, ya sabrá cuál fue la respuesta que escuché. Todos, sin excepción, encontraron más satisfactoria la experiencia en la que estuvieron involucrados personalmente, a cargo de todo el proyecto de principio a fin.

Considere cómo este ejemplo trasciende y se aplica a todos los contextos. Tener una mayor participación en un proyecto de principio a fin es más satisfactorio que sólo aparecer en determinados momentos durante un tiempo. Estar totalmente entregado a ver cómo se desarrolla y crece su proyecto y cómo da resultados es una de las mayores satisfacciones que podemos obtener de nuestro trabajo. Por lo tanto, aproveche este hecho.

El trabajo en equipo, basado en proyectos, con participación cruzada de distintas profesiones, no va a desaparecer. Pero sin pretender entrar en el campo de quienes predicen el futuro, puedo garantizarle algo: *su nivel de compromiso y entusiasmo se va a disparar como un cohete cuando decida participar únicamente en proyectos a los que pueda dedicarse por completo de principio a fin.*

Naturalmente, habrá quienes digan que no tienen posibilidad de elegir qué trabajo hacen, que los proyectos simplemente se les apilan en sus bandejas de cosas por hacer y que tienen que participar en ellos. Esas personas dirán que lo que yo estoy pidiendo no es factible. Pero prometo que en cualquier entorno laboral en el que trabaje, sin importar cómo sea, esto sí es factible.

Sugiero que controle esta área de su vida, aún si significa asegurarse de estar al menos en dos a cinco proyectos importantes cada año a los que se dedique plenamente. Eso lo puede hacer ya sea buscando los proyectos, pidiéndolos, o creándolos. Después se sentirá bien de haberlo hecho.

Si la primera parte de controlar el flujo de trabajo es controlar *qué tipo* de trabajo hace —y ahora ya sabe que eso significa aumentar el número o la calidad de los proyectos en los que se puede involucrar de lleno de principio a fin— el siguiente paso consiste en controlar *cómo* trabaja a lo largo del día. Esta es la parte del "flujo", cuando hablamos del flujo de trabajo, y tenemos que lograr que, a partir de mañana por la mañana, éste sea el adecuado para usted. Aquí es donde me refiero a lo que impide que una persona alcance un alto desempeño. Es hora de hablar de las distracciones.

Si el que se ha robado la propiedad en el mundo laboral es el equipo funcional cruzado basado en proyectos, entonces, diría que, en términos de distracción, el bandido es —sí, ya lo adivinó— el correo electrónico y los mensajes de texto instantáneos. He preguntado a muchas audiencias del mundo entero qué es lo que más *detestan* acerca del trabajo, y la respuesta suele ser su correo electrónico. Esto es algo muy lógico y, es probablemente la razón por la cual me citan tantas veces por algo que repito en el escenario: "El buzón de entrada es sólo un conveniente sistema de organizar las agendas de los demás".

Si el correo electrónico es una de sus principales distracciones o de sus motivos de insatisfacción en el trabajo, es hora de hacerse cargo de esa área para controlarla mejor. El correo electrónico es apenas una parte de un problema mayor: no está controlando bien la totalidad de su día, y no está desempeñándose al nivel que se merecería tener (y al nivel que, en estos días, *necesita estar*).

En lugar de entrar en la teoría o en los antecedentes, quiero simplemente explicar cómo debe trabajar a lo largo del día desde el punto de vista táctico. Este abordaje, que hemos enseñado en la Academia de Alto Desempeño desde hace años, es una de las estrategias más populares de manejo de tiempo que jamás haya enseñado. La llamo la Hoja de Productividad de 1 Sola Página, e ilustra una forma totalmente nueva de manejar su horario de trabajo diario. (Puede descargar este recurso en www.TheChargeBook.com/resources.)

Siempre que inicie su día de trabajo —e, idealmente, antes de que haya salido a caminar o a hacer ejercicio, antes de que haga su oración o su meditación y antes de tomar un saludable desayuno— le recomiendo entrar de inmediato en la *modalidad de estrategia*. No abra su bandeja de entrada apenas llegue al trabajo; si lo primero que hace es abrirla, entregará de inmediato el control —de toda su agenda del día— a los demás.

En la modalidad de estrategia, su obligación es ver el panorama completo de lo que intenta lograr y los principales *proyectos* en los que está trabajando. En la primera línea del *Plan de productividad de una página*, hay un espacio para que indique allí los grandes proyectos en los que trabaja animándolo a realizar una lluvia de ideas para determinar las tres a cinco coas más importantes que tiene que hacer para el buen resultado de cada proyecto.

Una vez que ha llenado la línea superior en la hoja (y, sí, insisto en que mis clientes realmente la llenen a mano al inicio de cada día de trabajo), habrá llegado el momento de pasar a la modalidad de operaciones en las dos siguientes líneas de la hoja de planeación. La línea del medio es para ayudarle a pensar en las *personas* con las que tiene que comunicarse hoy, porque usted está (a) ya sea esperando una decisión o una información de ellos o (b) necesita compartir con ellos una decisión o una información. La última línea es para establecer prioridades sobre lo que definitivamente *logrará* realizar hoy, pase lo que pase.

Por sencillo que suene llenar un planificador, su efectividad radica en lo que usted haga después. Va a trabajar su día de manera muy específica, y al hacerlo, llegará a dominar por fin su bandeja de entrada —y su capacidad de hacer todo lo que se ha propuesto.

Una vez que haya llenado su planeador, comenzará el día por la sección del medio, la sección de *las personas*. Será la primera vez que se le permitirá entrar a su correo hoy y esto requerirá un alto grado de fuerza de voluntad para hacerlo únicamente como se indica aquí. Esto es lo que quiero que haga: Abra su bandeja de entrada. Busque los correos electrónicos SÓLO de aquellas personas de quienes esté esperando una decisión o una información (es decir, sólo lo que escribió en la sección media del planeador). Lea y responda únicamente los correos electrónicos de dichas personas. Una vez que lo haya hecho, envié los correos electrónicos que tenga que enviar con base en lo que escribió en la sección personas. Todo esto no le debe tomar más de veinte a cuarenta minutos, a lo sumo. Ahora viene la parte crítica: cierre su bandeja de entrada y salga de la aplicación de correo electrónico por completo. Ya no podrá volverlo a mirar a menos que tenga tiempo libre al final del día.

Entonces, si no se está ocupando del correo durante el resto del día ¿Qué estará haciendo? Estará produciendo, que es la raíz misma de la palabra "productividad". Está ocupándose de todas las prioridades que incluyó en la última sección de la hoja de planeación. Ese es el resto de su día y no volverá a entrar al correo electrónico hasta que todos esos asuntos estén resueltos. (Si alguno de ellos requiere enviar un correo electrónico, hágalo únicamente durante la última hora de su día de trabajo.) Su trabajo durante el resto del día es terminar cosas reales, determinar una verdadera diferencia —no enviar correos electrónicos como un adicto. Céntrese entonces en terminar sus prioridades. Si las termina temprano *no* entre todavía a su bandeja de entrada. Pregúntese primero: "¿Hay algo más que pueda hacer ahora para avanzar en uno de mis grandes proyectos con más rapidez y de forma más eficiente?". Si su respuesta es sí, dedíquese a eso hasta la última hora del día. Sólo durante esa última hora del día podrá entrar de nuevo a ver o enviar correos electrónicos.

El desafío que debe enfrentar en su trabajo: no permitirse ceder ni distraerse entrando a su correo electrónico todo el día. Dedique la mayor parte del tiempo a terminar realmente sus proyectos y prioridades, que siempre tendrán que ver con hacer bien aquellas cosas que realmente importan. Tome de nuevo su agenda y haga que la magia funcione durante todo el día. Esto lo hará sentir que ha recuperado el control de su vida laboral y hará explotar su productividad y su satisfacción en el trabajo.

De todas las cosas que podemos controlar en nuestra vida y que realmente hacen que suba la aguja del cuadrante y nos hace sentir más energizados, podemos mencionar las siguientes: controlar nuestras expectativas y nuestro carácter, controlar lo nuevo y controlar el flujo de trabajo. En estas áreas se encuentra nuestra capacidad de mantener una gran actitud y vivir con integridad, experimentar la magia y la variedad del mundo y manejar nuestras agendas dando un uso positivo y productivo a nuestro tiempo laboral de cada día. Y si logra disciplinarse al hacerlo, despertará cada día a una vida aún más magnífica y plenamente energizada.

PUNTOS DE IGNICIÓN

1. Si fuera a vivir a un nivel más alto de carácter y fuera a mantener una visión más positiva, tendría que comenzar por...

2. Dos cosas que podría incluir ahora mismo en mi calendario para "controlar lo nuevo" e introducir novedad y retos en mi vida, son...

3. Un proyecto en el que podría involucrarme o un proyecto que podría crear de inmediato y que me ayudaría a dedicarme más plenamente a mi trabajo y a acompañar un proyecto de principio a fin sería...

Capítulo tres

EL IMPULSOR DE
COMPETENCIA

*Alguien que duda de sí mismo es como un hombre
que se alistara en las filas enemigas y portara
las armas contra sí mismo.*
—Alejandro Dumas

—Simplemente, muchas veces me siento tonta e incapaz de hacer las cosas que debo hacer o de lograr mis sueños.

Sentada a mi lado en una silla del lobby, jugando con sus uñas, se encontraba una de las mujeres más exitosas que jamás haya conocido. Para la mayoría de las personas del mundo, este comentario de Susan habría sido sorprendente. Ahí estaba ella, una mujer educada del Ivy League con una lista de cartas y certificaciones después de su nombre que impresionaría a cualquiera. No solamente había ascendido por la escalera corporativa sino que lo había hecho con un entusiasmo y una osadía que fue una inspiración para sus compañeros y sus jefes. Las otras mujeres la veían como un modelo digno de imitar. Dirigía equipos de personas en todo el mundo. Con más fortuna de la que se puede describir, tenía casas de recreo en varios países. Era una mujer hermosa con un esposo comprensivo, que la apoyaba en todo, y a quien todos querían.

Le hice a Susan algunas preguntas y rápidamente llegamos a la raíz del problema. Durante el último año y medio sentía que estaba vacilante en su trabajo; que había perdido la motivación y que se estaba dando por vencida demasiado pronto, con demasiada frecuencia. Ya no corría riesgos. También tenía lo que su psiquiatra llamaba "ansiedad de desempeño", para lo cual le prescribió un medicamento, pero éste no parecía ayudarle.

—Ya no siento que sea tan rápida como antes, ahora que he tenido algún éxito —dijo en tono de derrota—. Pero, lo que es aún peor, no siento que sea buena aprendiendo como lo era antes, por lo que no estoy aceptando grandes retos ni grandes proyectos. Ahora me preocupo más que nunca por no fallar. Constantemente evito tomar medidas acerca de muchas cosas, y me dejo distraer como excusa para no intentarlo, a fin de no fracasar. ¿Cree que he perdido mi capacidad?

Pude darme cuenta de lo incómoda que se siente Susan al compartir estos sentimientos conmigo. Mi instinto inmediato es responder tranquilizándola, diciéndole que sólo se está imaginando cosas, que todo saldrá bien. Pero no me está pagando para que la consuele.

—Tal vez sólo agoté mi habilidad, o mi inteligencia, o algo, Brendon —continuó—. Solía sentirme muy segura, pero ahora, sin saber por qué, me estoy sintiendo impotente. Entonces ¿qué puedo hacer para recuperar la confianza en mí misma y dejar de sentirme incapaz? ¿Qué me ha pasado? Esta sensación me tiene aterrorizada y va a acabar con mi carrera.

Ahora, de nuevo tengo dos opciones: consolarla o dirigirla. Una tiene como objeto hacer que la persona se sienta mejor. La otra tiene que ver con lograr que *esté* mejor.

Corro el riesgo. Me siento derecho en la silla y la miro de frente, mientras le digo en un tono directo fuera de contexto:

—Susan, esta puede ser la conversación más ridícula que jamás haya tenido con alguien de su nivel. —Ella parpadea y me mira sorprendida, abre la boca pero no dice nada—. ¿Me está diciendo que está *esperando* sentirse de nuevo como alguien que puede aprender muy bien y aceptar cualquier reto? Eso es como esperar que un automóvil funcione sin poner la llave en el arranque. Tienes todo esto al revés. No se trata de que haya agotado su habilidad ni su inteligencia porque, francamente, ni siquiera las ha estado poniendo a prueba.

Soy consciente de que la mayoría consideraría que este enfoque que estoy adoptando es horrible. Pero la conozco. Le digo todo esto mientras sonrío con una enorme sonrisa, pero también la observo para ver si me responde. No me responde, por lo que continúo.

—Se siente insegura de usted misma precisamente porque *ya no es* usted misma. No se está *esforzando* por aprender y ensayar nuevas cosas y ahí está el problema. Si espera que alguien la golpee con la varita inteligente y le diga que es lo suficientemente competente como para intentar aprender y volver a arriesgarse, escúcheme bien. No creo que haya perdido su capacidad; lo que pienso es que simplemente dio un paso atrás porque se sintió un poco intimidada y un poco incómoda. Se asustó de su propio éxito y se alejó de la osadía que la hacía aprender y la hacía sentir viva. Pero ya había sobrepasado su límite antes ¿no es verdad?

—Sí. Pero tal vez estoy demasiado cansada para seguir avanzando y seguir aprendiendo todo el tiempo.

—Bien —le dije—, tal vez la oí mal, pero me parece que ahora todas sus quejas son precisamente porque *no siente* que esté avanzando y aprendiendo más. Tenemos ahora una alternativa. Podemos seguir indagando en su pasado y encontrar un motivo para cada una de las excusas que tiene para no querer avanzar y aprender más. O la puedo golpear con mi varita inteligente y presentarle algunos retos que la hagan aprender y mejorar, y golpearla un poco más hasta que la haga lanzarse de nuevo por el borde y la obligue a volar. ¿Qué quiere que hagamos ahora?

Se quedó pensando por un momento.

—Quiero recuperar mi empuje.

—¿Lo va a recuperar haciendo nada o va a arriesgarse de nuevo para poder exigirse, aprender y avanzar para dar lo mejor de sí?

Ella sonríe de nuevo, con una amplia sonrisa esta vez. Sus ojos lo dice todo: *hagámoslo*.

· · ·

Si la conociera, el comentario de Susan acerca de sentirse "estúpida" e "incapaz" lo hubiera sorprendido. Es un ser humano sorprendente. Pero todos —todos nosotros, sin excepción— nos sentimos incapaces en muchas áreas de nuestras vidas y estancados en distintas etapas de nuestras vidas y en distintas situaciones de nuestras vidas. Susan me da la entrada para analizar uno de los impulsores humanos más importantes: *la competencia*.

Oigo todo el tiempo la misma historia de Susan, debido a mi profesión, pero también porque es parte de la historia de la humanidad. En algún momento, todos sentimos lo que ella sintió, porque todos tenemos el impulso para competir que nos empuja hacia adelante. Cuando nos sentimos competentes y capaces, el mundo es nuestro. Nos adentramos sin miedo en lo desconocido, nos adaptamos y aprendemos con rapidez, dominamos nuestros miedos y enfrentamos nuestros retos, y experimentamos niveles cada vez mayores de confianza y dominio. En mi trabajo como director, solemos referirnos a esto como el asa de "competencia-confianza" —a más competencia más confianza para intentar cosas nuevas y aceptar nuevos y mayores retos; mientras más lo hagamos, mayor será el dominio que se logre y mayor será la sensación de competencia.

Pero en el mismo segundo en que nuestra balanza interna de competencia se incline en dirección opuesta a la seguridad en sí mismo para pasar a la duda acerca de uno mismo, es el momento en el que comenzamos a sentirnos derrotados. Empezamos a cuestionar nuestra capacidad, nuestra inteligencia, nuestras fortalezas —la totalidad de nuestro futuro. Cuando nos sentimos inadecuados aparecen sentimientos desagradables que se convierten en la norma, como ansiedad, ira, decepción, desesperanza y temor al fracaso. El efecto neto de sentirse incompetente es desastroso; dejamos de intentarlo, dejamos de aprender, de progresar y de contribuir. Comenzamos a compararnos compulsivamente con los demás y sentimos que no damos la talla. Podemos sentir como si hubiéramos perdido del todo la chispa de nuestra vida porque el progreso nos parece algo casi inalcanzable, por no decir imposible.

Sé que reconoce muchos de estos sentimientos. Todos los hemos sentido. Y sé también que si nos sentáramos por un momento y tuviéramos una conversación de corazón a corazón sobre el nivel de cambio que siente ahora en su vida, comprendería de inmediato que hay demasiadas áreas de ansiedad y apatía en su vida; dos importantes síntomas de un enfoque equivocado o un mal uso de su impulsor humano de la competencia.

Podría pensarse que en nuestro mundo moderno de abundancia —donde la educación y la información son tan estimadas y están tan disponibles— nuestro impulsor de competencia puede ser fácilmente activado y desarrollado. Es fácil aprender y desarrollar nuevas capacidades en nuestra sociedad, ¿no es verdad? Después de todo, tenemos escuelas y programas de gobierno y de múltiples organizaciones sin ánimo de lucro enfocados en la educación. Las escuelas de artes liberales animan a los estudiantes a hacer preguntas y a "encontrar sus propios caminos". Las corporaciones tienen departamentos de recursos humanos centrados en el "desempeño humano", "las vías de desarrollo de destrezas" e incluso "el desarrollo de la competencia". Crear una "organización de aprendizaje" se ha convertido en una frase de cajón de la gerencia desde hace más de una década. El Internet has abierto el mundo del conocimiento para

todos, de forma gratuita. Todos deberíamos sentirnos lo suficientemente inteligentes, buenos y capaces. Todo debería parecernos bien
y correcto cuando se trata de nuestra competencia en este mundo...
¿no es cierto?

Pero ese no es el caso. Los puntajes de los exámenes de los estudiantes de nuestro país siguen descendiendo y cerca del 50 por ciento
de los que comienzan la universidad nunca termina. En el trabajo, la
mayoría siente que la ansiedad se ha convertido en el "nuevo factor
normal" a pesar de la misión del departamento de recursos humanos
de dar a los empleados las habilidades y competencias que necesitan
para tener éxito. Compañías enteras e instituciones globales han des-
aparecido en años recientes debido a lo que sólo puede describirse
como falta de competencia (y tal vez de ética) por parte de sus altos
ejecutivos.

¿Dónde está la falla? Para entender esto, definamos más específicamente el término "competencia" y luego veamos cómo nuestra
sociedad nos priva cada vez más de la posibilidad de aumentarla.

La competencia principal se puede describir en términos generales como nuestra capacidad de entender, de desempeñarnos con
éxito en el mundo y de dominarlo. *Entender. Desempeñarse. Dominar.* Si confío en que puedo hacer esas tres cosas al enfrentar los retos
y oportunidades que me presenta la vida, tiendo entonces a sentirme
competente. Siento como si tuviera la capacidad suficiente de utilizar mis conocimientos y destrezas para cumplir y tener éxito en las
tareas que se me presentan.

Considere por un momento su carrera profesional. ¿Entiende
cuál es su función y cuáles son sus metas en el trabajo y tiene un
conocimiento sólido de la estructura social del sitio donde trabaja?
¿Siente que conoce plena y previamente lo que se requiere para
triunfar? ¿Piensa que tiene el talento, los conocimientos, las destrezas y capacidades necesarias para lograr sus metas y las metas de la

empresa? Y ¿siente que está adquiriendo el dominio de su trabajo, aprendiendo lo suficientemente rápido y contribuyendo de manera consistente a un alto nivel de excelencia? Sus respuestas a estos cuatro interrogantes indican en gran medida qué tan competente se siente en su trabajo.

El reto para todos en nuestro trabajo, y en todas las demás áreas de nuestras vidas, es el vertiginoso ritmo de cambio actual. Cuando tantas personas ven que sus funciones cambian constantemente —*aquí viene otra reestructuración y otra ronda de despidos que descargará más responsabilidades sobre mis hombros*— es difícil que entiendan dónde encajan. Estamos obligados a aprender más y más rápido que nunca para mantenernos a flote. El simple hecho de mantenernos "informados" en el trabajo es más difícil que nunca en el constante torrente de cambio.

La dinámica de trabajo en equipo y trabajo basado en proyectos nos obliga a actuar de formas que realmente limitan nuestra capacidad de aprender, tan crítica para el desarrollo de nuestra competencia. Queremos impresionar a nuestros compañeros de equipo —especialmente ahora que todos estamos conectados socialmente en forma tan absoluta— por lo que hacemos cuanto podemos para dar la apariencia de que "lo tenemos todo bajo control". Esto significa que con frecuencia no pedimos ayuda cuando la necesitamos. Escondemos nuestras ineptitudes y vulnerabilidades por temor a que nos descubran. Rápidamente aceptamos el esquema de multitarea para complacer a todos, lo que no permite alcanzar la profundidad de enfoque que lleva al verdadero conocimiento. Lo que es peor, evitamos el conflicto para agradarle a todos los miembros del equipo y poder así mantener la imagen de diversión, ambiente colegial y cultura alegre que supuestamente debemos estar creando.

Esto llega aún más hondo. A medida que los "equipos globales" y la tercería se convierten cada vez más en la norma, todos nos hemos ido acostumbrando a delegar cualesquiera tareas en las que no podamos demostrar nuestras fortalezas a otra persona, y delegamos así nuestra misma capacidad de intentar cosas nuevas, de desarrollar áreas donde estamos débiles, de *aprender*.

Cualquiera que sea nuestra profesión, somos una fuerza laboral en movimiento, socialmente conectada de la que se espera mayor productividad, más creatividad y, sí, más alegría que nunca antes. Es el escenario perfecto para una gran tragicomedia: el cambio llega a una velocidad vertiginosa, sin embargo, se supone que uno no se debe sentir más inseguro ni confuso.

Pero no se trata de una broma. Una falta de competencia laboral —o en cualquier área de la vida— puede afectar gravemente nuestro futuro. Esto es lo que los psicólogos educativos y los asesores de desempeño humano saben acerca de la competencia.

1. *Su nivel de competencia determina las cosas a las que usted les preste atención.* Cuando no se siente competente, tiende a no prestar atención a los problemas, conflictos o retos y oportunidades mayores porque no considera que puede manejarlos. Así, la falta de competencia lleva a mayores demoras y procrastinación.

2. *Su nivel de competencia determina su elección de tareas y actividades.* Cuando se siente capaz y seguro de poder entender, desempeñarse y dominar su mundo, está dispuesto a aceptar responsabilidades mayores. Naturalmente, esto suele llevar a un mayor aprendizaje y un mayor éxito en el trabajo. Si se siente incapaz, se centra en tareas más fáciles y pronto se convierte en un esclavo de la seguridad.

3. *Su nivel de competencia determina su nivel de esfuerzo.* Los trabajadores dedicados creen que pueden crear resultados positivos con su esfuerzo por lo que se exigen más. Parece

una sobresimplificación, pero los estudios de desempeño experto han demostrado una y otra vez que si uno cree ser competente, se esforzará más en su trabajo (y, sí, lo hará de forma más inteligente).

4. *Su nivel de competencia determina su grado de adaptabilidad y resiliencia.* Esta capacidad tiene sorprendentes implicaciones en lo que respecta al éxito que alcanzará en su vida tanto personal como laboral. Quienes confían en sus capacidades de comprender y dominar sus mundos y desempeñarse en ellos, están más dispuestos a rectificar el curso de su progreso si algo no va bien. Se levantan más rápido después de que los derriban porque interpretan los golpes más como una lección que como una derrota.

5. *Su nivel de competencia determina si usted será un líder o un seguidor.* ¿Puede imaginar una destreza más necesaria que el liderazgo en la situación actual? Pero ¿quiénes son los que toman las riendas en el trabajo y en la vida privada? Aquellos que creen en sí mismos y en sus capacidades. Saben que tienen la competencia necesaria para enfrentar los retos, aunque esto les exija esforzarse, porque confían que podrán resolver el reto en colaboración con otros, en su camino por adquirir una visión nueva y más amplia. (Desafortunadamente, quienes no confían en sus capacidades de comprender y dominar su mundo y desempeñarse en ellos, rara vez llegan a contemplar por sí mismos, o a través de los demás, esa *visión* más amplia, y menos aún llegan a esforzarse activa, valiente y consistentemente por alcanzarla.)

Nuestro mundo rápidamente cambiante exige que nos esforcemos para resistir y seguir aprendiendo y agregando valor. Por lo tanto, quienes aprenden —quienes siempre buscan ampliar sus experiencias para saber más acerca del mundo y desarrollar sus propias destrezas— heredarán el nuevo mundo. Con tanto en juego, ¿cómo podemos activar nuestro impulsor de la competencia en una forma sana y energizante? ¿Qué hace que suba más la aguja indicadora en el proceso de desarrollar la competencia? Los siguientes son los más potentes activadores.

Activador #1: Evaluar y dirigir su deseo de aprender

El deseo de aprender y dominar nuestras vidas es crítico para nuestra confianza y nuestra felicidad. Si abordamos el aprendizaje con alegría y entusiasmo, tendemos a sentirnos más confiados y capaces en la vida. Por otra parte, ahora los neurocientíficos están demostrando que mientras más aprendemos, más se fortalecen nuestras vías neurales, lo que nos permite incrementar la capacidad de prever y desempeñarnos mejor, lo que a su vez lleva a las agradables liberaciones de dopamina en el cerebro.

Naturalmente, todos queremos sentir ese tipo de confianza y de placer neural que viene de desarrollar la competencia, pero entonces ¿Por qué no hay más personas que aprovechen más oportunidades de aprender en la vida? ¿Por qué las personas suelen no retarse a aprender cosas nuevas y desarrollar competencias novedosas y más profundas?

No es porque sean perezosas. (Esa parece ser la respuesta de muchos comentaristas en la actualidad.) No, las personas no desarrollan más competencia ni se convierten en ninjas, simplemente porque no saben cómo están evaluando las nuevas oportunidades de aprendizaje. Por ejemplo, dicen que no cuando se les propone que aprendan un nuevo idioma, sin darse cuenta realmente de la razón por la cual no quieren intentarlo. (La respuesta general, "Es demasiado difícil" o "No tengo tiempo", es sólo parte de la historia).

Esto es lo que he descubierto: si vamos a ampliar su capacidad de incrementar su competencia en un área, debemos evaluar *por qué* desea aprender y *qué* le impediría hacerlo. Además, tenemos que ayudarle a *elegir* los retos de aprendizaje que realmente lo energizarán y le servirán para forjar su futuro.

Teniendo esto en cuenta, debe saber que hay indicadores clave confirmados que revelan si tendrá o no éxito (o si al menos intentará) aceptar cualquier reto de aprendizaje. Si es consciente de estos indicadores, entonces podrá tener un enfoque más positivo hacia el aprendizaje y así progresar en la vida.

(En la Academia de Alto Desempeño, estas áreas son parte de nuestra Evaluación del Indicador de Acción, que puede descargar en forma gratuita en www.TheChargeBook.com/resources.)

Su identidad futura

Al determinar si alguna vez intentará aceptar una nueva experiencia o reto de aprendizaje, que es la forma como se desarrolla la competencia, la pregunta clave que se planteará es la siguiente: *¿Es importante alcanzar este objetivo o desarrollar esta actividad para mi identidad futura?*

Por ejemplo, si está preparándose para un examen de física en la universidad, pero no puede imaginarse que vaya a utilizar la física en el futuro, será menos probable que se esfuerce por estudiar de antemano, que quiera estar realmente concentrado en el examen, o que reflexione si podría desempeñarse mejor en el futuro. Consciente de esto, piense cuánto se está esforzando ahora por aprender cosas nuevas. ¿No se esfuerza mucho? Bien, es probable que no visualice para usted una identidad futura que pudiera exigir nuevos campos de destrezas. ¿Qué nuevos conocimientos, destrezas o habilidades podría empezar a aprender para convertirse en alguien con mejor desempeño en lo que hace y aumentar su éxito en la vida?

Su valor intrínseco

A la mayoría se nos enseña a aprender para obtener "valores extrínsecos" o recompensas externas que el mundo ofrece, como el logro de riqueza, poder y espaldarazos. En la peor de las metáforas de todos los tiempos en lo que se relaciona con motivación, muchos se refieren a ese tipo de motivación como "el palo y la zanahoria", en donde el palo es el castigo si no se actúa en la forma deseada y la zanahoria es la recompensa si se actúa como se espera. Esta metáfora tiene un problema triple. En primer lugar, supone que todos somos asnos. Segundo, supone que todos somos asnos que harán lo que se desea de ellos si se les golpea. En tercer lugar, supone que son realmente las motivaciones extrínsecas las que nos impulsan a todos.

Encontrar el valor intrínseco —es decir, encontrar una conexión significativa— en algo, convierte ese algo en un medio de motivación personal, lo que es muy diferente de lo que a la mayoría nos han enseñado a pensar en cuanto a la motivación.

Los investigadores siguen demostrando que nos motivan más las recompensas intrínsecas que las extrínsecas, como por ejemplo, luchar por lo que nos apasiona, hacer lo que nos gusta hacer, sentirnos orgullosos de un trabajo bien hecho, colaborar con un excelente grupo de compañeros y contribuir algo que para nosotros es personalmente significativo.

Teniendo todo esto en cuenta, ¿qué le aportaría más *satisfacción* aprender en los próximos doce meses? ¿Qué cosas estaría dispuesto a alcanzar, como reto personal para sentirse más animado y orgulloso, cualquiera que fuera la recompensa externa?

El valor utilitario

Este indicador pregunta: "¿Obtendré algo útil al perseguir esta meta?". El valor utilitario ha sido el reino de los economistas que creen por ejemplo que compramos artículos porque sabemos que podemos utilizarlos y que el precio que pagamos por ellos se correlaciona directamente con cuánto uso esperamos sacar de ellos. En nuestro enfoque de alto rendimiento, éste es un valor que suele tenerse en cuenta cuando se *sabe* que aceptar un nuevo reto resultará en un beneficio directo para lo que se está haciendo. Por ejemplo, si aprender a codificar una página web le ayudaría a ser más eficiente en su trabajo y obtener un aumento, entonces habría un valor utilitario en aprender a hacerlo.

Entonces, ¿qué le sería *útil* aprender en los próximos doce meses?

El costo de oportunidad

Al aceptar esta nueva meta o esta nueva tarea, ¿de qué se estaría perdiendo? Participar en cualquier propósito implica tiempo, energía, esfuerzos, recursos y fuerza de voluntad que podrían aprovecharse en algo diferente. Tenemos que ser conscientes de esta realidad, puesto que la mayoría tomamos decisiones inconscientes con base en el temor de llegar a perder totalmente algo si nos centramos en otra cosa. Decimos "No puedo aprender X cosa nuevo porque eso significaría que no podría llevar a los niños al colegio en las mañanas". Es obvio eso no tiene sentido porque aprender algo no debe necesariamente implicar un costo como no poder llevar los niños al colegio, pero eso es lo que usted piensa. En términos generales, tendemos a limitar nuestra capacidad de aprender debido a que nos obsesionamos con este tipo de dilemas falsos. Pregúntese entonces: "¿Qué nueva destreza he querido desarrollar pero me he engañado y no la he aprendido por centrarme en algún costo de oportunidad imaginario que puede no ser cierto?".

Tiempo de espera

La pregunta aquí es: "¿Cuánto tiempo debo esperar para obtener los beneficios de intentar lograr esta meta o realizar esta actividad?".

Supongamos que va a aprender otro idioma; digamos, francés.

Si comienza las clases la semana entrante pero sólo va a utilizar ese idioma en una conversación cuando viaje a Francia de aquí a cinco año, ¿afecta esto su motivación para aprender? Claro que sí. Los seres humanos son terribles cuando se trata de recompensas que tardan en llegar, y mientras más tengamos que esperar, menor será nuestra motivación para aprender e intentarlo.

¿Qué ha estado posponiendo aprender ahora porque no cree que vaya a obtener una recompensa inmediata? ¿Cuánto habría avanzado en el proceso para este momento si hubiera empezado a hacer eso que ha pospuesto la primera vez que lo pensó?

Control/Agencia personal

La "agencia" personal es un término utilizado por los psicólogos para describir el grado de confianza que tiene en su capacidad de controlar sus acciones y forjar los resultados en su vida. Si duda que pueda adoptar las medidas conscientes necesarias para tener éxito en algo, es evidente que tendrá menos probabilidad siquiera de comenzar a intentarlo. Y si está dispuesto a actuar pero no cree que sus acciones realmente lo lleven a ninguna parte y que no alcanzará el resultado que busca, probablemente tenga menos probabilidades de comenzar. Al mirar el último año de su vida en retrospectiva, ¿hubo momentos en los que dejara de perseguir sus sueños porque no creyera que podría esforzarse lo suficiente para lograrlos o que si no se esforzaba lo suficiente sus esfuerzos no tendrían resultado? Creer eso debilita sus sueños. Por lo tanto, cuando piense en cualquier nuevo reto, es importante que se sienta seguro de que tiene el control de su destino. ¿Qué ejemplos puede recordar para no olvidar que sus esfuerzos y su trabajo le traen recompensas?

Apoyo y conexiones sociales

¿Le ayudarán otras personas a orientarse y lo animarán cuando intente hacer algo nuevo y podrá crear relaciones significativas en el proceso?

Todos queremos sentirnos seguros y respaldados cuando intentamos hacer cosas nuevas, y también queremos sentir que nuestros riesgos serán reconocidos y recompensados por la sociedad. Por eso es tan importante pensar bien en cómo puede encontrar respaldo al iniciar un nuevo esfuerzo de aprendizaje o aceptar un reto. ¿Quiere entrenarse para correr una maratón? Reúnase con otras personas que estén interesadas en hacer lo mismo.

¿Permite que su red social conozca sus metas y logros que lo entusiasman? ¿Cómo puede apalancar su círculo social o su nuevo grupo de personas para ayudar a mantenerse motivado mientras desarrolla una nueva actividad?

Fe en el ancho de banda

El interrogante que esto plantea es: "¿Tendré tiempo suficiente y un enfoque adecuado para lograr aprender y realizar bien esta nueva actividad?".

Aquí enfrentamos uno de los mayores retos al desarrollo de nuestra competencia en el mundo moderno: todos sentimos que nuestros platos están ya llenos, por lo que sólo aceptamos porciones más pequeñas de otras tareas. Todas nuestras múltiples ocupaciones nos han llevado a muchos a aceptar más proyectos administrativos o básicos porque consideramos que no nos va a exigir más esfuerzo, cuando el esfuerzo adicional —que nos reta a esforzarnos más allá de nuestras capacidades actuales— es precisamente lo que nos hace progresar.

¿A qué actividades poco importantes está dedicando demasiado tiempo, tiempo que podría utilizar para intentar hacer cosas nuevas más significativas?

Disponibilidad de recursos

¿Tendrá los recursos necesarios para alcanzar con éxito esta meta? Una de las excusas más convenientes que utilizamos para no iniciar una nueva tarea o una nueva actividad es que no tendremos lo que necesitamos para alcanzar el éxito. Piense en cuántas personas desean iniciar sus propios negocios. La lógica que aducen para no comenzar es por lo general una o más de las siguientes afirmaciones: no hay tiempo/equipo/productos/sistemas/computadoras/sitios web/personal/dinero, etc. Naturalmente, todas estas consideraciones son importantes al elegir lo que queremos hacer o no hacer en la vida. El reto, al igual que todos los indicadores ya mencionados es que, con frecuencia hacemos estas evaluaciones de forma *inconsciente*.

¿Qué recursos requeriría para emprender la búsqueda de una nueva meta o la aceptación de un nuevo reto que realmente le apasione?

Autonomía

Este indicador suele explicar la razón por la cual muchos en el campo laboral no se ofrecen como voluntarios para desarrollar nuevos proyectos. El interrogante que plantea es: "¿Se me dará la confianza y la facultad de toma de decisiones que requiero para sentirme en control y poder hacer que las cosas resulten?". Si siente que debe pedir autorización en cada punto de decisión o que sus decisiones se están poniendo constantemente en duda o se están ignorando, simplemente no va a estar motivado para entrar en acción, en primer lugar. También es igualmente importante el hecho de que no va a sentir que es dueño de su propio trabajo si tiene que pedir aprobación para cada cosa que vaya a hacer en el proceso, y, por lo tanto, estará menos comprometido con el resultado.

¿De quién puede obtener "permiso" y apoyo para intentar hacer algo nuevo? ¿Cómo puede posicionarse para tener más facultad y libertad para tomar decisiones cuando acepte su próximo reto?

Comparto con usted todos estos indicadores para ayudarle a espolear sus ideas acerca de la forma como ha estado abordando los retos de aprendizaje. Si estuviera en su lugar, utilizaría estos indicadores como una especie de lista de verificación la próxima vez que piense en aprender algo nuevo. Plantéese los tipos de interrogantes que he incluido aquí. Al hacerlo incrementará su probabilidad de aceptar y comprometerse a llevar a cabo los retos que le exijan esforzarse, aprender y crecer para ser una persona más competente.

Activador #2: Establezca un verdadero reto, haga planes para el éxito y consiga un director

¿Se encuentra al mismo nivel de destreza y maestría en importantes áreas de su vida que el que tenía hace tres años? En otras palabras ¿hay áreas significativas de su vida en las que piensa que no ha avanzado?

Creo que si está comprometido con avanzar en su vida, tendrá que *centrarse realmente en su desarrollo*. Y eso sólo se logra si se eligen conscientemente nuevos retos que le ayuden a desarrollar sus competencias en las áreas de su vida que realmente le interesan. Hagámoslo ahora.

Es el momento de elegir algunos retos reales, observables y limitados en el tiempo para progresar en la vida. Para empezar, definamos esos términos. Un reto *verdadero* es aquel que implique una meta que exija esfuerzo —no será fácil de lograr. Si busca cosas fáciles, más vale que se detenga aquí y que regrese a la vida mundana. Un reto *observable* significa que podemos tener otra persona que supervise su desempeño *durante el tiempo* que le tome cumplir ese reto. Esa persona tiene que poder observar su desempeño de principio a fin, ya sea que tenga algunos puntos de control a lo largo del proceso o que el observador se mantenga literalmente a su lado o la observe a cierta distancia mientras realiza su objetivo. Por último,

EL IMPULSOR DE COMPETENCIA

debe tratarse de un reto *limitado en el tiempo* —uno que tenga un punto de inicio y un punto de terminación definidos.

Antes de entrar a analizar el modelo, quisiera compartir algunos ejemplos de estos tipos de retos. Si usted fuera un jugador de básquetbol, el reto podría ser anotar diez puntos más de los que ha anotado *(real)* durante un partido real, frente a su entrenador *(observable)*, sólo durante el último cuarto de tiempo del partido *(limitado en el tiempo)*. O digamos que usted es un ejecutivo de ventas. El reto es duplicar las ventas (real) que aporta al negocio a través de visitas, a clientes reales y cerrando ventas con sus veinte clientes principales, haciendo estas visitas acompañado por su gerente (observable), durante las próximas cinco semanas (limitado en el tiempo).

Ambos ejemplos cumplen nuestros criterios. Ilustran además otro punto: en ambos casos, éstos serían retos autodefinidos. El jugador de básquetbol determinó el reto. El vendedor determinó su tarea. Esto es crítico para el éxito en el desarrollo de nuevas competencias. *Usted* debe ser ahora el impulso de sus retos, de aquí en adelante. *Sí, la vida le presentará muchos retos, pero usted debe plantearse aún muchos más.* Sé que esto suena contraintuitivo. La mayoría huye de los retos que se les presentan en la vida, no los persiguen.

Le recomiendo muy especialmente que desarrolle retos a corto plazo. Animo a mis clientes a elegir retos de sesenta días, durante los que deben esforzase por intentar aprender cosas nuevas y mejorar en un tiempo increíblemente corto. Esto los mantiene interesados y animados por la idea de alcanzar progreso a corto plazo. Claro está que es importante hacer planes para desarrollo destrezas a largo plazo, pero no hay nada más emocionante que un reto a corto plazo, por lo que debe asegurarse de incluir este tipo de retos en el curso de su desarrollo. Piense en la posibilidad de aceptar un proyecto de aprendizaje rápido, con el reto de aprender algo en sesenta días o menos. Tal vez pueda aprender a tocar cinco de sus canciones favoritas en el piano o en otro instrumento. O tal vez decida aprender a cocinar un nuevo plato vegetariano cada noche durante sesenta noches. O pueda aprender por sí mismo a utilizar un nuevo sistema o una nueva herramienta para su trabajo que ha estado tratando de evitar. Cualquier que sea el reto de aprendizaje que elija, *esfuércese* al máximo. Después se alegrará de haberlo hecho.

Entonces, ¿cuál será el siguiente reto real, observable y limitado en el tiempo que creará de la nada? ¿Qué reto puede diseñar para usted que no tenga otro objetivo que aprender, desarrollarse y lograr más dominio y competencia? Tómese unos minutos y escriba ahora algunos nuevos retos para usted, en el hogar, en el trabajo y más allá.

Ahora que ya tiene sus retos, permítame darle unas pocas indicaciones de cómo lograrlos con éxito.

En primer lugar, conviértase en alguien que sabe hacer planes. Cada día, millones de personas en todo el mundo entran a una sala de conferencias sin haberse preparado para esa gran reunión. Los atletas se vuelven demasiado confiados y olvidan analizar la forma de actuar de sus contrincantes antes del gran partido. Los padres entran tranquilamente a la habitación de su hijo sin pensar primero en la estrategia que utilizarán para hablar de su reciente conducta en el colegio. Sin preparación, es imposible lograr una maestría y un desarrollo dramáticos. Claro está que se puede tener éxito sin haber hecho planes ni haberse preparado; es algo que ocurre día tras día. Hay quienes tienen suerte o se ponen al nivel de la ocasión de un momento a otro. Pero esa improvisación no los hace desarrollar ni adquirir dominio. Esto se debe a que el desarrollo y el dominio se adquieren con el tiempo (el verdadero desarrollo de la capacidad), requiere estrategia, tal como ocurre con un juego de ajedrez o con un partido de fútbol.

Si realmente disfruta el proceso de aprender y de desarrollar un sentido más profundo del dominio personal, debe convertirse en un experto planificador. Elija su área de reto, luego lea todo lo que pueda sobre el tema. Entreviste y copie las actitudes de expertos en ese campo. Obtenga el apoyo de todos sus compañeros y luego explíqueles sus ideas y sus estrategias.

Más importante aún, procure conseguir un director imparcial que lo apoye con un buen proceso de guía y retroalimentación a lo largo de su desarrollo. Ese entrenador no tiene que ser un experto profesional en cosas de la vida o de los negocios, como lo soy yo; puede ser un amigo cercano o un mentor que le ayude a pensar en el desarrollo de sus planes y en su desempeño en cualquier tipo de reto. Si este reto es importante para usted, no se lance a alcanzarlo a ciegas y no lo haga solo. La forma más rápida de mejorar en algo es tener un director que le indique los aspectos en los que puede mejorar. Es importante contar con una persona imparcial que observe su desarrollo en una determinada destreza porque usted no puede mejorar lo que no pueda ver —cuando usted está dentro del cuadro, no puede ver el marco.

Activador #3: Haga que el éxito sea parte integral de su identidad

Es indispensable tener un sentido de orgullo y logro para sentirse competente. Sin embargo, uno de los mayores riesgos de un mundo rápidamente cambiante es que rara vez llegamos a sentir o a estar realmente conscientes de todo lo que hemos logrado y dominado antes de volver al campo del aprendizaje. Cuando al fin hemos entendido algo, ¡pun! tenemos que aprender otra cosa nueva. Si no nos tomamos el tiempo de creer en nosotros mismos y en lo que hemos aprendido, nunca sentiremos que hemos progresado.

Esto quiere decir que debemos tomarnos el tiempo de reconocer nuestro progreso día tras día, inclusive mientras nos concentramos en enfrentar los retos que nos esperan. Obtenemos miles de victorias a lo largo de nuestra vida. De muchas de ellas, escasamente nos damos cuenta, y eso es una lástima. Jamás pensó que haber aprendido a montar en bicicleta sin utilizar las ruedas de aprendizaje hubiera sido un gran logro para usted porque, después de haberlo hecho, apareció súbitamente el nuevo deseo de aprender a montar cada vez mejor y más rápido. Es posible que no se haya dado palmaditas en la espalda al conseguir su primer trabajo después de graduarse del colegio por estar demasiado ocupado pensando en cuánto iba a aprender acerca de su nuevo entorno laboral. Anquen todos estos ejemplos son sencillos, ilustran el hecho de que siempre estamos preparándonos para algo nuevo antes de reconocer lo que acabamos de lograr. Y no reconocemos lo que hemos logrado en la vida —aún en cosas pequeñas— entonces, nunca *sentimos* que somos lo que queremos ser. No nos sentimos más competentes, más capaces ni más seguros hoy de lo que nos sentíamos ayer o antes de ayer.

Este es uno de los grandes retos que Susan —la mujer de la historia al comienzo del capítulo— tenía que enfrentar. Era una mujer sorprendentemente exitosa, pero ya no se *sentía* como tal; sus ojos estaban tan centrados en sus grandes ambiciones que nunca reconoció los admirables resultados que estaba obteniendo en el presente. Nada le parecía lo suficientemente bueno, porque nunca había reconocido los pequeños pasos que había venido dando hacia sus mayores sueños. Susan simplemente no se permitía sentir sus triunfos.

Uno de los ejercicios más efectivos que le enseñé a Susan para recargar su vida de energía fue el de sentarse y escribir todos los "logros y triunfos que había alcanzado" en los últimos diez años. Esta actividad le exigía acordarse en forma consciente de todos los pequeños éxitos que tuvo que alcanzar para poder estar hoy en el lugar donde estaba. Tuvo que escribir cada nueva destreza desarrollada durante ese año, cada libro que recordaba haber leído, cada curso que recordaba haber tomado, cada evaluación de desempeño en la que había reconocido su progreso. El ejercicio fue un reto enorme y dispendioso, por decir lo menos. Me dijo que le había tomado casi ocho horas terminarlo, no porque la lista de triunfos fuera demasiado larga para registrarla, sino porque tuvo que esforzar su mente al máximo para recordarlos. Cuando me envió una copia escaneada de todas las páginas de sus logros, escribió lo siguiente:

Brendon, te estoy escribiendo este mail, ahogada en llanto. Esta fue una de las actividades más potentes que jamás haya hecho. Al final, me dejó una gran sensación de empoderamiento, pero debo decirte que fue una tortura llevarla a cabo. Lo digo porque a medida que iba recordando los eventos de la última década de mi vida, escasamente podía recordar todo lo que había alcanzado. Fue tan fácil para mí encontrar lo que creo que podrían llamarse "recuerdos perdidos", pero lo que realmente me costó mucho trabajo fue recuperar los recuerdos positivos de haberme sentido orgullosa de mí misma por mis logros. Eso me hizo darme cuenta de que realmente nunca había integrado mis éxitos en mi mente. Ahora entiendo por qué nunca me sentí lo suficientemente inteligente. Simplemente fui demasiado ciega para darme cuenta de que estaba avanzando y que me convertía en alguien cada vez más inteligente. Gracias por esto. Espero que realmente disfrute leer mis recuerdos. El hecho es que estas veinte páginas parecen ser mi primer triunfo en muchos años.

Pienso que usted merece recibir este mismo regalo. Tómese un tiempo para practicar el mismo ejercicio en relación con usted. Créamelo.

Es posible que usted tenga una agenda para programar su día o que maneje su vida con base en el calendario que tiene en su computadora. Para la mayoría, cerrar sus calendarios es un hábito diario en el trabajo, dado que suele ser la única cosa que miran para saber qué tendrán en su agenda al día siguiente. De aquí en adelante, antes de cerrar su agenda, tómese un momento para considerar lo que ha logrado ese día. No piense en lo que *no logró*. Sólo en lo que sí hizo, aunque no se hubiera tratado de cambiar el mundo entero con una sola pincelada maestra. Le recomiendo cerrar los ojos, pensar en todo lo que ha hecho y decirse simplemente, *Voy avanzando. Paso a paso. Voy mejorando.* Permítase sentirse orgulloso y agradecido por lo que ha logrado hoy.

Demos un paso más. Quiero que empiece a llevar un diario personal. Tal vez ya lo hace, y esto sea simplemente agregar una pequeña anotación. Si no lleva un diario, debería hacerlo. Gran parte de nuestros sentidos de competencia viene de *reflexionar* acerca de nuestras vidas, no solamente de lo que hagamos. Es por eso que quiero que comience a escribir su diario, al menos una vez por semana y que anote lo ha aprendido y el progreso que ha logrado. Debido a que Susan estaba tan centrada en su vida profesional y su vida laboral, le pedí que llevara con ella su diario y que cada viernes por la tarde, antes de salir del trabajo, escribiera una nota sobre lo que había aprendido durante esa semana acerca de ella misma, de otras personas a su alrededor y del mundo en general. Decir que esta actividad le devolvió la Chispa a su vida sería una subestimación. Además de practicar la actividad de "recuerdo del triunfo" ya explicada, al fin comenzó a verse de nuevo como una aprendiz. Y si podemos ayudarle a que usted sienta que tiene éxito como aprendiz, podremos comenzar a hacer que se sienta más competente y, al final, se reconozca como una persona animada y plena.

PUNTOS DE IGNICIÓN

1. Un área en la que tendría que desarrollar más destrezas y competencias si quiero que mis sueños se conviertan en realidad...

2. Un reto de aprendizaje dentro de un término de sesenta días que me voy a plantear será...

3. Una de las formas en que comenzaré a celebrar mis triunfos y a integrar mis éxitos en mi identidad es...

Capítulo cuatro

EL IMPULSOR DE
CONGRUENCIA

No comprometas tu persona, eres todo lo que tienes.
—JANIS JOPLIN

Veinticinco minutos es todo el tiempo que he pasado con Michelle. Sé que es muy poco, por lo que me informé de antemano, la miro a los ojos y le pregunto en tono casual:

—¿Es posible que haya allí dentro una persona más excepcional, decidida, interesante y expresiva?

Parece desconcertada ante la pregunta. Ha estado llorando y creo que quiere que llore con ella. Pero yo no soy su amiga íntima ni su terapeuta; soy su entrenador.

Durante los últimos veinticinco minutos, Michelle me ha explicado en detalle por qué debería estar feliz pero no lo está. La mayoría de sus problemas emocionales, me dice, provienen de su niñez y de su incapacidad de "tenerlo todo bajo control" y ser quien realmente cree que puede ser en la vida. Me ha presentado un caso muy bueno de por qué siente que todos en su pasado y en su presente le han dejado la peor parte. La vida no es toda rosas, me recuerda, y está haciendo un desesperado esfuerzo por sentirse aceptada, por encajar. Luego comienza a encajar a medida que me va dando más y más razones de por qué considera que su vida es inconsistente con la persona que ella cree que es y que puede llegar a ser.

Han pasado ya treinta y cinco minutos. En veinticinco minutos, cuando se cumpla la hora, saldrá de mi consultorio y no la veré más. Se me ha pagado para que le dé un vuelco a su vida. Es un reto ridículo, pero supo de mi trabajo y mis resultados y me había estado rogando que le dedicara una hora. No creo que la transformación se logre de la noche a la mañana, pero insistió y aquí está. Y ahora me quedan veinticinco minutos.

No estoy seguro de que le guste la frialdad de la forma como la he tratado. Pero no me doy por vencido, me inclino hacia adelante, hasta quedar apenas a unos centímetros de su cara y miro en interior de sus ojos con una expresión que indica que estoy buscando su alma:

—¿Es posible que haya allí dentro una persona más excepcional, decidida, interesante y expresiva?

Parece que no sabe qué actitud tomar ante mi pregunta.

—No es así como me veo a mí misma. No todo el mundo es así todo el tiempo. Bien, es posible que una parte de mí sea así, pero en realidad así no es como actúo.

Inclino mi cabeza hacia un lado sin dejar de mirar dentro de sus ojos.

—Tal vez ese sea el problema.

· · ·

Es difícil decirle esto a alguien sin ofender, pero es una verdad universal aún para las personas de más alto desempeño del planeta, luego se trata de esto: su autoimagen podría ser mucho mejor y debería ser mucho más congruente en su forma de relacionarse con el mundo.

Lo que pensemos de nosotros mismos (nuestra autoimagen), y la forma como nos comportemos de conformidad con esa imagen en el mundo real, es lo que llamamos congruencia. Es uno de los impulsores más profundamente potentes que tenemos los seres humanos —vivir en constante alineación con la persona que creemos que somos, con la forma como queremos que otros nos perciban y con lo que queremos llegar a ser. Cuando no nos comportamos como la persona que creemos que somos, nos sentimos "apagados", "incómodos" y, con frecuencia, frustrados e irascibles. Por ejemplo si pensando que somos leones, actuamos como ratones, nos odiaremos a nosotros mismos en secreto.

El reto de Michelle, tal como lo descubrí y como la fui dirigiendo hasta dominarlo, es el mismo reto de doble faz de la congruencia, que la mayoría de nosotros enfrentamos:

1. Se valora muy poco y esto hace que actúe así en el mundo. Es congruente con su concepto limitado de quién es ella y eso la hace sentir muy mal.

2. También sabe que puede ser más, y cuando no está actuando como la mejor persona que puede ser, se siente infeliz. No actúa en forma congruente con la persona que sabe que puede ser y, por lo tanto se siente infeliz.

Entonces, como todos los impulsores humanos, la congruencia puede ser un factor positivo o negativo. La congruencia es positiva cuando tenemos una buena autoimagen, unos estándares altos y somos congruentes con esa imagen y esos estándares en nuestra vida. Pero es negativa cuando nos menospreciamos y nuestros comportamientos concuerdan con esa imagen.

De hecho, ese es el último reto de nuestro impulsor humano de congruencia: la mayoría *somos* congruentes con lo *poco* valiosos que creemos ser —ponemos en duda lo que valemos y por eso actuamos con timidez en la vida— pero, en nuestras acciones diarias *no somos* congruentes con lo *buenos* que podemos llegar —sabemos que somos personas pacientes y amables, pero tratamos mal a los demás.

La única forma que he encontrado de resolver este reto es ayudar a las personas a crear normas y expectativas más altas para sí mismas e insistir que incluyan esas normas y esas expectativas en su forma de interactuar con el mundo. El mantra es, "Valórese más y exija que sus actos sean congruentes con lo mejor de lo que es y de lo que puede llegar a ser".

Aquí hay mucho en juego. Apostaría que muchas de las épocas más difíciles de su vida han sido aquellas en las que sus actos no han sido congruentes con lo que piensa, o cuando otras personas dejan de ser congruentes con usted. Al recordar ese momento en que usted se enfureció con la persona que amaba, a pesar de sentir y pensar que es una persona paciente y que se preocupa por los demás, es probable que aún se sienta culpable. O esa ocasión en la que alguien le dijo que podía confiar en él pero le dio una puñalada por la espalda —apostaría que esa situación la recuerda muy bien. Es importante para usted ser congruente tanto en lo que usted respecta como en lo que tiene que ver con los demás.

Claro está que es difícil ser siempre congruente. Como es natural, distintas partes de nosotros se ven comprometidas en distintos momentos. Podemos ser una estrella de rock o podemos trabajar como conserjes en nuestro propio hogar. Podemos ser divertidos, agradables y graciosos con nuestros amigos pero tímidos y reservados en la cama. Podemos ser agresivos en una situación y luego no actuar con seguridad cuando sería realmente importante hacerlo. La variabilidad en cuanto a lo que somos en un determinado contexto es natural y, a pesar de lo que algunos puedan querer hacernos creer, es saludable. La vida sería terriblemente insalubre (y aburrida) si nos comportáramos exactamente igual todo el tiempo.

Sin embargo, es imposible crear congruencia con algo que uno no haya definido jamás, por consiguiente, es importante crear consistentemente una autoimagen unificadora de la persona que se es y la persona que se quiere llegar a ser. Fijarse normas es la mejor forma de lograrlo, por lo tanto, empezaremos por ahí.

Activador #1: Fijarse nuevos estándares

En nuestro mundo actual, nuestras identidades y nuestros estándares suelen determinarse con base en influencias externas. Somos constantemente bombardeados por mensajes que nos dicen cómo ser agradables, aceptados, amados y exitosos —cómo comportarnos para conformarnos al molde. Qué debemos usar, cómo debemos actuar, cuándo debemos hablar, qué se puede hacer— toda esta información entra a nuestra imaginación y, a menos que la controlemos, afecta nuestras identidades y nuestras expectativas.

¿Quién ha forjado su autoimagen y los estándares que tiene en su vida? ¿Ha sido su familia o han sido sus amigos? ¿Los medios y la sociedad en general?

Es fácil desentenderse de estas preguntas guía y decir, "Yo no estoy definido por otros". Y estoy totalmente de acuerdo con esto. Mi pregunta sencilla es: *¿Entonces, quién lo ha definido?* ¿Cuánto se ha esforzado, consciente y deliberadamente, para decidir quién quiere ser? Lo que es más importante ¿Está comportándose cada día de forma congruente con la autoimagen que usted mismo ha definido, a fin de poderse sentir auténtico, orgulloso, completo, satisfecho y confiado para mostrarse en cualquier situación como la persona excepcional, dotada, que realmente es?

La mayoría vive con autoimágenes y conjuntos de estándares que fueron desarrollados por eventos y personas de su pasado. Esto es lo que yo creo acerca del pasado: su autoimagen de hoy no debería estar relacionada en su totalidad con el pasado. No creo que la forma como haya sido tratado en el pasado por los demás deba enredarse en la forma como usted vea a los demás o decida ser hoy como ser humano. El pasado puede ser sólo un conveniente vertedero de basura para expectativas no satisfechas. *(Ella no me debió haber tratado así, no así; se ha debido preocupar más por mí; deseo haber hecho esto o aquello.)* Pero debemos considerar siempre los dolores o decepciones del pasado con formas de pensar maduras, conscientes y autodeterminadas, en el presente. Al recordar algo de nuestras experiencias de la niñez, por ejemplo, debemos ser vigilantes y debemos recordarnos siempre que cualquier significado, asociación e integración relacionada con la niñez fue el producto de una psique subdesarrollada, de un niño inocente e inmaduro. Como niños, pensamos que *somos la causa* de las acciones que nos benefician y que nos perjudican aunque ese no sea el caso. Un niño no es responsable de que un padre lo golpee o le diga malas palabras o abuse de él en otra forma —eso depende del padre. Pero el niño no tiene el punto de vista objetivo de un observador maduro que si el menor trabajo podría decir, "Sus padres no son personas seguras en las que se pueda confiar". E incluso si a un niño se le dijera esto, en su etapa de desarrollo, no podría procesar el concepto "mis padres son 'malos' ".

Pero esto es algo que no afecta sólo la niñez. Cualquier influencia durante cualquier época en nuestro pasado puede ser una explicación conveniente de por qué pensamos y nos comportamos como lo hacemos ahora, por qué hay una enorme diferencia entre una *explicación* y una *excusa*. A un determinado momento en nuestras vidas adultas conscientes tenemos que enfrentar la incómoda realidad de que *nuestra autoimagen es y siempre ha sido elegida única y exclusivamente por nosotros*. Es por eso que digo que es hora de eliminar todas las dudas y limitaciones del pasado sobre la persona que podemos llegar a ser; simplemente no tenemos excusa. Es como lo dijo Erica Jong: "Tome su vida en sus propias manos y vea a ver qué pasa. Un pensamiento horrible: no tenemos a quién culpar".

Nuestra visión del pasado adquiere aún más colorido según

los lentes que usemos para mirar hacia atrás. Cuando pensamos en cómo nos afectó el pasado, no vemos el efecto que *tuvimos* en él. Pensamos en lo que tuvimos que enfrentar en vez de pensar en lo que representábamos. Recordamos todo aquello a lo que temíamos pero no lo que soñábamos. Pensamos en cuánto nos amaron versus cuánto amamos. Pensamos: *¿Por qué me pasó todo esto? ¿Qué obtuve de eso? ¿Adónde me llevará?* Cuando tal vez deberíamos preguntarnos *¿Qué fue lo que hice que ocurriera? ¿Dónde cedí? ¿Hacia dónde me dirigiré ahora?*

Menciono todo esto porque, a fin de cuentas, nuestra autoimagen es una profecía autocumplida —recuerde, nuestro impulsor humano nos hace comportarnos de acuerdo con esa imagen. Por lo tanto, si maneja su vida con base en una imagen vieja, anticuada, en una autoimagen del pasado forjada por las opiniones y acciones de otros, está en graves problemas.

Si eso es cierto, entonces *a partir de hoy,* sus esfuerzos deberán estar dirigidos a definir *quién es usted hoy* y *en quién quiere convertirse,* no viviendo de su pasado sino, más bien, *viviendo en* su futuro.

Utilicemos ese enfoque para ventaja nuestra y fijemos nuestras intenciones en quién queremos ser en la vida. Después, será mucho más probable que nuestros comportamientos obedezcan a nuestros propios estándares.

Suelo pedir a mis clientes que elijan y memoricen seis palabras que se conviertan en los marcos de los estándares por cuales actuarán en su vida: *tres palabras acerca de quiénes son y tres palabras acerca de cómo tratan a los demás.* Puesto que vivimos en un mundo social, esas parecen ser dos buenas categorías de estándares para fijar quiénes somos y quiénes somos con los demás. Aunque elegir sólo seis palabras que nos ayuden a mantenernos congruentes podría parecer una actividad sencilla, especialmente después de todo lo que hemos cubierto en este capítulo, es, en realidad, una de las cosas más importantes que podemos hacer en toda nuestra vida. A menos que tengamos una intención y un estándar fijo de cómo comportarnos, nos veremos impulsados sólo por nuestros impulsos animales inmediatos de luchar, huir o congelarnos. Al elegir conscientemente nuestro carácter y nuestra conducta podremos, sin embargo, volar hasta nuestros más altos potenciales como seres conscientes.

Comencemos por seleccionar y comprometernos con tres palabras que, de ahora en adelante, definirán la característica de quién es usted como persona. Por lo general, una característica se considera como un rasgo consistente en su misma naturaleza, y al definir las palabras de quién quiere llegar a ser, será más probable que muestre ese rasgo durante toda su vida. Esa es la congruencia en acción.

Ahora le pido que se tome unos pocos minutos para pensar en una serie de palabras que podría utilizar para *definirse* en su vida personal de ahora en adelante y que las escriba todas a continuación. Nota: éstas no son sólo palabras para usted y para cómo piensa que es usted. Estas palabras no tienen que referirse a cómo interactúa con otros —eso viene después. Por ahora, piense sólo en tres palabras que desee para definirse de manera que pueda utilizarlas para mantenerse anclado en donde se encuentra.

- Las palabras que me encantaría usar para definir lo que pienso de mí en mi vida personal son…

- De todas estas palabras, las TRES que voy a convertir en mi estándar y en mi mantra describen lo que pienso de mí y son…

- Elijo cada una de estas tres palabras porque…

No siga leyendo hasta que haya completado este ejercicio (¡y no haga trampa!).

Cuando haya elegido estas tres palabras, tal vez quiera escribirlas en una tarjeta y llevarlas siempre con usted. He tenido clientes que las ponen en sus computadoras, disponen los recordatorios de sus agendas para que muestren estas palabras de forma intermitente varias veces al día e incluso hay algunos que las tatúan en sus cuerpos. (¡Realmente espero que estuvieran muy seguros de esas tres palabras!).

Mis propias palabras para los últimos quince años han sido *presente, entusiasta* y *osado*. Las elegí porque las consideré críticas para ayudarme a involucrarme con la vida en el momento y en la cruda realidad, para buscar nuevas ideas y experiencias en el futuro que me hagan esperar con ilusión cada día y para retarme a ser visionario y valiente. Traigo estas palabras a la mente muchas veces al día —lo he hecho tantas veces de forma consciente que ahora es algo automático pensar en ella, probablemente docenas de veces al día.

Pasemos ahora a definir sus *tres estándares sociales*. Son palabras que mantendrá siempre en su mente cuando interactúe con otra persona. Me repito mis tres palabras siempre que le doy la mano a un extraño, cuando llamo a un cliente, cuando me dirijo mi equipo, o cuando saludo a mi esposa cuando llega a la casa y abre la puerta. Son mi recordatorio global de cómo comportarme en un mundo regido por las relaciones.

Le agradecería que se tomara unos minutos para hacer otra pausa de lluvia de ideas.

- Las palabras que me encantaría usar para definir la forma como interactúo con los demás son...

- De todas estas palabras, las TRES que voy a convertir en mi estándar y mi mantra en mi interacción con los demás son...

- Elijo cada una de estas tres palabras porque...

Por lo general, muchos encuentran este conjunto de palabras más fáciles de elegir que las primera, porque todos tenemos tantas normas y expectativas sociales con las que hemos sido educados desde niños. Asegúrese de haberlas pensado en detalle y asegúrese de usar palabras elegidas por *usted*, no por alguien más. Tenga una comprensión transparente como el cristal de la razón por la cual éstas son las palabras específicamente para usted.

Si alguna vez me encuentro con usted por la calle o en alguno de mis eventos, éstas son las tres palabras que me vendrán a la mente: *comprometido, preocupado por los demás, inspirador.* Estas palabras las elegí porque las consideré críticas para ayudarme a recordar y a demostrar a los demás que me intereso en ellos y en escucharlos sin distracciones; que me preocupo profundamente de quiénes son como seres humanos; y mi papel más importante con ellos es recordarles lo que es posible y positivo en sus vidas.

Estas seis palabras, cuando se internalizan y se demuestran en el mundo, pueden tener un efecto inmediato y prolongado en su vida. Cuando trabajé con Michelle, la mujer de la historia al comienzo de este capítulo, la había retado a que se convirtiera en una persona más excepcional, franca, excitante y expresiva. Lo hice porque era lo opuesto de lo que estaba viendo en ella. Pero no quería dictarle quién tenía que ser —ya muchos habían hecho eso con ella. Entonces le pedí que buscara sus propias palabras para describir su yo ideal, las palabras que, de aquí en adelante, regirían su comportamiento. Le fue muy difícil encontrar palabras propias. Sin embargo, cuando lo hizo, vi que se producía un cambio físico milagroso. Escogió como sus palabras personales *fuerte, alerta* y *decidida*. Cuando le pedí que se pusiera de pie y caminara por la sala dando vida a esas palabras, su postura era más erguida y más segura. Sus palabras sociales fueron, *franca, animada* y *distinguida*. Esto se vio de inmediato cuando pedí que le contara una historia sobre lo que sería su vida si la viviera de acuerdo con esas palabras. Repentinamente, esta mujer, antes callada y frustrada, se convirtió en una persona muy concreta y ambiciosa acerca de lo que él deseaba obtener de la vida. Se movía más, sonreía más, parecía ser ella misma. Ya no se estaba escondiendo ni actuando como alguien le había dicho que tenía que actuar. Cambió toda su actitud simplemente porque ahora se centró en nuevos estándares de ser.

El último poder de este activador, al igual que con todos los demás, proviene de activarlo de forma consistente. Si anota sus seis palabras aquí pero nunca las recuerda y no adopta un comportamiento basado en ellas, todo habrá sido en vano. Una cosa es verse como una persona a la cual se aplican estas palabras, pero otra cosa es proponerse conscientemente llegar a ser esa persona en cada acción e interacción. Desarrolle una visión de quién puede llegar a ser y, *sea realmente esa visión* —eso es congruencia. Cuando estas palabras se conviertan en su mantra y en su estándar de conducta personal día tras día, entonces, será más probable que sea congruente con exactamente la persona que siempre ha querido ser. Los psicólogos han encontrado que mientras más puedan regular nuestro mundo interno para que resuene con el de los demás, estaremos más sanos y seremos más plenamente funcionales. Esta estrategia le ayuda a lograrlo dándole un marco con el cual puede *ver* y *medir*, tanto su propia persona como sus interacciones con los demás, y, por último, su congruencia en la vida.

Viva sus seis palabras cada día.

Activador #2: Gradúe su medidor de ánimo

Esto es algo en lo que muchas personas no piensan: Experimentamos la congruencia en nuestras vidas no sólo por la forma como nos *comportamos* sino también en cómo nos *sentimos* de manera consistente. Si nuestras emociones están dispersas, entonces no sentimos que haya congruencia en nuestro mundo interior. Las constantes variaciones de ánimo que escapan a nuestro control, que vienen de los demás o de las circunstancias, nos hacen sentir infelices. Igualmente, cuando nos sentimos de una forma pero actuamos de otra —digamos que estamos tristes pero que siempre nos obligamos a sonreír— entonces nuestra congruencia tanto interna como externa está apagada. Sin un verdadero estado de ánimo estable, experimentado internamente y demostrado externamente en el mundo social, nos sentimos desafinados, incongruentes.

Por el contrario, si tenemos un modo de ser positivo, sostenido y una *energía emocional constante*, sentiremos entonces que nuestras emociones son congruentes en la forma como queremos sentirnos en la vida. Nos sentimos seguros y bien anclados en nuestro mundo emocional sea cual fuere lo que el mundo desee poner en nuestro camino. Así, el *sentirse* congruente puede experimentarse porque se tiene un punto fijo emocional interno o un ánimo consistente.

Nuestro ánimo es nuestro tono emocional, nuestra calidad y actitud permanentes. Es nuestra energía emocional hacia la vida. Se puede medir rápidamente este tono global al promediar la forma como tiende a sentirse en la vida y cómo los más cercanos a usted podrían describir su ánimo. (El incluir las opiniones de otros lo mantendrá sincero, por ejemplo, si dice, "Oh, siempre estoy contento" mientras que su esposa lo considera un cascarrabias.)

Nuestro tono emocional y nuestra energía no dependen de las circunstancias de la vida y no son algo con lo que hayamos sido bendecidos o equipados desde nuestro nacimiento. Me encanta decir que, "El generador *no tiene* energía; *genera* energía". Elegimos el color de nuestro propio cielo.

Claro está que a todos nos gustaría vivir con un ánimo siempre positivo. Cuando tenemos esa calidad emocional constante, será mayor nuestra probabilidad de ser felices, de sentirnos inspirados, tranquilos y capaces de disfrutar la vida. Inclusive los psicólogos encuentran que quienes tienen un ánimo positivo son más creativos, recursivos y resueltos cuando se trata de enfrentar los retos de la vida. Pero, ay de nosotros cuando nuestro ánimo es negativo; cuidado. Nos sentimos más tensos e intolerantes, caprichosos y críticos. Toda la forma como nos vemos y vemos nuestro mundo queda opacada por un velo oscuro.

Entonces, ¿qué estado de ánimo quisiera tener de forma permanente? ¿Cómo lo describiría? ¿Por qué es ese el ánimo que quiere tener específicamente? ¿Qué podría hacer para mantenerse consciente de ese estado de ánimo?

En relación con ser y permanecer congruente con los estados de ánimo que quiere tener en la vida, conviene saber qué es lo que influye en nuestro estado ánimo en general. Puesto que los estados de ánimo son nuestros niveles emocionales permanentes, en términos generales, cualquier cosa que afecte nuestras emociones puede afectar nuestros estados de ánimo. He podido determinar que los factores más importantes para el estado de ánimo son el movimiento físico (es por eso que cuando estaba de mal humor, su madre solía decirle, "¿Por qué no sales a dar un paseo?"), la música (todos tenemos algunas canciones que nos mejoran el ánimo), estar mentalmente bien enfocados (se se presta atención a lo negativo, así será como uno se sienta), la vibración social (tendemos a ponernos en el miso estado de ánimo de los que nos rodean) y orientación hacia el futuro (si su perspectiva del futuro es optimista, tenderá a sentirse optimista en el presente).

He venido utilizando estos factores de forma *muy* estratégica para hacer frente a la concusión con la que he estado luchando desde que tuve mi accidente en la ATV. Camino o hago ejercicio todos los días. Tengo mi música favorita sonando por toda la casa, evito todos los medios de comunicación negativos. Me reúno con amigos divertidos y con mi alegre esposa, y me mantengo enfocado en un mañana más sano y emocionante. Estas son estrategias sencillas para vivir en congruencia con la forma como quiero sentirme.

Estas son otras ideas que pueden ponerse en práctica días tras día para manejar y mantener un estado de ánimo positivo:

- Comenzar cada día preguntándose: "¿Qué es lo que más me entusiasma del día de hoy, o qué puedo decidir hacer hoy que me entusiasme?". Comenzar el día con una expectativa positiva es clave para que su medidor de ánimo esté en un punto alto.
- Beber mucha agua todo el día —cerca de seis litros de agua en total si se lleva un estilo de vida activo y saludable. Es un hecho que por lo general el cansancio, el hambre y los dolores de cabeza —todos factores que nos dañan el ánimo— provienen de una hidratación inadecuada.
- Buscar razones para decir "gracias" y mostrar agradecimiento a lo largo del día. Elogiar a los demás

y demostrarles agradecimiento ha demostrado ser un medio que mejora significativamente el ánimo.

- Almorzar con amigos. Estar en compañía de personas que nos agradan y socializar con otros siempre mejora el ánimo.

- Escribir en un diario cada noche, detallando todo lo que hemos podido vivir durante el día y por lo que estamos agradecidos y acerca de lo que hemos aprendido a esperar con entusiasmo.

Por último, durante los próximos treinta días, escriba una nota en su diario acerca de su estado de ánimo general durante ese día y por qué se sintió así. Luego haga una lluvia de ideas de algunas formas en las que podría generar un mejor estado de ánimo para el día siguiente. El hecho de escribir esto todos los días lo mantendrá centrado y mantendrá activa su imaginación para determinar cómo podrá comenzar al fin a sentirse como siempre ha querido sentirse en la vida.

Activador #3: Cumpla su palabra y haga bien aquello a lo que se obliga

"Cumpla su palabra" es uno de mis mantras favoritos de todos los tiempos. Parece que gritara: "¡Sé un buen ser humano!".

El mantra no podría ser más directo ni más universalmente aceptado como una buena idea, pero, sin embargo, pocos lo hacen. Después de todo, ¿cuántas personas en su vida han dejado de hacer lo que dijeron que harían?

¿Dónde está la falla? Bien, por ejemplo, ¿prometemos en enero que vamos a perder peso y después no lo hacemos? ¿Por qué predicamos la aceptación y luego nos burlamos de los demás cuanto estamos conversando en la oficina?

Las respuestas tienen mucho que ver con nuestra actitud casual hacia lo que decimos en la vida, que, a su vez, proviene de las consecuencias que incluimos en esas frases. Si actuamos desde un punto de vista en el que decimos, "Mi palabra en este mundo no tiene importancia ni inspira a nadie", entonces, tendemos a ser frívolos con respecto a lo que decimos. Pero ¿qué pasaría si imagináramos que nuestra palabra es tan importante para nuestro legado como lo son nuestros actos? ¿Qué pasaría si imagináramos que lo que decimos se trasmite directamente a conciencia colectiva de la humanidad? ¿Qué pasaría si simplemente pretendiéramos que nuestras palabras y promesas aparecerían en los titulares de primera página del periódico de mañana?

Vivir desde el punto de vista del convencimiento de que nuestra palabra es significativa y de que otros seres humanos confían en ella para su sentimiento de justicia, estabilidad e inspiración, es el punto de partida para una mejor calidad de vida y un sentido más profundo de congruencia. En realidad, las personas sí se relacionan con el mundo con base en las palabras de otros, algo que estoy seguro que usted podrá reconocer después de haber practicado los ejercicios de este capítulo. Las palabras cuentan. Las palabras pueden causar dolor o inspirar grandeza. Lo que realmente se convierte en algo poderoso es comprender que, con el tiempo, nuestras palabras llegan a reflejar lo que somos, y pueden dañar o ayudar al mundo. Desde ese punto de vista es desde donde pido a mis clientes que vivan su vida.

Debemos ir un paso más allá. Además de hacer en el mundo lo que decimos y de entender la profundidad y el impacto de nuestra voz y de nuestras palabras tenemos que permanecer hipervigilantes acerca de cumplir a cabalidad nuestras responsabilidades. Esto es algo distinto de simplemente "asegurarse de hacer lo que uno promete". Sí, eso es algo que tenemos que hacer, pero para sentirnos totalmente congruentes en nuestras vidas, tenemos que cumplir a cabalidad las cosas que ni siquiera prometimos verbalmente. Esta es una característica crítica para sentirse congruente en la vida.

La congruencia no es solamente hacer lo que decimos que vamos a hacer sino hacer lo que *sabemos* que debemos hacer de principio a fin. Si empieza a pintar su casa y no termina, siente que hay algo en no está bien en su interior hasta que no termine su proyecto. Tal vez esa sensación no sea lo primero que le viene a la mente mientras lleva su vida normal día a día, pero es algo que realmente recuerda cada vez que piensa en qué tan satisfecho está con su casa; es una carga espiritual sin terminar.

¿Cuáles son sus responsabilidades en la vida? ¿Qué ha comenzado y no ha terminado? ¿Qué puede hacer *hoy* para tener un mejor manejo de sus responsabilidades y terminar lo que ha comenzado?

Este concepto no es sólo un principio aislado de autoayuda. Hemos cruzado un punto de equilibrio en nuestra comunidad globalmente comunicada cuando somos hiperconscientes de cumplir nuestras promesas y realizar a cabalidad todas nuestras responsabilidades de unos con otros. Usted puede hacer parte de la solución para eliminar esta intranquilidad de los compromisos postergados. Puede ser una inspiración para los demás al ver su carácter sólido, su inclinación a ayudar y su dedicación. En sus acciones corrientes de todos los días, siendo un buen ser humano, puede ser una inspiración para usted mismo.

Como lo puede ver, la congruencia es un importante concepto en su vida. Cuando sus actos son congruentes con lo que desea en la vida, con la forma como desea sentirse y con lo que piensa que debe estar haciendo y logrando, entonces comienza a tener una constitución interna más fuerte. Se siente más afianzado, más responsable, más seguro. Sentirá que entra a su vida un nuevo nivel de armonía y estabilidad y se siente orgulloso de quién es y cómo interactúa con el mundo. Prácticamente no lo intranquiliza un mundo inestable e incierto, porque encuentra esa estabilidad y esa incertidumbre en su interior. La *vida* se convierte en algo que le pertenece.

PUNTOS DE IGNICIÓN

1. Para vivir mis normas de seis palabras todos los días, los comportamientos que debo abandonar en mi vida para ser más congruente con dichos estándares son…

2. Tres cosas que podría hacer todos los días para tener un mejor control de mi ánimo a fin de tener una mayor congruencia día tras día en la forma como me siento, son…

3. Los cinco compromisos que voy a hacer y voy a cumplir en los próximos sesenta días son…

Capítulo cinco

EL IMPULSOR DE LA
PREOCUPACIÓN POR
LOS DEMÁS

Espero pasar por la vida una sola vez. Por consiguiente,
si hay cualquier tipo de bondad que pueda mostrar o cualquier
cosa buena que pueda hacer para cualquier ser humano,
déjame hacerlo, sin demorarlo ni descuidarlo,
y no volveré a pasar de nuevo por este camino.
—WILLIAM PENN

—No creo que a nadie le importe un pito, y francamente a mí tampoco. Siguiente pregunta.

El hombre que está frente a mí es un tonto pesado. Un fortachón de seis pies cinco pulgadas, con un tórax de barril, que pone a prueba los límites de su camiseta, y unos bíceps del tamaño de una toronja. Parece que me podría lanzar hasta el otro lado del salón como si fuera una lata de soda vacía. Y por su gesto de ira y su cara enrojecida, me preocupa que realmente pueda hacerlo.

Pero no le permitiré desentenderse.

Por lo tanto, pregunto de nuevo:

—Entonces ¿a quién le preocupa usted y usted de qué se preocupa?

Sus ojos se le salen prácticamente de las órbitas, inclina su cabeza y me mira con una expresión de incredulidad.

—Yo no soy ningún citadino delicado y sentimental. No estoy aquí para hablar con usted de 'preocuparse'; he venido para alcanzar niveles más altos de desempeño. De modo que, dígame cuál es la siguiente pregunta, señor entrenador, o, de lo contrario, me iré.

Tiene razón; ha venido para aprender a mejorar su desempeño. Anteriormente un futbolista profesional reconocido, es ahora un vendedor de autos. No es una degradación humillante; sus concesionarios producen millones. Es uno de los mejores pero quiere ser *el* mejor. Alguien le dijo que soy una persona que puede energizar las vidas de los demás. Todo lo que quiere sacar de nuestra reunión son unas cuantas estrategias para motivar a su equipo y algunos "trucos mentales tipo ninja" para motivar al público a comprarle más autos.

Ya lo tengo evaluado. La mayoría de sus clientes son mujeres. Es demasiado agresivo. Jamás se ha mostrado como alguien que se preocupe por los demás. Su ingenio, su seguridad en sí mismo y su nombre le ayudaron a escalar posiciones. Pero, tendrá que aprender la verdad contra la que todos nos tropezamos en un momento dado: sólo aquellos que tiene una conexión más humana, que se preocupan y se involucran con los demás, llegan a ser el número uno en cualquier campo (o, si de eso se trata, llegan a ser los únicos que alcanzan la verdadera felicidad).

Esta es una de mis creencias más adentradas. Pero, en este momento, decido desentenderme emocionalmente. Decido enfrentarlo en el campo de batalla. Me arriesgo.

—Está bien —le digo, recostándome en mi asiento y mirándolo de pies a cabeza, despacio, para que se dé cuenta de que lo estoy evaluando—. Se requiere un enorme valor y una enorme fortaleza para hablar de lo que se podría ignorar por ser un punto que hiere sentimientos. Las cosas del corazón son cosas de la vida. Es posible que usted tenga un hueco en su corazón o un bloqueo en su cerebro, pero si necesita unos minutos para analizarse, si necesita, ir a un lugar apartado como el vestier, o algo así, con mucho gusto lo esperaré aquí mientras sale y hace acopio del valor que requiere para volver a entrar y hablarme como un verdadero hombre, con un *corazón de verdad*.

Por lo general, nadie se dirige en estos términos a matones como éste y, cuando lo hacen, es algo que siempre deja intranquilo al interlocutor. Aunque también puede llevar a veces a recibir un gancho izquierdo.

Sus ojos sólo mostraron una expresión de sorpresa por medio segundo. Luego se inclinó tranquilamente hacia adelante. En voz tranquila y neutra, como la que sólo pueden utilizar quienes han luchado en el campo de batalla, me dijo:

—¿De veras?

El salón estaba en absoluto silencio. Nadie se movía. Sólo había silencio y un ambiente pesado y tenso antes de que resonara el trueno. Sólo dos hombres mirándose fijamente, ojos carentes de cualquier sentimiento de humanidad. Listo.

Ni siquiera parpadeaba. No sabía lo que ocurriría. Mi estrategia de Ave María es hacerle entender que "me importa un pito", de modo que, así lo espero, él empiece a sentir lo mismo.

De pronto, se relaja. Deja escapar un gruñido, se recuesta en su asiento, mira por la ventana, luego me mira otra vez a mí. Su labio superior izquierdo se levanta en una sonrisa tímida e incluso se frota las manos contra los pantalones.

—Imagino que vamos a entrar muy hondo, ¿no es cierto, doctor?

Eso me hace sonreír. Yo no soy doctor y él lo sabe.

También yo dejo de contener la respiración. Mi voz baja de tono y lo miro ahora con expresión de compasión:

—Apuesto que no muchos saben qué tan profundos son sus sentimientos. Usted se *preocupa* mucho por las personas ¿no es cierto? Él respira profundo y mira hacia arriba, hacia la derecha, pensativo. Luego, para mi sorpresa, el gigante comienza a llorar.

—Eso *quiero* —dice.

· · ·

La capacidad de cuidar y sentirnos cuidados por los demás es una fortaleza humana. Es lo que nos permite sentirnos protegidos, como niños, y es lo que nos hace demostrar amor, empatía, bondad, perdón y altruismo hacia los demás a medida que maduramos.

En gran parte del mundo académico y profesional, la palabra "cuidar" suele destinarse exclusivamente a la profesión de enfermería. Quienes proveen cuidado —quienes se ocupan del cuidado primario de los enfermos, los moribundos, los viejos o los discapacitados— son por lo general enfermeras, enfermeros o personas que atienden a sus seres queridos mientras se encuentran en un lugar de atención primaria.

Pero creo que gran parte de ese cuidado y preocupación es un camino mucho más amplio. Todos deberíamos centrarnos estratégicamente en ser mejores proveedores de cuidado de los demás que encontremos en la vida. Además, deberíamos ser mejores *receptores* de cuidado al comprender y agradecer el cuidado, las preocupaciones y las acciones de los demás para con nosotros. Cuando lo hacemos, nuestra vida se ilumina. (Como lo verá después, también se iluminan nuestros cerebros.)

Casi todo lo que uno desea recibir de los demás con tanta ansiedad puede ser detectado únicamente a través de sus demostraciones de atención. ¿Deseamos que nos presten atención, que nos validen, que nos acepten, que nos comprendan, que nos respeten, que nos admiren y nos den afecto? Esos sólo los encontraremos en nuestra vida si hay alguien que se preocupe por nosotros y nos lo demuestre en unas de esas formas. Cuando los demás nos demuestran que somos importantes para ellos —al decirnos que nos aman, al darnos palmadas en el hombro en momentos difíciles, al compartir el calor de una palabra amable— nos sentimos que somos valiosos y que nos aprecian.

Cuando no sentimos este tipo de atención en nuestras vidas, empiezan a aparecer los problemas a niveles psíquicos profundos. Los bebés que no reciben cariño mueren. Los suicidas dejan notas que expresan esas abrumadoras suposiciones de que "no le importaron a nadie" y "a nadie le importará". Quienes carecen de un entorno de interés y cariño de parte de los demás demuestran un comportamiento errático, ausencia de un rango de emociones positivo, se divorcian, engañan y renunciar a sus trabajos de un momento a otro. (¿Cuál es la principal razón para que las personas renuncien a sus trabajos en todas las industrias? Falta de aprecio —nadie les demuestra que son importantes y que se preocupan por ellos, o nadie les ha agradecido su esforzado trabajo y sus contribuciones.) La preocupación por los demás es algo extremadamente importante.

También está la otra cara de la moneda. Además de sólo recibir y dar cariño, cuando éste no se demuestra a los demás de forma consistente, la vida pierde su color y su conexión. Uno se siente menos conectado emocionalmente con quienes lo rodean. Las hormonas que regulan el desarrollo de los lazos sociales —por ejemplo, la vasopresina y la oxitocina— no llegan en suficiente cantidad al cerebro y desarrollamos una sensación de soledad.

Si no nos proponemos preocuparnos y demostrar cariño por las demás personas en nuestra vida, quienes nos rodean no se sentirán apreciados, amados, respetados ni conectados con uno a nivel sentimental. Por lo tanto, como es natural, se ponen en contacto con nosotros con menos frecuencia, confían menos en nosotros, nos compran menos cosas, nos siguen menos y nos abandonan más. En todas las relaciones humanas, esta resulta una fórmula sorprendentemente fácil de calcular: dar más amor y cariño, conectarse más.

Y sin embargo, el afecto por los demás es una forma de conexión del impulsor humano diferente (será el tema del próximo capítulo). Nuestro impulsor de la preocupación por los demás es una necesidad de esa amplia comprensión de que estamos seguros, valemos y somos amados, de que por nuestros actos y por los actos de los demás estamos protegidos. La conexión es más específica, se trata de un sentido de pertenencia y de un tipo de relación con los demás. Una conexión es algo que se tiene; el afecto por los demás es algo que se da y se recibe.

Apuesto que, si usted es como la mayoría, "atender a los demás" probablemente no sea algo que haya estado en su radar desde hace algún tiempo. Si miráramos la agenda del último año, imagino que no encontraríamos docenas de anotaciones que dijeran cosas como "Demostrar más atención hacia los demás hoy. También permitir que me presten atención".

Entonces, ¿dónde está la falla?

En mi concepto, de todos nuestros impulsores humanos, el cuidado de los demás es el que recibe la menor atención. Rara vez se menciona. Siendo una virtud humana tan profundamente potente, podía pensarse que fuera el foco de las conferencias sobre psicología y de los libros más vendidos. En cambio, su hermano más atractivo, el *Amor*, recibe todos los honores, a pesar del hecho de que probablemente sea imposible sentir o demostrar amor sin preocuparse y cuidar de los demás. Aún la *Bondad*, la altruista hermana mayor de cuidado por otros, obtiene más espacio en la literatura, a pesar de que si uno no se preocupara de cuidar por los demás probablemente no se molestaría en ser bondadoso con el otro.

Debido a que este impulsor del cuidado e interés por los demás recibe tan poca atención, es fácil avanzar a grandes pasos en esta área de nuestras vidas. Antes de compartir unos poco activadores para activar su capacidad de dar y recibir cuidado, analicemos *por qué* tantos se sienten ajenos a este sentimiento.

Todos estamos cableados para demostrar nuestro interés por los demás, pero algunos hemos sido desconectados de nuestros sentimientos y de nuestro funcionamiento mental de manera que quedamos bloqueados o impedidos de demostrar esa preocupación y ese cuidado. Esto, como lo verá más adelante, fue el problema del matón en la historia que relaté antes.

Cuando digo que estamos "cableados" para cuidar de los demás, quiero decirlo muy literalmente. El hecho es que nuestro cerebro está sorprendentemente bien equipado, biológicamente construido para relacionarse con los demás y preocuparse por sus sentimientos y experiencias. Esencialmente, nuestro cerebro está hecho para simular lo que vemos y sentimos en otros. Ya habrá experimentado esto anteriormente al acercarse a un grupo de personas y ver que todos están muy tristes. Es posible que su espectro emocional pronto se equilibre con el de ellos; un fenómeno que los científicos denominan "contagio emotivo". Esto ocurre debido a un sistema de neuronas espejo, que disparan de inmediato de forma que nos hacen sentir lo que sienten los demás e imitar lo que hacen. Se conocen como neuronas "espejo" porque causan una respuesta lógica y emocional en nuestro interior que refleja lo que vemos en otros. Todo esto ocurre automática y subconscientemente. Claro está que podemos elegir actuar o no actuar según nos lo muestran estos disparos neurales, pero recuerde los aspectos básicos de la neurociencia: entre más disparos neurales se produzcan, más se fortalecen las vías de trasmisión, y mayor será la probabilidad de que se produzca la misma respuesta en el futuro. Por lo tanto, si estamos viendo constantemente que otros se comportan de una cierta forma, lo más probable es que nuestros cerebros imiten ese comportamiento. Es una de las razones clave por las cuales los muchachos fuman cuando ven fumar a otros, la razón por la cual los bebés sonríen cuando sus madres sonríen y a razón por la cual tantos de nosotros bostezamos o nos sentimos impacientes cuando otra persona lo hace. Debido a nuestras neuronas espejo, sentimos lo que vemos. Por lo tanto, cuando vemos que alguien necesita atención y cariño, esos sentimientos tienden a desatarse en nuestro interior de forma empática y deseamos dar atención y cariño a esa persona que tenemos delante. Sin embargo, para algunos, las neuronas que deberían desencadenar emociones de compasión y cariño se han visto afectadas. Por ejemplo, al comienzo de este capítulo, me referí a mi careo con el matón. Una de las cosas que le dije fue, "Tal vez usted tiene un hueco en su cabeza o un bloqueo en su cerebro". No fue un insulto. Estaba describiendo lo que puede ocurrir físicamente en su cuerpo cuando el cariño o la preocupación por los demás —o, para ese caso, cualquier otro sentimiento positivo— desaparece o es interceptado.

Recuerdo haber estado trabajando con ese gigante de seis pies cinco pulgadas, un día, y haberlo visto sentado, inclinado hacia adelante, ansioso por aprender. Dijo:

—A lo que yo quisiera llegar y lo que quisiera arreglar hoy, Brendon, es descubrir por qué estoy tan desconectado. Simplemente no tengo sentimientos. Mi esposa piensa que es extremadamente gracioso lo que estoy haciendo aquí, pero de hecho espera que usted me pueda convertir en una persona más... no sabría cómo decirlo, cariñosa, o sensible, o lo que sea.

Su preocupación ilustra la realidad a la que se ven enfrentados todos los humanos. En algún momento de nuestras vidas, todos nos bloqueamos en lo que se relaciona a nuestros sentimientos y nuestro goce de experimentar y expresar un rango más amplio de emociones —incluyendo la preocupación por los demás. Entender cómo y por qué ocurre y saber cómo volver a abrir las compuertas hacia una vida de mayores sentimientos, más comprometida y plena era lo que este gigante tenía que aprender.

A veces, es nuestra cultura, son nuestros compañeros y nuestros padres, los que condicionan nuestra creencia acerca de la expresión emotiva y acerca de nuestros patrones y sentimientos de la justificación de preocuparse por los demás. Pero el espectro en donde esto se produce es mucho más amplio. Está formado por los millones de experiencias que tenemos en nuestro interior y los millones de interacciones con otros que tejen el creciente tapiz de quiénes somos y cuánto nos preocupamos por otros.

Me vienen a la mente dos de esas experiencias, como extremadamente importantes para que las conozca. Ambas llevan a lo que yo llamo el "bloqueo emocional cerebral". Una experiencia tiene que ver con un exceso de ansiedad, la otra se relaciona con una importante falta de interés.

Esto fue lo que le sucedió al gigante. Durante toda su vida, nunca se sintió lo suficientemente cuidado o amado. Ruptura tras ruptura y juicio tras juicio lo dejaron "desconectado" y "frío, indiferente en su interior", dijo. Lo que no sabía era que esta descripción no era sólo una metáfora.

Cuando se produce un evento emocional, abrumador en la vida, la mente y el cerebro entran en modalidad protectora. El proceso biológico funciona así: a veces ocurre algo malo y su sistema nervioso extendido —su cuerpo, su tallo cerebral, su área límbica, la corteza— se activan de inmediato. En pocas palabras, las emociones tienden a desplazarse en "sentido vertical", brotando de las sensaciones de su cuerpo hacia su tallo cerebral, hacia el área límbica de su cerebro y, por último, integrándose con partes importantes de su cerebro, incluyendo su corteza prefrontal media, que le indica qué tanto deben aumentar su enfoque y su atención conscientes para producir esa emoción. Naturalmente, todo esto ocurre en una milésima de segundo. Y es exactamente un proceso lineal debido a las amplias redes de conectividad neural del cerebro. Pero ya entiende lo que ocurre: las emociones se desbordan, el cerebro decide qué tanta atención prestarles.

En momentos de gran ansiedad y tensión, la mente puede evitar estas sensaciones desconectando y desactivando efectivamente el sentimiento de nuestras regiones subcorticales con nuestra corteza prefrontal, de manera que no tengamos que experimentar el sentimiento como niveles más elevados de conciencia. Esto nos permite evitar, minimizar, amortiguar, o "cancelar" nuestros sentimientos. Esa capacidad de cancelar una emoción es lo que suele conocerse como un mecanismo de defensa. Y es muy bueno que lo tengamos. A medida que hemos evolucionado, muchas de las emociones de luchar o huir que nos hacen humanos no son siempre útiles en un determinado momento. Cuando usted se encuentra en una reunión y alguien lo avergüenza, los sentimientos de su cuerpo le indican que se levante y salga corriendo de allí en ese mismo segundo. Afortunadamente, su mente amortigua ese sentimiento y le indica que se quede tranquilo, centrado en la discusión y en el objetivo que se busca alcanzar.

En casos de trauma más dramáticos, también es una suerte que nuestra mente entre en acción y dirija nuestra atención hacia algo diferente de las abrumadoras sensaciones que experimentamos ya sea física o emocionalmente. Las víctimas de un asalto, una violación o una lesión física, suelen decir que estaban aterrorizadas pero que en un determinado momento sus emociones y su experiencia cambiaron y "se fueron a otro lugar" mientras estaban siendo atormentadas. Sus mentes anularon la abrumadora conciencia de la situación y las transportaron a otra parte.

Por eso este mecanismo de defensa de la mente es una bendición. Mientras más dolor y trauma experimentemos más se repite el patrón y más se fortalecen las vías neurales para evitar las emociones. De pronto, ya no integramos tanto nuestras experiencias con nuestros sentimientos en la vida diaria. *Y mientras menos sintamos, menos nos preocupamos de nosotros y de los demás.* El hecho es que el sentimiento es una chispa que nos lleva a interesarnos por lo que está pasando, en primer lugar.

Afortunadamente, también se nos ha dado el don de la presencia mental y emotiva, lo que nos permite elegir cómo manejar nuestras emociones. Los terapeutas suelen utilizar este don para ayudarnos a revivir nuestros eventos traumáticos del pasado para así poder manejar o integrar mejor los sentimientos que experimentamos en esos momentos. A veces nos ayudan a recrear totalmente el significado de la experiencia. De hecho, los mejores terapeutas son aquellos que enseñan a sus pacientes a manejar mejor sus emociones y a aumentar su tolerancia para manejar la ansiedad o las emociones negativas. Por esa razón, muchos terapeutas indicarán a sus pacientes que "retengan una emoción". Al involucrar a las personas con sus emociones, los terapeutas las ayudan a encontrar un mayor sentido de interés por ellos mismos y empatía hacia los demás.

Por lo tanto, cuando nuestro amigo, el gigante, dijo que se sentía "desconectado" de su mundo emocional, describía no sólo un sentimiento sino también una tendencia física de la forma como tendía a funcionar su cerebro. Después de todo el dolor, los rompimientos y juzgamientos, dejó de permitirse experimentar el dolor. Las conexiones neurales que permiten que la emoción se dispare y flote desde nuestra subcorteza a nuestra "mente consciente" en la precorteza, quedaron subutilizadas. Su mundo emocional era una sensación plana porque sus circuitos neurales se habían marchitado.

Todo esto tiene consecuencias mucho más graves de lo que la mayoría podría pensar. No sólo dejamos de sentir nuestras emociones en general sino que empezamos a pensar de otra forma. Esto era lo que enfrentaba nuestro gigante: creció con padres emocionalmente inexpresivos. Había sido maltratado lo suficiente como para permitir que su cerebro cancelara sus impulsos subcorticales y dejó de sentir sus propias emociones. Las vías neurales de su hemisferio cerebral derecho se debilitaron, y su hemisferio izquierdo comenzó a dominar su forma de ser.

Sin embargo, pudo llegar a ser el primero en el deporte que practicaba, progresó en la vida gracias a sus brillantes estrategias. El problema fue que, en el deporte, todas sus neuronas espejo no vieron más que hombres a su alrededor intentando ser rudos.

Todo esto lo llevó a estar sentado frente a mí y verme como su entrenador de fútbol. Era un hombre verdaderamente bueno, que rara vez prestaba atención a su mundo interior o a los de los demás. No creía que hubiera ninguna razón por la cual las personas debieron aceptarlo o aceptar a los demás. No sentía que debía demostrar interés por otros, porque jamás lo experimentó, nunca recibió ese don.

Él, al igual que muchos otros en el mundo, necesitaba un nuevo plan de juego.

¿Cómo superamos el condicionamiento de nuestro pasado? ¿Cómo nos capacitamos para preocuparnos más por nosotros mismos y por los demás y para permitir que otros también se preocupen por nosotros? ¿Cómo nos convertimos en una sociedad profundamente más amable, empática y preocupada por sus miembros?

Como siempre, el verdadero cambio comienza con un verdadero compromiso de ser más conscientes de nuestras metas y elecciones y más consistentes con nuestros esfuerzos de hacer que esas cosas se den. Para ser merecedores de recibir más atención, simplemente debemos aceptarla, darnos cuenta de que está a todo nuestro alrededor y, naturalmente, recuperar esa bendición.

Como mi enorme cliente, usted está a punto de descubrir que al dar cabida a la estrategia de interesarse por los demás en su vida puede cambiar todo su plan de juego.

Activador #1: Interesarse por sí mismo

Antes de poder recibir la atención de los demás o de darles gratuitamente la nuestra, debemos ser congruentes con nuestro propio impulso interno comenzando por preocuparnos de nosotros mismos. Su cerebro y su cuerpo desean desesperadamente saber que usted se ocupa de ellos, que busca lo mejor para ellos en su salud y en su vida. Cuando es *consciente* de no estar cuidándose, es casi imposible experimentar un cambio de vida sostenido.

Saber cuidarse mejor es la base de todo desarrollo personal. Sin embargo, en nuestro mundo de cambio hipersónico, muchos no nos cuidamos. Estamos tan ocupados tratando de hacer todo lo que tenemos que hacer y enfrentarnos a todos lo que nos llega mientras complacemos a los demás, que tendemos a preocuparnos menos de nosotros mismos. Esa es la razón por la cual la población en su mayoría está deshidratada, obesa, estresada y no puede conciliar el sueño. Sin embargo, ninguna de estas realidades puede considerarse responsabilidad de otros. La cantidad que usted coma y beba, la forma como equilibre sus responsabilidades y el tiempo que dedique al descanso son cosas que dependen totalmente de usted y de nadie más.

Es hora de comenzar a preocuparse más por usted mismo. Debe profundizar más acerca de cómo se siente, cómo piensa, qué desea, qué necesita y qué lo hace feliz. No menos importante, debe tener planes y rutina establecidos que le permitan hacer todas estas cosas y cuidar de usted en general.

Mis recomendaciones son:

- Programe un mínimo de siete horas de sueño cada noche. Si sabemos algo acerca de nuestro cuidado personal, con absoluta certeza, es que pasar mejores noches es lo mejor que podemos hacer para nuestro cerbero, nuestro cuerpo y nuestra vida. Claro está que los padres de recién nacidos no pueden lograr esto con mucha facilidad —el dormir sólo unas pocas horas es la norma. Pero, sin excepción, todos podemos aprender a manejar nuestros horarios, obtener ayuda y encontrar formas creativas de garantizar que podamos dormir más.

- Recuerde: *A menores porciones, mejores resultados.* Su cuerpo no se va a sentir nunca bien cuidado si lo atiborra de comida o lo envenena con comida rápida. Concéntrese en limitar sus comidas a un solo plato, y no un plato grande rodeado de muchos pequeños. Al hacerlo, se asegurará de que al menos una tercera parte de ese plato contengan verduras frescas. Una dieta basada en verduras verdes —como las dietas compuestas son en gran medida de vegetales, como las de los vegetarianos y las dietas veganas— han demostrado mantener al cuerpo mejor nutrido, con un sistema más alcalino y más libre de dolores, molestias y enfermedades, incluyendo cánceres.

- Haga ejercicio al menos tres veces por semana. En la Academia de Alto Desempeño mostramos cómo el hacer sólo tres horas de ejercicio a la semana puede mejorar la salud general y la función cerebral de forma sorprendente. Si busca asesoría para hacer gimnasia, le recomendaría que hiciera al menos dos sesiones largas de ejercicios cardiovasculares por semana: una hora de rutina basada en ejercicios aeróbicos y por lo menos un período más corto de ejercicio intenso una vez por semana, que sería un ejercicio más anaeróbico como levantamiento de pesas, ejercicios con pesas manuales, etc. (Como siempre, haga lo que sea adecuado y posible para usted en su actual estado de salud y consulte a su médico antes de iniciar nuevas sesiones de ejercicio o alguna decisión relacionada con su salud.)

- Medite. La neurociencia ha demostrado que la meditación es un medio muy potente no sólo para reducir los niveles de estrés sino también para desarrollar nuevas neuronas y activar nuestras capacidades para una mayor creatividad, mejor empatía y mayores logros. Considere meditar dos veces al día, aunque sea por diez a veinte minutos a media mañana y a las últimas horas de la tarde. Si Oprah, Russell Simmons, Jerry Seinfeld y millones de otras personas del mundo entero pueden encontrar tiempo para meditar, usted también podrá. Para una guía gratuita de cómo meditar en forma efectiva, entre a www.TheChargeBook.com/resources.

- Beba *mucha* más agua. Debe estar tomando aproximadamente seis litros de agua por día. No todos están de acuerdo conmigo en este punto, lo cual está muy bien, pero si mantiene un estilo de vida saludable y activo, de seis a siete litros no es tanto. Eso significa dos litros para cuando llega la hora de almuerzo, dos litros en la tarde y dos litros entre la hora de comer y la hora de acostarse. Uno de esos litros debe consumirlo durante la hora de ejercicio. Pero asegúrese de beber agua fresca y limpia. Ensáyelo. Se sorprenderá del incremento en su energía mental y física.

Vamos más a fondo. Otra forma de cuidarse es darse al fin un descanso, y un pequeño reconocimiento. Si es como la mayoría de quienes alcanzan sus logros, debe ser una persona demasiado autocrítica. Exagera sus juicios acerca de sus fortalezas y debilidades en la vida, y con demasiada frecuencia no reconocen sus logros y no se recompensa por un trabajo bien hecho. Sea paciente y amable con usted mismo. Sea consciente de que los juicios negativos que hace en su contra suelen ser los más dañinos que reciba jamás.

Por último, explore con frecuencia su lado emocional. El activar sus emociones y su hemisferio derecho, tiende a desencadenar una descarga de las neuronas que cargan empatía. Cuando estaba trabajando con el gigante, empecé con una solicitud que él consideró demasiado simple, inclusive extraña. Le dije que comenzara a "examinar" conscientemente lo que sentía en su cuerpo, en tres momentos distintos del día: antes de cada comida, después de una conversación (con cualquiera) y luego otra vez una hora antes de irse a la cama. Le di estas horas porque son las más fáciles de recordar. Le aconsejé que se sentara sólo por uno o dos minutos y se preguntara *¿Qué siento ahora y por qué?* Le pedí que se limitara a respirar hondo y a "buscar la sensación" que cualquier cosa que fuera lo que sintiera, "retuviera esa sensación". No tenía que involucrarse en ningún tipo de dramas emotivos, le dije. Sólo tenía que sentarse con sus sentimientos unas cuantas veces al día, y sabía que esto abriría el flujo de su hemisferio derecho y por último su impulso de preocuparse más por los demás. También le pedí al gigante que llevara un diario en el que anotara algo individual sobre cada una de las acciones de interesarse por los demás, mostrar amabilidad y amor que presenciara y demostrara durante la semana.

Sabía que tomaría esto como un juego de hockey. Probablemente usted piense lo mismo. Pero sabía que si lo hacía por unas cuantas semanas seguidas, estaría más sintonizado de nuevo con su mundo emocional. En el proceso, comenzaría a fortalecer o a crear una nueva vía neural en su cerebro. El interesarse por los demás es, en sí misma, una destreza, que mientras más se haga, va mejorando cada vez más hasta que se convierte en una conducta habitual, automática.

Por simple que parezca esta estrategia, podría sorprenderse al ver sus resultados. Ensáyela. Nuestro gigante de pronto se dio cuenta de que tenía conceptos más claros acerca de sus emociones y estaba más conectado con ella. Dijo que, en el término de dos semanas, de pronto comenzó a sentirse más "estable" y más "comprensivo". Dijo también que, por primera vez en décadas, sentía realmente una sensación de amor en su interior. Cuando le pregunté de dónde venía esa sensación de amor, respondió, "Nadie dijo nada. Creo que fue sólo mi corazón abriéndose camino a través de mis propios bloqueos, avanzando y diciendo hola, como un amigo al que no hemos visto en mucho tiempo".

Activador #2: Sea más vulnerable y permita que los otros se preocupen por usted

Aunque todos queremos sentir que los demás se preocupan por nosotros, es sorprendente cuántos de nosotros nos hemos cerrado, o no nos damos cuenta de las expresiones o emociones de otras personas y de su interés por nosotros. No pedimos ayuda cuando la necesitamos, aunque otros nos la hayan ofrecido. Recibimos un correo electrónico donde nos preguntan cómo estamos y nos apresuramos a devolver otro con una sola línea como respuesta, sin darnos cuenta de que alguien estaba realmente interesado en nosotros y en abrir una compuerta para compartir. No nos damos cuenta de que el hecho de que nuestro cónyuge arregle la casa es una señal de amor hacia nosotros.

Con frecuencia, nuestra capacidad de conciencia y receptividad de las muestras de preocupación que recibimos de los demás tiene mucho que ver con la forma como hayamos experimentado ese interés hacia nosotros en el pasado. Qué tan atentos, comprensivos y preocupados eran sus padres con usted, probablemente forjó su estilo de interactuar con los demás. Sus padres daban indicaciones de si se preocupaban por usted cuando lloraba o necesitaba algo.

Esto estableció una base para que usted tomara una decisión *¿Soy digno de recibir esta atención y cariño?* Se ha demostrado, por ejemplo, que si alguien crece con personas que están atentas a sus necesidades, y lo cuidan con afecto, uno tiende a demostrar más adelante en la vida, esas mismas cualidades hacia los demás. Lo contrario es también cierto: si uno no recibe buena atención durante la niñez, tiende a preocuparse poco por usted mismo y por los demás. Pero el hecho es que el pasado ya pasó y debemos volver a elegir cómo nos gustaría vivir nuestras vidas.

Si uno no se siente "digno" de que se preocupen por uno o simplemente se siente "demasiado asustado como para preocuparse por alguien", porque en el pasado ha resultado herido al tratar de abrir su corazón, es hora de reevaluar la situación.

Usted es hijo de Dios, y eso de por sí lo hace digno de recibir atención y amor. Después, cualquiera que haya sido su pasado, no olvide que permitir que los otros se interesen por usted, le den atención y amor, es uno de los mayores placeres de la vida. Si mantiene alta la guardia, bájela. Si ha construido un muro protector a su alrededor para mantener por fuera a los malos, no olvide que ese muro también impide la entrada a los buenos.

Ser vulnerable, pedir ayuda, dejar que otros entren en nuestras vidas —son todas cosas que requieren valor. Pero, seamos osados y abrámonos una vez más al cuidado y el apoyo de otros. La siguiente es una táctica sencilla de hacerlo. Tome su diario y dedique unos minutos a anotar todas las áreas de su vida en las que esté enfrentando retos. Considere todos los aspectos de su vida —sus realidades emocionales, mentales, sociales, profesionales, financieras y espirituales. ¿Qué problemas tiene en cada una de estas áreas? Ahora, escriba para cada una de esas áreas cuáles son, en último término, sus ambiciones y sus sueños.

Cuando haya escrito todos sus retos y ambiciones, habrá llegado el momento de tomar una decisión: ¿Se enfrentará sólo a estos problemas y a estos sueños para resolverlos y alcanzarlos, pedirá ayuda? La respuesta a esa decisión determinará lo difícil y frustrante que será la siguiente década de su vida. Le aconsejo, compartir sus resultados con otros, pedir ayuda, abrirse o permitir que otros le ayuden, lo apoyen, le sirvan de mentores, lo animen, *se preocupen por usted*.

Activador #3: Esté más presente, interésese y preste atención a los demás

Si nos preocupamos por nosotros y permitimos que los demás también se preocupen por nosotros, habremos recorrido la mitad del camino hacia el propósito de activar plenamente este activador. El progreso que nos queda por alcanzar se basa en demostrar un mayor interés en el mundo.

"Los jóvenes de hoy no necesitan nuestros presentes; necesitan nuestra presencia". Esta fue la sabia frase que pronunció el Reverendo Jesse Jackson a un grupo de sus seguidores sobre cómo cuidar y movilizar a nuestros jóvenes. Creo que esto es, también, coincidencialmente, el concepto más importante que yo podría darle acerca de las relaciones: hay que causar impresión, no con "cosas" sino con nuestra verdadera presencia.

Nos hemos convertido en una sociedad tan atrapada en lo superficial que cuando encontramos personas que realmente están presentes para nosotros, lo notamos. Podemos ver que quieren estar ahí con nosotros, en ese momento. Mientras están con nosotros, no revisan sus teléfonos en busca de mensajes. No miran a todo alrededor para ver qué otras personas están en el restaurantes que pudieran ser más importantes que nosotros para ellos. No parecen estar distraídos y se centran en lo único que es más importante: en nosotros.

Sin lugar a dudas, la principal razón por la cual sus conocidos no están tan dispuestos a preocuparse por usted como usted lo desearía es que, francamente, pocas veces usted está "presente" en la relación.

Su presencia es distraída; cuando está con otros, está prestando atención a una larga lista de cosas distintas a las personas con las que está. Su mente se acelera y llega a la lista de las cosas que debe hacer mañana o a lo que tiene que hacer después de que termine esta interacción, o a las palabras que quiere decir una vez que dejen de habar y al fin le llegue su turno. No está presente en el momento con la otra persona, por lo que los demás no pueden estar en el momento de una relación de plena presencia con usted durante la interacción. La única forma de experimentar los niveles más profundos de la experiencia humana es estar involucrados más a fondos en el momento y en nuestras interacciones con los demás, totalmente dedicados al ahora, y sólo con ellos.

Estar presenten en nuestras interacciones con los demás requiere una gran cantidad de concentración y práctica.

De ahora en adelante, cuando cualquiera le hable, recuerde: ESTÉ PRESENTE. Si este fuera el único recordatorio mental que se permitiera para ampliar su impulsor de preocupación por los demás, y para mejorar sus relaciones, y realmente lo pensara de manera consistente antes y después de todas sus interacciones, florecerían en su vida el cuidado, la bondad y el amor por los demás.

Pero estar presentes al estar con otros, debe tener también una meta, y esa meta es demostrar que realmente nos interesamos y que queremos aprender algo acerca de ellos. Estar presentes nos permite ser curiosos y prestar atención a los demás. La curiosidad es en realidad uno de los secretos de las grandes relaciones. Y lo más probable es que si se abre a interesarse por quienes lo rodean, se sorprenderá de lo mucho que encontrará para saber y aprender y valorar en ellos, cosas que jamás hubiera imaginado que encontraría allí.

Ensaye esta simple prueba. Anote los nombres de las diez personas con las que interactúa con mayor frecuencia. Lo más probable es que la lista incluya la persona más importante para usted (si la tiene), sus compañeros de trabajo, sus amigos y los miembros de su familia.

Cuando termine la lista, indique lo siguiente acerca de cada una de esas personas:

- Las tres principales ambiciones de esta persona en la vida son...
- El artista favorito de esta persona es...
- Los tres amigos más íntimos de esta persona son (indicar sus nombres)...
- Las tres mejores experiencias en la vida de esta persona fueron...
- Las tres peores experiencias en la vida de esta persona fueron...
- El plato favorito de esta persona es...
- A esta persona le encantaría tener un(a)...

Estas preguntas son, naturalmente, al azar y, muchos podrían sostener que no tienen la menor importancia. Pero, ¿qué dice de nosotros el hecho de que con tanta frecuencia ignoremos estos detalles acerca de nuestros seres más cercanos?

Hay un viejo adagio: Hay dos clases de personas en el mundo —las que entran a un salón y dicen, "¡Aquí estoy yo!" y las que entran a un salón y dicen, "¡Ay, tú estás aquí!".

Le recomiendo ser el segundo tipo de persona. Enfoque su mira en los demás. Pregúnteles más cosas acerca de ellos. Muéstrese interesado en lo que hacen los demás para que los demás se interesen en usted. (Eso es algo que se da casi de forma automática, gracias a las neuronas espejo de sus cerebros.)

Todos queremos que alguien se interese en saber quiénes somos y qué pensamos y qué sentimos. Es por eso que todos deberíamos ver a todas las personas del mundo como si tuvieran un letrero colgado al cuello que dijera, POR FAVOR, ÓIGAME Y VALÓREME.

Cuando se hacen preguntas acerca de la realidad de alguien, es como si leyera su letrero y, a la vez, esa persona querrá saber más de usted. Al preguntar a otros acerca de sus vidas, hay una pregunta que parece demostrar un mayor interés en ellos. Este enfoque, por sí mismo, cambió mi vida y estaré por siempre agradecido de que haya sido así. Esta idea la aprendí en un curso de comunicación interpersonal. Recuerdo que a muchos de mis compañeros del curso, les gustó la idea y la pusieron en práctica durante unas semanas. Lo que por lo general ha marcado una diferencia en la calidad de mi vida, sin embargo, es mi persistencia, y haciendo esta pregunta a las personas que he conocido en los últimos quince años, ha sido algo más que poderoso.

La estrategia es muy simple. De ahora en adelante, cuando alguien comparta algo de su vida con usted, recuerde hacerle esta pregunta: "¡Ay! ¿Qué sentiste cuando pasó eso?". El agregar la palabra "ay" evita que la pregunta de la impresión de que usted pretende convertirse en terapeuta. (Nunca, en ninguna circunstancia, debe decir, "Hmmm, ya veo...". Pregunte: "¿Cómo se sintió".) Hacerle esta pregunta a alguien es un don, porque los obliga a hacer una pausa y les demuestra que usted se interesa por sus sentimientos. También es un don para usted, porque hará que sus interacciones con otros sean mucho más profundas y significativas.

Las personas más felices y de más alto desempeño que he conocido son personas que se preocupan mucho por las demás personas. Para ellos, interesarse por ellos mismos y por los demás es sin duda, la primera de sus prioridades en la vida. Demuestran su interés por los demás en la forma como les prestan atención y también en formas físicas y además tiene el valor de pedir que los atiendan cuando ellos lo necesitan. Para ellos, interesarse por los demás es una práctica continua en la vida, no como un concepto de sensiblería, sino porque se enfocan en esta área de sus vidas con una mentalidad que refleja el dominio que resulta de una vida llena de vibrante emoción. Si quiere volver a sentirse vivo, vuelva a *interesarse* por usted y por los demás.

PUNTOS DE IGNICIÓN

1. Las cinco formas en que voy a comenzar a cuidarme mejor incluyen…

2. Si estuviera dispuesto a mostrarme más vulnerable en la vida, probablemente empezaría a pedir más ayuda en el área de…

3. Las tres formas como comenzaré a demostrar más interés por los demás en mi vida son…

Capítulo seis

EL IMPULSOR DE
CONEXIÓN

*Conviene recordar que toda la población del universo, con una
insignificante excepción, está compuesta por los demás.*
—John Andrew Holmes Jr.

Sigo a Dan cuando entra a su casa y se da cuenta de que las astillas del marco de la puerta impiden que ésta cierre totalmente.
El vidrio de la entrada está disperso por todo el pasillo. La pequeña
consola del pasillo está retirada unas cuantas pulgadas del lugar
donde antes se encontraba alineada a la pared, y algunos de los marcos de los retratos que estaban sobre ella están caídos.

Dan ve que estoy examinando la escena y se alza de hombros en
una actitud sumisa.

—No hemos tenido tiempo de limpiar.

Subimos la escalera. Dan señala hacia la última puerta a la derecha. Puedo ver también aquí astillas en el marco de la puerta.

—Bueno, uh, dile a Shane que lo amo ¿quieres? Haz lo que tienes
que hacer, luego ven a buscarme a la cocina cuando quieras. ¿Entonces tal vez podríamos tomar un trago?

Acepto con una inclinación de cabeza y sonrío y después me dirijo
a la puerta. Este es el día en el que realmente odio lo que hago y me

siento honrado de haber desarrollado un conjunto de destrezas tan excepcional. Nada más difícil que las situaciones en las que nuestros amigos nos piden que ayudemos a sus hijos.

Llego a la puerta del cuarto de Shane, miro al interior y lo veo sentado en su escritorio, escribiendo. Su madre, Rita, está sentada en una silla, a su derecha, leyendo. Al verme, me recibe con una gran sonrisa, como muestra de alivio.

—¡Shane! Mira, Shane, ¡Brendon está aquí! —Él me mira pero no hacemos contacto visual.

Me dirigí hacia la puerta desastillada y rota, que escasamente colgaba de la bisagra inferior. Sé que no es gracioso, pero, a veces, el simple hecho de intentar romper el hielo, es una forma de demostrar nuestro interés por los demás.

—Cielos, Shane, ¿enviaste un texto y enviaron un equipo SWAT que destruyó el lugar como si fuera una casa de malhechores como las que salen el as películas?

La noche anterior Shane envió un texto a su ex novia Nina. Le decía: "Tengo un revólver. Eres la razón por la que voy a halar del gatillo. Maldita tú. Malditos todos". Por casualidad, Nina estaba con uno de sus mejores amigos, cuyo padre, afortunadamente, es un policía.

Shane se limita a resoplar y continúa con la cabeza agachada, concentrado en sus deberes escolares. Rita viene hacia mí y me abraza, me mira con una expresión de esperanza y se dispone a salir.

—Oye, Shane, estaré abajo. Estaré por aquí todo el día, Boogy. —Él no le presta atención y ella sale.

Yo doy la vuelta alrededor de la cama y me siento frente al escritorio de Shane. Decido esperar a ver qué hace. Shane sigue escribiendo por uno o dos minutos y por último me permite intervenir, aunque lo que dice no lo parece.

—Entonces —dice—, anoche enviaron el SWAT y ahora llega *usted* ¿no?

—Bien, imagino que después de que sacaron a todos los traficantes que estaban empacando cocaína, pensaron que era seguro enviarme a mí.

Para mi sorpresa, sonríe con un gesto de ironía. Pensé que iba a tomar más tiempo.

Sabía desde antes de entrar a la casa que no iba a hablar con Shane como si fuera un terapeuta, un maestro o un adulto preocupado. Tiene dieciséis años y los adolescentes, por lo general, hablan de sus cosas sin referirse realmente a ellas. Si se refieren a algo en especial, simplemente lo simplifican para ver cómo reaccionamos.

—Acabaron realmente con las puertas, hombre. Deben haber sido una especie de matones.

Él resopla de nuevo y no me mira, pero sí me lanza una indirecta.

—Eran más grandes que usted.

Yo suelto una carcajada.

—Sí, ya me lo imagino. No sé si alguna vez te lo conté, pero me alisté en el ejército. No me aceptaron porque no podía hacer suficientes lagartijas y me negué a dormir en salas enormes llenas de hombres con apretadas camisetas blancas.

Shane rió de verdad. Su padre estaba en el ejército, por lo que sabía que mi comentario le parecería gracioso. Y también sabe que mi padre estuvo en el cuerpo de Marines, por lo que sabía que él entendería que yo estaba bromeando.

Estoy dispuesto a seguir ahí todo el día hablando con él de esa forma. La mejor manera de ser aceptado por un adolescente es hablar de cosas sin importancia, demostrarle que uno es un perdedor, un don nadie y —sólo cuando llegue el momento adecuado— demostrarle que no te importa en lo más mínimo.

Él me dejó interactuar muy pronto.

—Ya te dijeron que realmente no tenía una pistola ¿no es verdad?

—¿En serio? Bien, si esos hombres eran realmente más grandes que yo, espero que hayas tenido algún tipo de atomizador de mostaza, o algo así.

Ríe de nuevo, y, por primera vez me mira a los ojos. Recibo el gesto de aprobación de un adolescente con el que todos los padres sueñan.

—No. No tenía nada de nada. Los oí golpeando la puerta allá abajo y simplemente no les abrí. No sabía que entrarían de esa forma.

Regla número uno al estar escuchando lo que revela un adolescente: adopte su misma actitud y después no diga nada.

—Me sorprendió que hubiera forzado también esta puerta.

—Sí pero, ¿qué diablos? ¿Qué habría pasado si yo hubiera tenido un revólver? Me hubieran disparado o hubieran intentado derribarme, o algo. Pero ¿entrar en esa forma?

—Me suena raro también a mí, me sorprende. Tal vez fuera porque sabían quién eras, o algo así.

Shane hace una pausa y mira hacia su derecha, en sentido contrario adonde yo estaba, hacia la ventana.

—Bien, supongo que ellos ya lo saben.

—¿Quiénes son ellos? —le pregunto.

—Todos. Todos los muchachos de la escuela. Sin duda Nina se lo ha dicho a todos. Y estoy seguro que la policía ha hablado con los del colegio y con todos los padres y vecinos, o lo que sea que hagan. Quieren que empiece a ir adonde este terapeuta, a partir de mañana, supongo.

—Me alegra que no te hayan llevado a la cárcel.

—Preferiría estar allá, eso creo. ¿Cómo voy a volver ahora al colegio, de todas formas? —Me mira como a un amigo, por primera vez. Lo que me ha preguntado ha sido en serio.

—Simplemente vas a llegar allí y vas a mostrarte tranquilo. Dirás: "Oigan, mi novia enloqueció y llamó a la policía y llegaron y forzaron la entrada a mi casa y tuve que apresurarme a sacar a mis mochileras apresuradamente por la puerta de atrás".

Ríe de nuevo y me doy cuenta de que puedo ayudar.

—O sólo llegas y les dices a todos que estás bien y que has decidido volver a empezar. Nadie sabe lo que estás pensando, pero sí te están observando, por lo que deben ir y demostrarles quién quieres ser y quién quieres que ellos piensen que tú eres.

—Sí.

Permanecemos allí otro rato mientras él dice:

—Usted sabe que nunca lo hubiera hecho. Simplemente estaba triste y me sentía como si no le importara a nadie. Estaba simplemente furioso con Nina ¿me entiende? Sólo quise asustarla para que se preocupara, o algo así. Todos quieren saber qué estaba pensando y por qué lo hice. Yo no sé en qué estaba pensando. Sólo quería que alguien me entendiera, tal vez.

Para cuando me dispongo a irme, golpea con el puño y me da una de esos gestos de frío asentimiento. Cuando salgo por la puerta desvencijada, me dice:

—Gracias, Brendon. Sé que intenta hacerme sentir mejor. Estoy mejor. Si tuviera amigos como usted, no lo habría hecho.

—Ya lo sé, Shane. Las amistades te salvarán la vida. Y a pesar de esta última experiencia que has tenido, las chicas también te la salvarán. Mañana, después de esa reunión con el terapeuta, vayamos a comer pizza y te indicaré cómo encontrar algunas chicas. ¿Te parece bien?

Él acepta, y una vez abajo, al contarles todo lo ocurrido a Dan y a Rita, los dos lloran de emoción y alivio. Pero les garantizo que lo difícil de su trabajo apenas comienza. Van a tener que aprender ahora a conectarse de forma diferente con su hijo. Ha llegado al límite. Ahora es un muchacho diferente.

• • •

Todos queremos sentirnos conectados a quienes nos rodean. El reto de nuestra sociedad moderna es que, gracias a los medios sociales, estamos más conectados con más personas que nunca antes, pero esas conexiones también son más superficiales que nunca. No hace mucho tiempo, nuestras amistades se limitaban a personas de nuestro vecindario inmediato, por lo que saber quiénes eran nuestros "verdaderos amigos" sólo requería un breve proceso de eliminación —teníamos que considerar sólo un corto número de personas. Ahora, tenemos cientos, por no decir miles de "amigos" en línea. Pero ¿Cuántos de ellos son *reales*? ¿Cuántos son realmente amigos? ¿En cuántos podemos confiar? ¿A cuántos podríamos llamar en momentos de crisis o de triunfo? Nuestras amistades son tan importantes para nuestra felicidad en la vida como lo es el trabajo que hacemos o el dinero que ganamos. Por eso es hora de pensar en el factor de la amistad en su vida. Este capítulo le indicará cómo hacerlo.

Si las amistades tienen un efecto importante en nuestra felicidad, entonces los efectos de sus amigos íntimos son como una supernova. No hay ninguna otra área que influya tanto en su satisfacción con la vida como sus relaciones con su cónyuge o con otras personas significativas para usted. Cuando se está enamorado y la relación funciona, ¡cielos! Nos reblandecemos. Nos comportamos como adolescentes y nos enviamos tontos mensajes de texto. Sentimos una profunda conexión emocional y espiritual con la persona con la que se supone que estamos en ese momento y con la que estaremos por el resto de nuestras vidas. Nada, y quiero decir nada, nos da una mayor Chispa en la vida que una relación de amor verdadera. Los psicólogos han determinado que el 10 por ciento más feliz de los habitantes de la tierra tienen algo en común: todos tienen vidas sociales y relaciones íntimas enriquecedoras y plenas.

El impulsor para la conexión —tanto casual como íntima— es tan fuerte, que a veces, terminamos dedicándoles a estar personas mucho más tiempo del que merecen. Usted sabe exactamente de qué hablo. Usted ha tenido también relaciones terribles y las ha prolongado por demasiado tiempo (a menos que se haya casado con su novia de la secundaria quien realmente resultó ser una persona amorosa, aún en su vida adulta). Usted tiene amigos extraños, negativos o ambiciosos, que lo agotan y que ha debido dejar desde hace años.

¿Qué pudo haber sido la chispa que disparó este extraño comportamiento? Podemos culpar a Dios o a la evolución, pero, eventualmente, ambos casos nos llevan a un solo culpable: nuestro cerebro. Ya sea que nuestros cerebros tengan inspiración divina o mutaciones genéticas, son el punto decisivo de nuestras conexiones sociales y nuestros afectos. Nuestro deseo de unirnos y pertenecer a alguien es superior a prácticamente cualquier otro deseo —inclusive, a veces, superiores a nuestro deseo de sobrevivir. Shane dijo estar dispuesto a renunciar a su vida porque no pertenecía o no tenía a quién amar. Del otro lado de la moneda, yo también daría mi vida —no por falta de amor sino como consecuencia del amor. Si tuviera que recibir un disparo de mi esposa, ni siquiera parpadearía.

Las conexiones de relación son como el dedo sobre el dispensador Pez de las áreas de recompensa de nuestro cerebro —se establece una conexión, así sea momentánea, y *zas,* obtenemos una golosina para el cerebro: dopamina, vasopresina, oxitocina. Nos sentimos eufóricos, conectados, apegados.

No cabe duda que el impulso hacia las conexiones nos ha mantenido vivos como especie. Corremos menor riesgo de ser atacados y morir cuando salimos a cazar juntos y permanecemos unidos. Perpetuamos nuestra especie cuando hacemos el amor. Aprendemos más rápido dentro de grupos sociales. Progresamos en nuestras capacidades de superar a nuestros predadores con nuestra inteligencia y el dominio de nuestro entorno. En estos últimos tiempos, no tendríamos cultura, ni lugares de trabajo ni Facebook (¡oh!) si no tuviéramos el impulso de compartir, de aprovechar nuestras capacidades intelectuales y de conectarnos.

El problema es que por mucho que queramos conectarnos con otros, también queremos hacer nuestra voluntad en el mundo como en nuestras relaciones. Es ahí donde surgen los conflictos; la euforia de conectarse con otros suele aumentar en espiral hasta llegar a resentimientos o conflictos. Como es natural, todos tenemos nuestros valores y puntos de vista individuales que consideramos importantes. Cuando alguien pone en duda lo que para nosotros es importante o la forma como vemos las cosas, nos ponemos a la defensiva. Mientras más nos sintamos en esa posición defensiva, más querremos hacer oír nuestras voces, nuestros pensamientos, nuestros sentimientos y nuestros estándares independientes. Esto puede llevar ya sea a un entendimiento o a un conflicto (por lo general, a un conflicto seguido de un entendimiento).

Si todo esto es cierto, entonces, tal vez, nuestro verdadero reto para mejorar nuestras relaciones en todo sentido sería aprender a entender y comunicar nuestras propias necesidades de independencia mientras estamos en relaciones de interdependencia. Tal vez todos deberíamos aprender a respetar nuestras mutuas individualidades y llegar a una mayor intimidad. Después de todo, todo lo que nos lleva a tener problemas en nuestras relaciones —la crítica, la posición defensiva, la competencia, los desacuerdos graves— son el resultado de falta de comprensión, aceptación o validación del carácter único de cada uno y de nuestra propia individualidad.

Todo esto es más fácil de decir que de hacer. Pero la lucha por establecer conexiones y mejores relaciones, más profundas y más empoderadoras vale la pena. Podría hacer todo lo que se sugiere en este libro, pero si no logra establecer conexiones significativas en su vida, ¿de qué sirve? Sentirse feliz y energizado es una cosa, pero poder compartir esa energía y ese entusiasmo con las personas que realmente le interesan y ama es el verdadero distintivo de una vida con toda la Chispa. Es cierto que la felicidad para toda la vida depende de conectarse con los demás y amarlos, por lo que será mejor que descubramos cómo hacerlo, lo más pronto que nos sea posible. Las estrategias que se presentan a continuación le ayudarán es ese sentido.

Activador #1: Defina y diseñe sus relaciones ideales

Por sorprendente que parezca, son pocos lo que se hayan detenido el tiempo suficiente en su vida para preguntarse: "¿Qué es lo que deseo exactamente de mis relaciones en la vida? ¿Exactamente, qué tipo de amistades deseo tener? ¿Con qué tipo de persona quiero establecer una relación amorosa? Y ¿cómo debo atraer, mantener y profundizar mis relaciones con esa persona?".

Pero estos interrogantes son exactamente los mismos que se hacen quienes tienen la Chispa. Están diseñando conscientemente sus vidas *y* todas sus relaciones de la mejor manera posible.

Ampliar el alcance de sus relaciones con los demás comienza con la definición de lo que serían sus relaciones ideales, para luego diseñar sus conductas e interacciones a fin de hacerlas realidad. Este es un trabajo importante porque entre más sienta que tiene las relaciones ideales, mayor será la satisfacción de su impulso por tener conexiones profundas y significativas.

Hay cuatro tipos de relaciones con las que trabajaremos en esta sección: la de la familia, la de los amigos, la de los amantes y la de los colegas/compañeros de trabajo. (Dejaremos por ahora de lado un quinto tipo de relaciones compuesto por los conocidos, dado que se ha demostrado que los mayores niveles de conexión y satisfacción se derivan de los cuatro tipos de relaciones ya indicados.)

Para comenzar, tome su diario o su computadora, porque voy a pedirle que dedique un tiempo a pensar y a escribir antes de continuar.

Responda, por favor, las siguientes preguntas:

i. ¿Cómo definiría usted una estrecha conexión en una relación de familia?

¿Qué tendría que hacer para mejorar y profundizar sus relaciones con los demás en este campo?

ii. Para usted ¿cómo se define la conexión con una buena amistad?

¿Qué tendría que hacer para mejorar y profundizar sus relaciones con los demás en este campo?

iii. ¿Qué define para usted una conexión feliz y profunda en una relación íntima?

¿Qué tendría que hacer para mejorar y profundizar sus relaciones con los demás en este campo?

iv. ¿Qué define para usted una buena relación o una
profunda conexión con un colega o compañero de
trabajo?

¿Qué tendría que hacer para mejorar y profundizar sus
relaciones con los demás en este campo?

Siempre hago este tipo de preguntas a mis clientes. Le pregunto
lo mismo a usted porque es importante que comience a pensar en
sus relaciones con el objetivo en mente —es importante que defina
lo que quiere y que se esfuerce por hacerlo realidad. Por simple que
parezca esta actividad, puede llevar a resultados profundamente
poderosos, si se toma en serio.

Hice esta misma actividad con Shane, el muchacho que describí
al principio del capítulo. Cuando le pregunté qué pensaba él que se
requeriría para tener una buena vida de familia, dijo que la definiría con base en un alto grado de diversión, autenticidad, capacidad
de compartir, optimismo, apoyo entusiasta y disponibilidad de los
padres para permitirle correr riesgos y tener nuevas experiencias.
Me permitió compartir esto con sus padres y ellos se sorprendieron;
no por su descripción, propiamente dicha, sino por sentir que no
habían sido conscientes y que les faltaba tanto para convertir su ideal
de familia en una realidad. Se dieron cuenta de que Shane había llegado a la adolescencia y que comenzaba a expresar más independencia, entonces dejaron de hacer planes de salir todos juntos a pasear y

a explorar. Mostraron más interés en su vida escolar, pero sin mostrarse entusiastas ni apoyar el tipo de persona en el que se estaba convirtiendo. La lista continuaba. Por último, se dieron cuenta de que la lista de Shane les ayudó a convertirse en mejores padres.

Al hablar de los amigos, Shane dijo que quería amigos más comprometidos e interesados en la vida fuera de su comunidad. Quería tener amigos que buscaran actividades y aventuras compartidas. Le pregunté si estaría dispuesto a compartir con los pocos amigos que tenía y si podría iniciar nuevas amistades teniendo en cuenta esos dos factores. Me entendió, y durante el primer año que trabajamos juntos, no dejaba de recordar que debía ser el "chico curioso" de su colegio. Se unió a varios grupos de estudiantes, buscó amigos con sus mismos ideales y aficiones, pidió que dos de sus profesores le sirvieran de mentores y comenzó a trabajar como mentor de los estudiantes de grados inferiores. Logró hacer algunas excelentes amistades en el colegio y se convirtió en un hombre verdaderamente feliz e interesado.

Esto me lleva a lo siguiente: debe considerar compartir con otros lo que considera que deberían ser sus relaciones ideales. Si lo saben, serán más capaces de conectarse mejor con usted. Claro está que también debe preguntarles cómo pensarían ellos que serían sus relaciones ideales con usted.

Es algo muy sencillo: sólo hay que preguntarles a los demás qué desean de nosotros en la relación y contarles lo que deseamos nosotros. Sin embargo, con frecuencia lo olvidamos. Recuerdo haberle preguntado a mi madre en una ocasión qué le ayudaría a sentirse más conectada conmigo, el segundo de sus tres hijos. Me respondió, "Tendrías que llamarme todos los domingos sólo para hablar conmigo y decirme que me amas". Comencé a hacerlo y no he dejado de hacerlo durante casi quince años.

Hay dos formas de profundizar las conexiones con otras personas en su vida: una se da por accidente cuando nos acercamos más a los demás por casualidad o por una tragedia; otra es porque la buscamos. Si estamos dispuestos a esforzarnos por definir y compartir lo que deseamos, y si estamos dispuestos a escuchar y a cumplir los deseos de los demás, veremos que todas nuestras relaciones mejoran. Se debe tener muy claro lo que uno quiere y lo que quieren los otros, y debemos esforzarnos por crear relaciones de las que tanto el uno como el otro nos sintamos orgullosos. Debemos hacer esto durante toda la vida y comprobaremos que tendremos relaciones felices, sanas y perdurables.

Activador #2: Practicar la proyección positiva

Los grandes maestros y los mejores matrimonios tienen algo en común. Si quieren obtener lo mejor de sus estudiantes o de sus cónyuges, tienen que verlos desde el punto de vista de sus mejores cualidades y esperar lo mejor de ellos. Esta es la más poderosa de las verdades sociales: *uno encuentra lo que busca*. Si uno proyecta rasgos y expectativas positivas hacia los demás, no sólo tiene en cuenta esos mismos rasgos positivos con mayor frecuencia sino que los demás tienden a responder a ellos.

El reto está en que muchos somos demasiado cautelosos o cínicos. Nos han herido antes, por lo que la máquina anticipatoria de los tres kilos de nuestros cráneos comienza a buscar problemas. Los defectos de los demás son el centro de atención de nuestra scan social. La lógica tiene sentido: si puedo descubrir qué hay de malo en alguien lo antes posible, podré evitar más rápidamente que me hiera. Con el tiempo, dejamos de ver las fortalezas y sólo vemos las debilidades o comportamientos de los demás que podrían molestarnos o herirnos.

Ese es sólo nuestro filtro social personal en acción, con base en nuestra experiencia de dolor de nuestro pasado. Si le agregamos este abrumador contexto social, cínico y crítico en el que vivimos, es sorprendente que logremos conectarnos con alguien. Nuestra sociedad negativa nos ha enseñado a buscar (y a comentar) los aspectos negativos de unos y otros. Los medios de comunicación logran mantenerse con base en cuantos momentos "de actitudes negativas" pueden captar en los políticos y en las celebridades. *Noticia de última hora: esta persona es mentirosa. Noticia de última hora: esta persona es tramposa. Noticia de última hora: esta persona dijo algo tonto. Noticia de última hora: se ve gorda con ese vestido.* Este periodismo "sensacionalista" no ha hecho más que engrosar nuestro filtro social que busca detectar los rasgos negativos, los grandes errores y las fallas superficiales de los demás.

Ver el mundo a través de este lente negativo tiene consecuencias más trágicas de lo que podríamos llegar a imaginar. Consideremos, por ejemplo, los famosos estudios de expectativas en los que se separan los niños en dos grupos y a unos se les dice que son inteligentes y capaces mientras que a los otros se les dice que no lo son. Adivine qué niños de cuál grupo están más satisfechos de sí mismos. Adivine qué grupo avanza más en la vida. Adivine qué grupo indica haber alcanzado mayor felicidad años después. Es correcto: los niños del grupo que recibieron el don de la "proyección positiva". Cualquier maestro en el mundo informaría el mismo resultado: mientras más aspectos positivos veamos y proyectemos en nuestros estudiantes, mayor será la probabilidad de que "estén a la altura" de esa expectativa.

Este concepto no se aplica únicamente a los niños. Los investigadores han determinado que las parejas más felices del mundo se ven mutuamente como personas más capaces, más interesadas por los demás, y más llenas de buena voluntad que lo que sus comportamientos podrían demostrar. Las parejas felices encuentras más excusas por los malos comportamientos o los defectos del otro. *Oh, sólo estaba cansado; no creo realmente que sea eso lo que quiso decir. Por lo general no se comporta así en ambientes sociales; debe haber estado distraída.* Esas excusas provienen del hecho de que ven a su pareja bajo una luz positiva universal.

Todo esto podría parecer como un desconocimiento voluntario de la realidad, o una tonta exageración optimista de la verdad, pero esto es lo cierto: tanto estos niños como estas parejas *son más felices* y tienen una mayor capacidad de llegar a experimentar esta verdad positiva sólo porque se espera que lo hagan. Cuando se les dice a los demás, que son, por lo general, personas atentas, amables y agradables, empiezan a comportarse en esa forma; considerarán el comportamiento cansado o desinteresado como anormal más bien que como la norma de lo que son. Cuando pensamos que los demás son por lo general personas buenas e interesantes, comprobamos que comenzamos a ver estos aspectos en cada una de las personas con las que interactuamos.

Llevar en alto la antorcha del optimismo en nuestras relaciones sociales es probablemente lo mejor que podamos hacer para empezar a tener mejores sentimientos hacia la humanidad. Si consideramos a las personas como inteligentes, preocupadas por los demás, interesantes y dispuestas a ayudar, tienden a actuar de esa forma. Por lo tanto, proyecte rasgos positivos hacia los demás y permítales *vivir de acuerdo* a esos rasgos.

Uno de los resultados más potentes de la proyección positiva es que impide ver a los demás como obstáculos o competidores y permite en cambio verlos como miembros del equipo u opositores valiosos en el camino de la vida. Estas distinciones son críticas para todas nuestras conexiones en la vida. Si se presenta una tormenta de oportunidades y vemos a los demás como obstáculos para nuestra seguridad o nuestro éxito, procuraremos evitarlos, los haremos a un lado y actuaremos en forma totalmente opuesta a nuestro carácter amable y virtuoso. Pero si los consideramos como compañeros de equipo, nos preguntaremos cómo podremos enfrentar la tormenta o avanzar todos *unidos* hacia el éxito. Así apalancamos los éxitos y destrezas de unos y otros y avanzamos unidos mucho más de lo que podríamos avanzar individualmente. Además, debe tenerse en cuenta la importante diferenciación entre considerar a alguien como un competidor o verlo como un opositor. Cuando vemos a alguien bajo una luz negativa, como "competidor", lo consideramos de inmediato como un obstáculo para alcanzar lo que deseamos. Inyectamos pobreza en nuestro concepto de los demás. Pero cuando vemos a alguien como un opositor digno, reconocemos sus fortalezas y entendemos que esas mismas fortalezas son las que nos ayudarán y nos impulsarán a poner las nuestras en acción.

Proyectar rasgos positivos hacia los demás exige que, en un determinado momento, lleguemos a *suponer* algo acerca de ellos como seres humanos en general. Debemos suponer que son buenos, capaces, bien intencionados. ¿Qué pasaría si comenzáramos a suponer que todos los que forman parte de nuestras vidas son brillantes, se preocupan por los demás, son valiosos, y que se encuentran en sus propios y maravillosos caminos para alcanzar sus sueños? Si viéramos a los demás de esta forma, ¿qué efecto tendría en nuestra interacción con ellos?

Naturalmente, ver a los demás con un halo brillante y positivo de bondad, no es fácil. Exige que nos abstengamos de hacer juicios precipitados acerca de ellos y que nos tomemos el tiempo de realmente interesarnos por ellos y conectarnos aunque inicialmente sospechemos que no tenemos nada en común. Requiere que reconozcamos y respetemos su individualidad. Nos exige ver en ellos lo mejor y creer que la bondad y el comportamiento humanitario son parte de lo que son, parte de su carácter. En pocas palabras nos exige amor.

Es evidente que surgirán conflictos, y es difícil lograr siempre proyecciones positivas en nuestros seres queridos, por lo que aquí hay un estudio de separación que pude tener en cuenta. Quienes estudian las relaciones matrimoniales han diseñado o han encontrado una poderosa ecuación que hay que tener en cuenta. Los matrimonios que permanecen juntos toda la vida tienen en común la proporción en la que comparten sus insumos positivos versus sus insumos negativos. Esa relación es de cinco a uno. Por lo tanto, se espera que los elogios en su relación sean cinco veces más abundantes que sus críticas. Sea el animador, no el cínico. Como pareja, sus intenciones de proyectar aspectos positivos sobre los demás y también de elogiarlos cinco veces más que las quejas que pueda tener de ellos, cambiarán para siempre sus relaciones.

Activador #3: Busque y cultive "amigos que le ayuden a crecer"

Personas de todo el mundo informan que sus relaciones familiares e íntimas son la principal fuente de sus sentimientos de conexión y amor. La segunda fuente proviene de nuestras amistades. Por lo tanto, vale la pena pensar cómo podemos activar mayores amistades en la vida.

Para mi constante sorpresa, la mayoría no tiene una verdadera comprensión de lo esenciales que son las amistades para la salud mental y la felicidad en general. En un estudio tras otro, investigadores de distintas disciplinas encuentran una y otra vez que la calidad de nuestras relaciones más cercanas basadas en la amistad es uno de los factores más importantes que determina nuestra estabilidad, nuestro ánimo, nuestra ambición, nuestro espectro emocional, nuestro desarrollo y nuestra satisfacción en la vida.

En lo que respecta a nuestras amistades, conviene tener en cuenta esta advertencia: fíjese bien de qué personas se rodea. Aunque este consejo parezca filosofía de cocina, se sorprendería de ver las personas a las que la mayoría invita a compartir su mesa o su amistad. También se sorprendería de ver cuántas personas escasamente invitan a alguien a compartir su mesa. El americano promedio tiene solo uno o dos amigos íntimos. Eso es triste, pero nos da un indicio inmediato de cómo podemos aumentar en un instante su satisfacción en la vida.

Veamos su propio grupo de compañeros de trabajo o colegas. Responda las siguientes preguntas:

1. ¿Cuántos amigos íntimos y verdaderos tiene? (Sólo usted puede definir cuáles son sus amigos "íntimos" y "verdaderos").

2. ¿Con cuánta frecuencia los ve en persona?

3. ¿Con cuánta frecuencia haba con ellos?

4. En una escala de uno a cinco, donde uno es el punto más bajo posible, ¿qué tan bien lo conocen realmente sus amigos íntimos?

5. En una escala de uno a cinco, donde uno es el punto más bajo posible, ¿con cuanta frecuencia lo animan esos amigos íntimos en forma consistente, a alcanzar sus sueños?

6. En una escala de uno a cinco, donde uno es el punto más bajo posible, ¿qué tanta comprensión, información e inspiración le dan estos amigos íntimos para retarlo a ser una mejor persona?

7. En una escala de uno a cinco, donde uno es el punto más bajo posible, ¿qué tanto se divierte cuando se reúne o sale con esos amigos íntimos?

Con estas preguntas y sus respuestas, podrá determinar claramente mucho acerca de usted mismo y de su círculo cercano de amigos. También puede evaluar qué tan apoyado, comprendido, conectado y animado se siente con estas amistades. Es difícil aceptar la amistad de los demás, pero es un terreno en el que tenemos que aventurarnos juntos si queremos alcanzar un nuevo nivel de vida.

Sin tratar de endulzar la píldora, estas son las respuestas que va a requerir para vivir una vida con toda la Chispa:

1. De cuatro a doce.
2. Debe verlos o al menos ver a uno de ellos en persona una vez al mes.
3. Debe hablar con ellos, de preferencia con varios de ellos, cada semana o cada dos semanas como mínimo.
4. Cinco.
5. Cinco.
6. Cinco.
7. Cinco.

Si mis sugerencias le parecen inalcanzables, como su entrenador, debo ser muy directo: su vida necesita con urgencia una reestructuración.

Como sociedad, muchos de nosotros dedicamos más tiempo a elegir el estilo y el número de hebras en la tela de las sábanas que usamos en nuestras casas que a elegir nuestros amigos. Por consiguiente, por defecto, tenemos familia, amigos, compañeros de trabajo y colegas que nos son impuestos e ingresan a nuestras vidas. No siempre podemos elegir a estas personas. Pero sí hay dos cosas que podemos elegir: cuánto tiempo les dedicamos y cuánta energía gastamos en ampliar el círculo y la calidad de esas relaciones.

El antiguo adagio es cierto: uno no puede elegir a su familia, pero sí a sus amigos. Es hora de poner esto en práctica. Desde un punto de vista estratégico, decídase a partir de hoy a comenzar a rodearse de amigos maravillosos que el ayuden elevar su vida al nivel de energía que usted sabe que tiene.

Para ayudarlo a lograrlo, le pediré que tome algunas decisiones difíciles acerca de con quién pasará su tiempo de aquí en adelante. Le advertiré de antemano que no será agradable hacerlo.

Aceptémoslo: puede haber unos pocos amigos en su vida que no le estén dando mayor calidad ni dirección a la vida que lleva. Parece algo horrible, un juicio injusto y egoísta decirlo, ya lo sé. Y aunque parece ir en contra de lo que he venido diciendo acerca de conectarse con los demás —que debemos aceptarlos y velos como los dones positivos que son— lo cierto es que, podemos desarrollar relaciones profundas sólo con unas cuantas personas en nuestra vida. Si eso es así, debemos aceptar que nos va mejor dedicando tiempo a unos y no a otros. Todas esas personas que podemos estar habituados a llamar o estar con ellas, que tal vez no contribuyan realmente a nuestras experiencias y nuestra felicidad en la vida. Hay a nuestro alrededor una cantidad de personas que pueden aumentar o agotar nuestra chispa y hay aquellas que no la aumentan en lo absoluto —los "neutros". Para vivir una vida con toda la Chispa, tenemos que ser muy realistas acerca de quiénes son esas personas.

En la Academia de Alto Desempeño, una de mis estrategias más controversiales es la de ayudar a las personas a hacer justamente esto: a considerar realmente quiénes son las personas que están en sus vidas. Específicamente, hago que las personas se centren en la categorización de sus amistades para saber con cuáles de sus amigos van a desarrollar una relación más profunda. Al hacerlo, las personas se ven obligada a seleccionar también a aquellos con los que ya no van a pasar tanto tiempo.

Es por eso que la actividad encuentra tanta resistencia e indecisión. Pero una vez que se hace, todos me dicen siempre que terminan por considerarla una de las estrategias más potentes que han practicado en sus vidas para sentirse más animados y conectados. Debido a esos resultados, quiero compartir aquí esa estrategia con usted, aunque, temporalmente, lo haga sentir incómodo.

Comencemos. En su diario o en una hoja de papel anote los nombres de todos los amigos que ha tenido en la vida, un nombre por línea. Esto incluye los amigos de primaria y de secundaria, de la universidad, del trabajo, de los deportes y de sus aficiones.

Escriba luego una breve descripción de (a) qué hay acerca de ellos que lo haya llevado a elegirlos y a quererlos como amigos y (b) por qué aún los frecuenta o ya no es amigo de ellos.

Este ejercicio nos hace recordar inevitablemente a muchos amigos que, con frecuencia hemos olvidado o con los que hemos perdido contacto. Eso está bien. Parte del beneficio de esta actividad puede ser volver a conectarse con algunos de esos viejos amigos.

Ahora que ya tiene su lista de amigos, debe clasificarlos en uno de tres grupos: viejos amigos, amigos que siguen siéndolo sin ningún cambio y amigos que lo hacen progresar.

Los del primer grupo, los viejos amigos, son sólo eso: viejos amigos que han dejado de serlo. Personas que fueron sus amigos en el pasado, con los que ya no tiene contacto. Sin embargo, es importante que decida incluir a algunos de sus amigos *actuales* en ese grupo. Lo digo porque imagino que hay algunos de sus amigos de ahora a quienes realmente no quiere seguir viendo y a quienes no ve como personas que vayan a desempeñar ningún papel significativo en su futuro, aunque parezca difícil, en algún momento dado debemos decidir a quiénes vamos a conservar como amigos en nuestras vidas. Desde ahora, cualquiera que usted incluya en el grupo de "viejos amigos" quedará donde el corresponde: en el pasado. Éstas serán las personas que apreciará en sus pensamientos y en sus recuerdos por siempre, pero que simplemente no desempeñarán un papel importante en su futuro. El segundo grupo es el de los "amigos de siempre, que aún se mantienen", porque son las relaciones que mantendrá durante toda su vida. Estos amigos son los que ha apreciado tener y querrá seguirlos teniendo y verse con ellos ocasionalmente. Estas son las personas a quienes aún les envía tarjetas de cumpleaños, cartas o correos electrónicos unas cuantas veces al año. Tal vez los llame ocasionalmente durante el año solo para saber "cómo van". No olvide marcar al lado de los que correspondan a esta descripción "amigo de mantenimiento".

Para muchísimos de nosotros, los amigos de mantenimiento se convierten en lastres mentales en nuestras vidas porque cada vez que pensamos en ellos, nos decimos, *Cielos, francamente debería mantener más contacto con esta persona.* Pero seamos francos; si no tiene contacto más frecuente con estos amigos es porque (a) realmente no se siente cercano a ellos, (b) simplemente no ve que le agreguen mucha alegría a su vida, (c) no los imagina en su futuro o (d) no hace más que pensar que no los ve porque no tiene tiempo, cuando no es el tiempo sino usted el culpable de no dar prioridad a esas personas. Si eso fuera cierto, es hora de tomar una decisión difícil de una vez por todas y clasificarlos como amigos en mantenimiento y *sentirse bien* con sólo hablar con ellos unas pocas veces al año para mantenerse en contacto. Considero que los amigos en mantenimiento no son "malos amigos" sino simplemente amigos a los que me gustaría decirles hola cada cierto tiempo y saber cómo están. Siempre los conservaré, pero no me preocuparé por tener un nivel de contacto y amistad más estrecho con ellos. De manera que… de hoy en adelante, se termina el complejo de culpa por los amigos en mantenimiento. No deje de guardar en su archivo mental a estos amigos en mantenimiento, y alégrese las pocas veces que se ponga en contacto con ellos, como para los cumpleaños y las fiestas.

Esto no es ni exorcismo ni excomunión. Aquí el mensaje no es ofender ni lastimar ni abandonar a los viejos amigos y los amigos en mantenimiento porque no cumplan algunos de los nuevos criterios. Muchos autores de libros de autoayuda hacen una sugerencia muy casual de que se deben dejar de lado todas las personas negativas en la vida, tratándolas como si no tuvieran más importancia que la porción de ensalada que usted no ordenó. Para lograr nuevas cosas en la vida, no tenemos que quemar los puentes que nos unen a lo viejo, por fácil y conveniente que pudiera ser.

Personalmente, considero que son muchos los que toman a sus amigos como algo natural y se olvidan de quiénes son, o nunca se entregan lo suficiente a sus círculos de amigos como para recibir nada a cambio. Por lo tanto, no estoy diciendo, de ninguna manera, que deba destruir las relaciones que ha establecido. El universo probablemente ha puesto a cada uno de sus amigos actuales en su camino por razones que conoce o desconoce. Respete eso y respételos, sin importar qué camino decida tomar en el futuro.

Con todos mis clientes, mi primer consejo no es que abandonen a sus amigos; primero les digo que intenten despertarlos. Sugiero que renueve el interés en sus amigos más cercanos y al compartir con ellos su visión de un futuro más amplio y servirles como modelo de una persona entusiasta, llegue a ser el catalizador que eleve los estándares y la calidad de sus amigos. Recuerde, que hay dos cosas que cambian su vida: una es que entre a su vida algo nuevo, o que algo nuevo salga de usted.

Antes de alejar a los viejos amigos, le aconsejo reunirse con ellos y compartir animada y sinceramente —tal vez por primera vez— sus pensamientos, sentimientos y ambiciones en la vida y para su futuro inmediato y remoto. En realidad, sólo se encuentran nuevos amigos compartiendo cosas, reviviendo historias y creando nuevas historias juntos.

Dicho esto, entiendo que este esfuerzo no dará resultado con algunos de sus amigos actuales. Lo difícil después es que, para proteger su calidad de vida en el futuro se verá obligado a limitar la duración y frecuencia de exposición a algunas personas. Es triste pero cierto, el mundo está lleno de la energía de vampiros amargados, quejumbrosos, que le echan la culpa a todo, y lo privan de su alegría y ambición en la vida. Deles la oportunidad de salir a ver la luz, pero si no cambian, aléjese de ellos tanto como le sea posible.

Esta es la mejor estrategia en esos casos: si no cuenta con la calidad de amistad que necesita de parte de un grupo de colegas, establezca otro nuevo y dedique más tiempo y energía y comparta más con ese nuevo grupo. Desde ahora, comience a buscar personas admirables, cuyo camino en el universo se haya cruzado con el suyo. Fíjese en ellos, invítelos a almorzar, manténgase en contacto. Preséntelos a otras personas admirables. Permítales compartir lo que realmente piensan, sienten y esperan de la vida. Reúnase con ellos con frecuencia para nuevas aventuras y experiencias. Estas es la forma de cultivar relaciones verdaderas que mantengan su vida interesante y satisfactoria.

El punto focal de su vida a partir de ahora debe orientarse a encontrar y cultivar lo que yo llamo "amigos que le permitan crecer". Como lo dice este título, son personas con las que se va a involucrar, con las que va a progresar y a energizar su vida. Considero que los amigos que le permiten crecer son aquellos con los que habla al menos una vez al mes o más. Son los amigos con los que sale los fines de semana o con los que va a buscar grandes y nuevas aventuras: viajes a nuevas ciudades o países, lugares apartados para pasar los fines de semana, los amigos que le permiten crecer son de suma importancia para su salud mental y su fuerza espiritual en la vida. Son personas que se convierten en sus más íntimos confidentes, sus socios de aventuras, los padrinos de sus hijos.

Mi meta para la categoría de sus amigos que le permiten crecer es que llegue a un mínimo de diez. Como es obvio, las amistades tienen que ver con la calidad, no con la cantidad, sin embargo, tener un mayor número de amigos que le *permitan* crecer mejorará y aumentará la novedad y la conexión necesaria para energizar su vida. Muchos me dicen que ya tienen diez amigos íntimos, pero cuando les hago preguntas, se dan cuenta de que no es así:

- ¿Es este un amigo con el que usted le entusiasma hablar cada semana o cada mes?

- ¿Es este un amigo que considera que pueda desempeñar un papel importante en su excitante futuro?
- ¿Es este un amigo que dejaría todo para venir a apoyarlo en un momento de crisis?
- ¿Es este un amigo por el que usted dejaría todo lo demás para ir a apoyarlo en un momento de crisis?
- ¿Es este un amigo que usted estuviera ansioso por traerlo a conocer a su familia y a sus amigos, ahora y en el futuro?
- ¿Es este un amigo que le presente nuevas ideas y aventuras?
- ¿Es este un amigo benéfico para su salud a largo plazo?
- ¿Es este un amigo que lo haga reír a menudo?
- ¿Es éste un amigo que se interese por sus sentimientos, por su bienestar y por su felicidad?
- ¿Es éste un amigo al que le pueda confiar cualquier cosa, pase lo que pase?
- ¿Es éste un amigo que le presente otras personas valiosas?

Responder positivamente a todas estas preguntas indica que tiene un amigo que lo hace crear.

Si piensa que tener diez de estos amigos es demasiado o le resulta muy difícil, lo comprendo. Pero usted tiene una perspectiva de estar en este planeta por un promedio de sesenta a ochenta *años*. ¿No puede crear sólo diez amistades duraderas, energizantes? ¿Qué otra cosa hay en su vida que le interese tanto crear?

Tener un grupo de al menos diez amigos admirables debe estar entre los primeros cinco objetivos de cada ser humano. El ánimo, la energía y las conexiones que se derivan de tener grandes amigos son incalculables e indescriptibles. Cada persona feliz que he conocido ha tenido profundas conexiones con múltiples amigos. Si aún no está en este punto, es hora de comenzar ya mismo. Las amistades divertidas y gratificantes incrementan su energía —son uno de los principales ingredientes de una vida con Chispa.

Una última idea. La forma de cultivar amigos que le permitan crecer es *ser uno de ellos*. Sirva de ejemplo de los tipos de relaciones que desea tener en la vida. ¿Desea amor? Entonces sea un ser humano supremamente cariñoso y encontrará y experimentará el amor. ¿Quiere amigos de verdad? Sea un amigo apasionadamente interesado que trae novedad y dicha, interés por los demás, aventura y cercanía con los demás.

Al igual que con todo en la vida, creo que los podemos tener. Sólo se requiere enfoque y esfuerzo consistentes. Usted se merece tener relaciones totalmente sinceras, profundas de personas que se preocupen por usted.

PUNTOS DE IGNICIÓN

1. Cinco cosas que podría hacer de inmediato para establecer relaciones más alegres y profundas en mi vida, serían…

2. Si pudiera mejorar en proyectar positivamente hacia mi cónyuge o alguna otra persona importante en mi vida, comenzaría a reconocer que esas personas merecen crédito por lo siguiente…

3. Los amigos que me hacen crecer que tengo en mi vida o que llegaré a cultivar incluyen…

LOS CINCO IMPULSORES DE AVANCE

CAMBIO

RETO

EXPRESIÓN CREATIVA

CONTRIBUCIÓN

CONCIENCIA

Capítulo siete

INTRODUCCIÓN A LOS IMPULSORES DE AVANCE

Nuestro propósito es evolucionar conscientemente y a propósito hacia un estado de ser más sabio, más liberado y más luminoso.

—TOM ROBBINS

Los cinco impulsores básicos que hemos visto hasta ahora —control, competencia, congruencia, preocupación por los demás y conexión— y la forma como los activemos, tienen una influencia evidente en la calidad y la energía de nuestras vidas. Cuando nos sentimos fuera de control, incapaces de entender las cosas, incongruentes, despreocupados y desconectados nos distanciamos de los demás y nuestras vidas son una tragedia. Pero cuando nos sentimos en control de nuestras vidas, capaces de aprender y de entender nuestro mundo, cuando estamos integrados con la persona que creemos ser y con la forma como nos comportamos, cuando los demás se interesan por nosotros y, en contacto con nuestros corazones y los corazones de los demás podemos comenzar a sentir una carga incrementada e inclusive positiva en nuestras vidas. Al activas estos impulsores de base podemos cumplir la mayoría de nuestras necesidades biológicas básicas para tener estabilidad y amor y, sin duda, nos ayudan a sentirnos más en contacto con nosotros mismos y con los demás. Por lo tanto, pienso que las necesidades básicas son tan críticas para nuestra salud mental y el desarrollo de nuestro sentido del ego y nuestra pertenencia social. Estables, seguros, socialmente conectados: esa es una excelente receta para alcanzar la tranquilidad y la felicidad en la vida.

Pero la vida es más que sólo sentirse tranquilo o feliz. Lo que buscamos es sentirnos energizados y satisfechos, y para lograrlo, debemos tener ambiciones muy altas y llevar nuestro impulso y nuestra motivación humanas —los impulsores de avance, a un nivel totalmente nuevo. Los impulsores básicos nos introducen en el juego de cómo vivir una vida con toda la Chispa, pero son los impulsores de avance los que nos llevan a anotar carreras. Nos hacen orientarnos a mayores aspiraciones en la vida, desde sentirnos más creativamente comprometidos hasta experimentar la trascendencia emocional.

Antes de entrar en estos cuatro impulsores, quiero enfatizar que son realmente independientes de los impulsores básicos, o necesariamente jerárquicos si se apilan sobre ellos. Aunque separar todos nuestros impulsores humanos nos ofrece una mayor claridad y estructura para este libro, debemos recordar que estos impulsores siempre interactúan en nuestras mentes, como jinetes que se entrecruzan en busca de controlar nuestra atención y nuestra activación. Todo está conectado. Nuestro impulsor para el control, por ejemplo, afecta en forma dramática la forma como activemos nuestro impulsor para el cambio (el primer impulsor de avance y el tema del próximo capítulo). Es difícil aceptar el cambio en nuestras vidas, porque no queremos sentir que no tenemos control. Con esto en mente, es importante saber que el nivel al que aprendemos a dominar nuestros impulsores básicos afecta en forma dramática nuestra capacidad para activar los impulsores de avance. Por lo tanto, debe asegurarse de haber leído los capítulos anteriores, de haber tomado notas y de haber empezado a actuar.

Los cinco impulsores de avance, que yo llamaré, de aquí en adelante "impulsores-a", son: Cambio, Reto, Expresión Creativa, Contribución y Consciencia. Hay algunas cosas que debe saber acerca de estos impulsores que los diferencian de los impulsores básicos (y los hacen más difíciles de dominar).

En primer lugar, mientras que los impulsores de base *nos hacen sentir* más estables y seguros, los impulsores-a nos remueven para que, al final, podamos sentirnos más satisfechos. Los impulsores-a son simplemente más difíciles y más incómodos de activar a plenitud sobre una base consistente. Por esta razón, *hay mucha más resistencia* a activarlos. Es relativamente fácil convencer a quienes quieren tener más interés por los demás y más conexiones en sus vidas, por ejemplo, pero es mucho más difícil persuadirlas de que acepten mayores cambios y retos. Ya sienten que se han esforzado bajo la ola incontrolable del cambio y los retos que enfrentan en sus vidas, así que ¿por qué habrían de querer más cambios y más retos? Eso será lo que revelaré en los próximos capítulos, y será una muestra preliminar de lo mucho que tendremos que esforzarnos de aquí en adelante.

En segundo lugar, los impulsores-a están más *orientados hacia el futuro* que los impulsores básicos, muchos de los cuales procuramos activar día tras día de forma automática o inconsciente. Es fácil y casi automático preocuparse por alguien que necesita ayuda y conectarse con alguien que tengamos cerca. Pero hacer que nuestras vidas progresen a grandes pasos y saltos con estos impulsores-a, debemos tener un *plan*. Por ejemplo, cuando pienso acerca de las contribuciones que deseamos hacer en nuestras vidas, tenemos que pensar muy a fondo en cómo vivimos y nuestros legados del futuro. Esto requiere además muchísima visión para imaginar o para saber qué debemos cambiar en nuestra vida y qué retos tendremos que enfrentar el mes entrante o el próximo año. Ser muy conscientes de nuestras vidas y de los retos que estaremos enfrentando el mes entrante y el año entrante. Sin embargo, este esfuerzo es lo que determina que los impulsores-a sean tan interesantes y emocionantes —al mirar hacia el futuro y soñar en grande, se crea entusiasmo, uno de los sentimientos que constituyen el distintivo de una vida con toda la Chispa.

Por último, los impulsores-a exigen osadía. Un cambio incremental no va a permitir grandes avances en el nivel de satisfacción de su vida. Simplemente no lo podrán lograr. Para activar plenamente los impulsores-a tendrá que exigirse mucho más y emprender acciones mucho más arriesgadas de lo que haya podido pensar con anterioridad. Tendrá que abrirse camino derrotando todo pensamiento de imposibilidad, tendrá que superar las insignificantes preocupaciones por encontrar rechazo y tendrá que trascender inclusive su propio estado de conciencia para conectarse con algo más grande que usted mismo. Esta será parte de lo que representará el trabajo más importante de su vida. Y valdrá la pena.

Vivir con toda la Chispa es lo que desencadena estos impulsores más satisfactorios, orientados hacia el futuro. Los seres humanos tenemos un deseo insaciable de novedad y variedad y para lograrlo es frecuente que nos veamos obligados a cambiar o a cambiar nuestro mundo. Todos pensamos que el césped es más verde del otro lado de la cerca, y los esfuerzos que hacemos para lograr saltar esa cerca son poco menos que sorprendentes. Pero ir tras el cambio por el cambio mismo es algo tan peligroso como excitante. Cuando controlamos nuestro deseo de cambio de forma inteligente y estratégica, por una parte, obtenemos todos los beneficios de una calidad de vida nueva y siempre cambiante. Por otra parte, si intentamos activar constantemente en nuestras mentes el dispensador de Pez que nos proporciona una descarga rápida de gotas de dopamina y hormonas a las que les encanta la novedad, pronto nos quemamos o nos volvemos adictos a cambios insignificantes. Un cambio excesivo nos anula; un cambio muy pequeño nos aburre. Encontrar el punto de equilibrio y saber por qué tantos de nosotros tenemos miedo al cambio es el tema del capítulo 8.

El impulsor más potente para avanzar en la vida —y lo que estoy convencido que es el ingrediente secreto y más importante de tener Chispa en la vida— es el *reto*. Eso se debe a que cuando nos enfrentamos a un reto es cuando estamos más comprometidos. Ya se trate de un reto autoimpuesto o uno que nos ha sido impuesto por el mundo, nos obliga a prestarle toda nuestra atención, a apalancar nuestras fuerzas, a ir más allá de nuestros límites, a aprender y a crecer. Cuando estamos comprometidos con un reto, perdemos nuestro sentido del tiempo y, hasta cierto punto, nos perdemos a nosotros mismos. Es por eso que al dejar de jugar un juego de video, o hacer una pausa al pintar un cuadro, escribir un libro o montar unas cuantas veces el toro mecánico, nos damos cuenta de que han pasado muchas horas. El reto es, en realidad, el mayor unificador de todos los impulsores en cuanto a que introduce un cambio en nuestras vidas que debemos controlar, que nos exige desarrollar una nueva competencia en todo sentido y, con frecuencia, un nuevo manejo social (lo que activa nuestros impulsores de interés por los demás y conexión). El reto con el reto es que da miedo, por lo que la mayoría lo evita, y prefiere en cambio dirigirse y trabajar hacia metas "inteligentes". Conocerá las diferencias entre las metas y los retos —y se llevará una buena sorpresa— en el capítulo 9.

La expresión creativa es el gran impulsor y amplificador de la satisfacción en la vida. Cuando sentimos que estamos expresando conscientemente los seres únicos que somos, nos sentimos verdaderamente vivos y energizados. Pero, si nos quitan la creatividad, empezamos a sentirnos, poco a poco, como si fuéramos simplemente un perno más en la rueda de un mundo impersonal y sin vida. Este impulsor es lo que nos lleva a desear dibujar, tocar un instrumento, bailar, escribir, cantar, diseñar, debatir, vestirnos para una ocasión formal, inventar, construir y narrar historias. Es la razón por la cual pasamos horas midiéndonos ropa nueva, buscando la cita perfecta para compartirla en Twitter y dando múltiples vueltas dentro Pottery Barn. La expresión creativa es el forjador más significativo del "yo", dado que nos permite definir y diferenciar quiénes somos tanto en nuestras propias mentes como en el contexto de nuestro mundo social. Desafortunadamente, la mayoría de las personas no se ven realmente tan creativas y no saben apreciar en toda su dimensión el carácter vital de la creatividad para lograr el éxito dentro de la fuerza laboral y la economía global modernas. Ojalá no deje de aprobar el Quiz de Expresión Creativa del capítulo 10.

La contribución que hagamos al mundo es la forma de medir el lugar que ocupamos en el mundo y si en realidad hemos tenido alguna importancia alguna vez, por lo que el impulsor para la *contribución* es un deseo de vital importancia que debemos comprender y activar. Si se siente que realmente está contribuyendo con un valor auténtico y significativo al mundo, sentirá la satisfacción del orgullo y la plenitud. Sentirá que realmente ha dejado su huella. Pero ¿cuál será su *verdadera* contribución? Y, además, ¿tiene que ser esa contribución, algún tipo de donación financiera cuantiosa o un legado importante que usted deje? ¿Cuáles son las contribuciones que nos hacen sentir más llenos de vida? Es posible que las respuestas que aparecen en el capítulo 11 lo sorprendan.

El impulsor más difícil de enfrentar es el que nos lleva a un mayor grado de *concientización*. En lo más profundo de nuestro ser y entre nuestras más grandes ambiciones, lo que deseamos es trascender a nosotros mismos y conectarnos con algo superior. Queremos experimentar un sentido más profundo de conocimiento de nuestra realidad y de nuestras relaciones con los demás, con el universo, tal vez con Dios. Este impulsor nos convierte en buscadores de significado, de actualización personal y de espiritualidad, o conexión con la unicidad. También nos hace raros, con frecuencia nos lleva a busca significado en objetos inanimados o a empezar o a declarar guerras para defender algo que jamás hemos visto y que no podemos explicar a cabalidad. ¿Cómo aprovechamos los beneficios de este impulsor que nos hace ser tan excepcionalmente humanos? ¿Qué niveles de trascendencia hay para nosotros y podremos alcanzarlos sin utilizar sandalias ni sentarnos en absoluta posición de loto? Lo veremos en el capítulo 12.

Es evidente que estos impulsores que de avance son de más alto orden que los primeros cinco, pero todos son importantes. ¿Puede imaginarse lo que ocurriría de *no* activar bien uno de estos impulsores en su vida? Deje de incluir cualquiera de ellos y su ecuación de felicidad colapsará por completo. Entender y dominar todos los 10 impulsores humanos parece una tarea abrumadora, pero las buenas noticias son que aceptar retos abrumadores es una de las formas más seguras de volver a sentirse vivo.

Capítulo ocho

EL IMPULSOR PARA EL
CAMBIO

Cuando deja de cambiar está acabado.

—Bruce Barton

—No logro cambiar, y eso está destruyendo mi vida.

El hombre sentado a mi lado en el aeropuerto se gana la vida indicando a las aerolíneas cómo cambiar totalmente sus infraestructuras de tecnología. Parece ser que entra en las grandes corporaciones transnacionales con un pequeño equipo y logra que decenas de miles de empleados adopten software y sistemas nuevos más complejos. Es algo que, hasta cierto punto, no me cabe en la cabeza, pero al mismo tiempo siento que estoy en mi terreno, dada que esta es la situación que encuentro con mucha frecuencia en mi vida: conozco a alguien nuevo, le hago unas pocas preguntas acerca de su vida, y después de unos minutos me estará contando, con sorprendente franqueza, qué lo hace feliz, y qué le impide vivir la vida de sus sueños.

Al principio, pienso que se trata de unas personas que tiene todo muy claro. Pero entonces le pregunto:

—¿Hay algunas áreas de su vida que no lo satisfagan, que le impidan llevar el estilo de vida que desea?

Él se encoje de hombros y luego, con un nivel sorprendente de autosuficiencia, dice:

—Puedo lograr que decenas de miles de empleados cambien por completo la forma como realizan su trabajo, a través de tecnologías más novedosas y complejas. Pero yo no logro ni siquiera cambiar mi maldita dieta. No dejo de consumir grasa y de consumir lo mismo de antes, mi esposa está más descontenta cada día, y, francamente, sé que si no lo cambio todo voy a terminar sintiéndome muy aburrido, solo y desgraciado. Entonces, ahí lo tiene amigo. —Me mira y puedo ver la derrota en sus ojos—. Soy un hombre inteligente —dice—. He tratado de hacer un plan y ceñirme a él, pero nada funciona. A decir verdad, no tengo la menor idea de cómo cambiar mi vida y mantener el cambio. Para mí, el cambio es realmente un "h.p."

Esto no quiere decir que no entienda intelectualmente el proceso para lograr un cambio. Lo más seguro es que sí lo haga —es así como logra que las personas adopten un nuevo sistema. Pero cuando no estamos regidos por un horario y no se nos está pagando por adoptar nuevos sistemas y aceptar cambios, la situación es totalmente distinta. No toma mucho tiempo darse cuenta de que el problema de este hombre radica únicamente en la congruencia; es el hecho de no entender su propio impulso para el cambio.

Jamás demostraré condescendencia, ni siquiera con extraños. En mi vida traigo siempre la espada y el grito de batalla del reto para comportarme a la mayor altura y con la mayor osadía de una persona interesada en los demás. Lo que me está diciendo este hombre atiza el fuego en mis entrañas que me impulsa a obligarlo a avanzar.

—Entonces tenemos que usted es gordo. Su vida es aburrida. Su esposa está irritada. —Sonrío al escucharlo reír; después dejo caer el martillo—. Y ¿me dice, sin embargo, que es un hombre inteligente? ¿Cómo es eso?

Hago una pausa al decir esto último y lo miro directamente a los ojos, a propósito, para hacerlo pasar por un momento incómodo. Mi propósito es despertar su mecanismo de luchar o de huir.

Él mueve su cabeza de lado a lado y no sabe cómo responder a esto.

—Bien, sí, bueno, hmmm, lo que quiero decir es...

Sonrío para darle un respiro pero me inclino más hacia él, como si fuera a revelarle un secreto.

—Mire, yo soy una persona cualquiera que conoció en el aeropuerto por azar y me doy cuenta de que lo que voy a decir tal vez no le parezca agradable. Pero apuesto que lo que le diré en un momento sólo me convierte en un vocero exterior de su propia voz interior. Es lo siguiente, amigo: *No* está actuando como una persona inteligente. Si lo estuviera haciendo, se centraría en su salud, en su vida y en su esposa tato como lo hace en adquirir el dominio de su trabajo. Si realmente estuviera orientando su atención y su voluntad a estos cambios que quiere hacer, lo lograría. Puedo ver que es una persona de alto desempeño y un tonto. Hay dentro de usted un hombre más osado que el que está aquí sentado conmigo ahora.

No le hubiera dicho esto sino hubiera pensado que podía hacerlo sin peligro. Y si no fuera cierto, no tomo el cambio a la ligera, tampoco tomo a la ligera el destino, y eso fue lo que nos trajo en este momento a estar aquí juntos.

Reacciona tal como pensé que lo haría, se endereza en su silla, asienta con la cabeza.

—Tiene razón, tiene razón.

—Ya lo sé. Por lo tanto, seamos ambos inteligentes por un momento. Estos programas para un gran cambio que me dice que pone en práctica para convencer a las personas de que adopten sus sistemas y sus cosas, ¿qué tan grandes son?

—Oh, masivos. Cambios totales.

—Entiendo. ¿Qué tanta investigación y cuánto tiempo de planificación se ha invertido en esos cambios?

—Han sido totalmente investigados y planificados. Lo planeamos todo. Tenemos más planes de trabajo y hojas electrónicas y PowerPoints de lo que podría imaginar. Nuestros recursos son inmensos. Incluso escribimos emails para que los ejecutivos envíen a su personal, a medida que avanzamos.

—Ya entiendo. ¿Cuánto tiempo toma hacer este cambio? ¿Lo logran hacer en, digamos, uno o dos meses?

—No, no. Se requieren, en promedio, de ocho a diez meses para lograrlo. Y eso es rápido. Antes solíamos demorarnos dieciocho meses.

Me quedo mirándolo con mi mejor cara de "usted es un tonto". Él lo entiende.

—Amigo, ya entiendo lo que dice. Un cambio total. Programado hasta en los últimos detalles. Minuciosamente implementado. Tengo que abordar mi vida personal de forma diferente. Eso es lo que me está diciendo.

—Correcto. Tal como lo hace en el trabajo, en donde usted llega con un gran cambio, abriendo todas las puertas, tiene que hacer esto para lograr un cambio radical y saludable. Al diablo con toda la basura que ve en los medios acerca de hacer cambios pequeños. Unos cuantos Doritos menos no va a dar un buen estado físico ni una personalidad vibrante. Usted es más inteligente, más fuerte y más dedicado de lo que le ha estado mostrando al mundo, con su salud y, como se lo estaba mostrando probablemente a todos los demás en su vida. Usted tiene mucho más que dar, en su interior.

Veo que sus ojos se le iluminan con una expresión de resolución. No estoy puyando la ambición de este hombre sólo para hacer más emocionante mi tiempo de espera en el aeropuerto. Sé que este hombre, como la mayoría de nosotros, no va a hacer lo más mínimo a menos que tenga las *agallas* que se requieren para lograr verdaderos cambios.

—*Demonios*. Yo no sé qué he estado haciendo.

Le doy una palmada en el hombre y una señal de asentimiento y fuego en los ojos.

—No importa. Ahora ya sabe lo que tiene que hacer. Vaya a casa y oriente su salud por la vía correcta. Vaya a su casa y haga que el mundo de su esposa tiemble. Vaya a su casa y cambie su forma de ser con ella hasta realmente iluminarla. Cambie y conviértase en el hombre que puede llegar a ser.

• • •

Todos sabemos que necesitamos cambiar en algunas áreas de nuestras vidas. Pero muchos estamos atrapados en un torrente de cambio continuo en la vida y rara vez deseamos enfrentarnos a otros cambios adicionales. Sin embargo nuestro impulsor interno nos ordena hacerlo.

El impulsor para el cambio tiene su origen no sólo en nuestra llamada biológica a desarrollarnos y aprender, sino también en nuestro deseo consciente y continuo de encontrar novedad y entusiasmo. Las células de nuestro organismo no exigen cambiar y nuestros cerebros exigen que aprendamos y permanezcamos interesados y entretenidos. A diferencia de los cinco impulsores básicos —para control, competencia, congruencia, preocupación por los demás y conexión— que provienen más de nuestra necesidad biológica de tener estabilidad, conocimiento propio y amor, el impulsor para el cambio es lo que pudiéramos llamar de un tipo diferente. Es una especie de orden de conciencia más alto que los demás, nos exige más poder de procesamiento en la parte delantera de nuestro cerebro y una visión mental más orientada al futuro. Es por eso que resulta tan difícil, pero también es por eso que es tan potente para ayudarnos a avanzar de forma más osada y con mayor determinación hacia el futuro —por consiguiente, es el primero de los impulsores que nos hacen progresar.

A nivel colectivo, parecería que realmente hemos llegado a

dominar el impulsor humano para el cambio. En nuestra sociedad, este impulsor parece haberse expandido como el universo, a una velocidad inconcebible y en órdenes de magnitud que pocos pueden incluso comprender. Para bien o para mal, hemos evolucionado para convertirnos en adictos al cambio. El esfuerzo por cambiar nuestro entorno, por desarrollarnos y ampliarnos nos ha llevado a muchos de nuestros mayores logros humanos: arte, arquitectura, agricultura, Apple. También nos ha llevado a un desarrollo exagerado, a guerra de galaxias por otros territorios que no nos pertenecían y a querer conquistar y consumir todo lo que encontramos en nuestro camino. El cambio no necesariamente significa progreso, pero nadie puede negar que nuestra cultura está cambiando a la velocidad de la luz.

Sin embargo, desde el punto de vista individual, el cambio nos resulta difícil. Esto es extraño, teniendo en cuenta que el cambio ha sido nuestro compañero y amigo constante en nuestro progreso, a través de la vida. Aprendimos a gatear, a caminar y luego a correr. Cambiamos de medir apenas unos cuantos centímetros cuando éramos bebés hasta llegar a medir cerca de dos metros como adultos. Nuestros cerebros y nuestros cuerpos se han ido desarrollando y expandiéndose a través de billones de células. El aire en nuestros pulmones, los sonidos que llegan a nuestros oídos, las imágenes que captan nuestros ojos, las ideas y pensamientos que tenemos en la cabeza y las sensaciones que tenemos en nuestros cuerpos han cambiado constantemente, cada instante de cada día de toda nuestra existencia. Nuestra experiencia y sabiduría de la vida se ha ido ampliando con cada nuevo esfuerzo, interacción, fracaso y éxito. Nuestros valores han cambiado, nuestro comportamiento ha cambiado; nuestros sueños han cambiado. En un contexto social más amplio, parece que cada día aparece otra innovación para perturbar ese mismo mundo con el que estamos tan familiarizados. Llegamos al trabajo y encontramos un nuevo proyecto que hay que iniciar o un nuevo sistema para manejar o nuevos empleados que tenemos que llegar a conocer. Llegamos a casa y nos enteramos de que lo mismo ha ocurrido en el lugar donde trabaja nuestro cónyuge y nos esforzamos por hablar de eso mientras los niños juegan con algún nuevo aparato que cambia su forma de jugar. Sintonizamos las noticias y el mundo se estremece por nuevos escándalos, nuevas crisis, nuevos dramas y nuevas celebridades por las que nos debemos obsesionar. Vamos a nuestro centro comercial favorito, y cualquier lado que miremos todo es ¡Nuevo! ¡Nuevo! ¡Nuevo!

Deberíamos estar habituados a esto, pero muchos no ven o intuyen su magia ni su permanencia en sus vidas. Ven el cambio como algo intermitente, como algo pestilente que asoma su preocupante cabeza en los peores momentos, como una interrupción inesperada de la certeza. Este concepto considera el cambio como disruptivo, razón por la cual debe ser temido, evitado o dominado. ¿Cómo puede ser? ¿Cómo es posible que algo con lo que estanos tan familiarizados, algo que llegamos a conocer de forma tan completa e íntima, pueda producir tanto estrés en muchas personas? ¿Por qué somos tantos los que vemos el cambio con temor?

Al igual que con todos los impulsores humanos, la respuesta tiene mucho que ver con la forma como hayamos interpretado y activado el cambio en nuestras vidas en el pasado. Sin embargo, cualquiera que haya sido el pasado, considero que se pueden medir las probabilidades de llegar a vivir la vida que sueña de aquí en adelante respondiendo esta simple pregunta: "¿Soy una persona que acoja y produzca el cambio a la vez?". Si la respuesta es sí, podrá navegar tranquilamente por el caudal de la vida y llegar al final deseado. Si la respuesta es no, siempre se sentirá lanzado de un lado para otro y aterrado por la turbulenta fuerza del destino, y vivirá luchando por aferrarse a cualquier cosa segura que se le presente.

Si piensa dominar este año cualquier aspecto de su vida, domine lo que siente, cómo apalanca y cómo impulsa el cambio. Hacer esto lo hará sentir más estable y a la vez más entusiasmado, más bendecido y decidido. Debe aceptar lo siguiente: el cambio es la única vía que lo lleva a alcanzar sus sueños porque los puede agarrar, puede ir de aquí hasta allá. Estos son los activadores que hacen que el viaje sea aún más agradable.

Activador #1: Orientar el cambio hacia las ganancias, no hacia las pérdidas

Es importante cambiar la forma como podríamos estar pensando acerca del cambio, porque son tantas las personas que le temen que simplemente reprimen su impulso. Pero hacerlo resulta catastrófico. Cuando dejamos de activar el impulsor para el cambio, la vida se convierte en algo totalmente opuesto a la expansión y la emoción; se torna pequeña, estacada, aburrida. Nos sentimos "bien" con la vida, pero no hay cambios que podamos esperar en el futuro, nos sentimos diferentes. Nos preguntamos qué se hicieron nuestros deseos y nuestras ambiciones. Dormimos bien en las noches, pero añoramos las noches que solíamos pasar despiertos soñando con un futuro más grande, más osado, más brillante. Y si llegamos a soñar en las noches, dejamos que nuestros sueños mueran al amanecer, porque hemos perdido el valor requerido para hacer los cambios que se requieren en nuestras vidas para llegar de aquí a allá.

Hay miles de razones por las cuales se podría tener miedo al cambio viéndolo como algo doloroso, que debe ser evitado a toda costa. Tal vez alguien en su vida murió y le arrojó un cambio no deseado, de forma súbita. Tal vez cada vez que llegó a sentirse cómodo, el mundo le lanzó una bola curva de basura, por alguna razón. Tal vez nunca pudo conseguir lo que quería cuando intentaba realizar algún cambio por sí sólo. Tal vez sólo tenga miedo de dejar la rutina o de ser juzgado. Hay quienes incluso sostienen que es posible tener miedo al cambio como resultado de alguna programación biológica.

Durante más de una década he activado el cambio en la vida de las personas de forma profesional, a pesar de que, como me he llegado a dar cuenta, las personas no temen al cambio en absoluto; de hecho, la mayoría se esfuerza conscientemente por lograr el cambio. En cambio, lo que las personas temen es lo que no lograrán con el cambio. Por consiguiente, es el la *expectativa* donde realmente reside el demonio del miedo.

No es nada nuevo decir que algunos de nosotros siempre hemos relacionado, en nuestras mentes, el cambio con el dolor. Pero el factor sutil de lo que he aprendido es que es la expectativa de estos tipos específicos de dolor, lo que nos lleva a tener miedo al cambio. La primera razón se relaciona con una *expectativa de pérdida*. Imaginamos que los cambios que están por llegar tomarán control de nuestras vidas y nos privarán de algo que disfrutamos, algo que amamos o algo con lo que nos sentimos bien. Nos centramos en todo lo que perderemos una vez que experimentemos el cambio. Y debido a que esperamos perder más de lo que vamos a ganar, sentimos miedo, o no nos sentimos motivamos.

Por ejemplo, supongamos que su jefe le anuncia que su cargo ha cambiado y que será trasferido a un nuevo departamento. Puede recibir esta noticia con una de tres sensaciones principales: curiosidad, optimismo o miedo a perder algo. Si la sensación es de miedo, se centrará básicamente en que perderá su agradable oficina, el poder que tanto se ha esforzado por alcanzar en este departamento, la oportunidad de trabajar con sus compañeros de trabajo favoritos, la pérdida de la certeza de saber lo que se supone que debe hacer durante el día. Esta expectativa de pérdida es la raíz de donde proviene todo el daño que se causa.

Claro está que, quienes observan su vida pensarían: "Bien, probablemente será para algo mejor". Le dirán que sea optimista y se centre en lo que puede obtener a cambio más bien de lo que pudiera perder. Después de todo, este puede ser el salto que ha venido esperando. Es posible que lo lleve a una mejor oficina, a mejores compañeros de trabajo, a un mejor sueldo. Tal su nueva función será más agradable, atractiva y significativa. Estos testigos racionales tienen razón, claro está. Debe centrarse más en lo que va a ganar que en lo que va a perder. Por alguna razón, los optimistas son personas más felices.

Sin embargo, tanto usted como yo sabemos que es prácticamente imposible ser ecuánime al recibir la noticia de un cambio inesperado. Nos da miedo dejar lo que vamos a perder, y esperamos ganar algo. Por lo que debe haber una tercera opción para manejar mejor los cambios que la vida nos presenta ¿no es verdad? Analizaremos este aspecto más adelante, porque habrá otros aspectos dolorosos en el camino.

La segunda razón por la cual probablemente se tiene temor al cambio proviene de su *expectativa del dolor que se experimentará en el proceso.* Oye hablar de un nuevo cargo y un nuevo departamento, y comienza a preocuparse al pensar que representará un enorme esfuerzo que sobrecargará su oficina, pensará en la necesidad de estudiar todos esos expedientes, de despedirse de sus compañeros de trabajo y de aprender las nuevas destrezas y la nueva terminología del otro departamento. Si el nuevo departamento se encuentra en un edificio diferente, va a tener que aprender cuál será la nueva ruta para llegar a su trabajo, debe encontrar nuevos sitios para almorzar, nuevos lugares de estacionamiento. Es tan abrumador y tan frustrante el esfuerzo que tendrá que hacer que siente que pasar por el proceso de cambio sólo le será una colosal patada en el trasero.

Como es obvio, nadie se motiva ante la idea de recibir este tipo de dolor, de modo que, también aquí, debe cambiar su enfoque. En lugar de exagerar en su mente todo el esfuerzo que requerirá el cambio, piense principalmente en todas las nuevas experiencias y relaciones que se desplegarán ante usted. A la mente le agradan las nuevas experiencias y relaciones, pero rechaza el dolor de una patada en el trasero. Entonces, sus amigos racionales le dirían, "Sólo piensa que podrás conocer muchísima gente nueva y aprender algo nuevo que podría representar un reto de mayor responsabilidad que lo que estás haciendo aquí". Al seguir esta útil línea de reflexión, podría considerar que tendrá la oportunidad de empezar una etapa nueva en este nuevo departamento y reinventar su personalidad en el trabajo, llegará a adoptar un comportamiento más definido que antes, conocerá mejor las reglas del juego, desarrollará mayor capacidad de disfrutar y hacer amistades-relaciones centradas con todos los que lo rodean, y hará más preguntas y fijará mejores expectativas desde el comienzo, de modo que, en esta oportunidad, aceptémoslo, usted es dueño de su papel y ama a su gente.

Sin embargo, este optimismo, como bien sabemos, puede ser difícil de mantener, debido al tercer tipo de dolor que puede asociar con el cambio: la expectativa del *dolor del resultado*. Pensará: *Bien, claro que hay cosas que ganar y, sí, el proceso podría ser realmente algo que podría disfrutar y sobre lo que podría capitalizar, pero ¿qué ocurriría si, desde el otro punto de vista de este cambio, las cosas no resultaran como se espera y, de hecho, empeoraran?* El esperar resultados negativos significa que le preocupa que las cosas no salgan bien una vez que se establezca el cambio —que el césped no será más verde del otro lado de la cerca. ¿Qué sucedería si lo que está pasando es que me estén sacando poco a poco? ¿Qué ocurriría si me parecieran detestables mis nuevos compañeros de trabajo? ¿Qué pasaría si no resulto tan bueno como creo que soy para este cargo? ¿Qué pasaría si mi jefe me odiara? ¿Qué pasaría si el año entrante hacen algunos recortes de personal? ¿Qué pasaría si su copiadora no fuera tan buena como la nuestra?

Estas expectativas son la crema sobre el pudín del pesimismo. Estará agregando preocupaciones acerca del dolor del resultado a las que ya tiene en relación con el dolor de la pérdida y el dolor del proceso, y ha completado así el triángulo del temor. Y ¡ahí lo tiene! No hay probabilidad de que pueda esperar con optimismo que se produzca este cambio. Si el triángulo del miedo se propaga a otras áreas de su vida, por el tiempo suficiente, y con la suficiente intensidad, es posible que un día se despierte con un verdadero terror hacia el cambio.

Pero es de esperar que sus amigos racionales le puedan ayudar a eliminar una vez más estos temores. Probablemente le sugerirán que deje de pensar en los posibles resultados negativos a largos plazo y que comience a centrarse en los positivos. Le dirán: "Tiene que esforzarse por pensar en las posibilidades, no en los peligros".

De nuevo, este es un consejo excelente, al que debe prestar atención. Hacerlo simplemente requiere cambiar los enunciados negativos de "¿Qué pasaría si...?" que rondan en su mente (¿Qué pasaría si esto no resulta?) por otros enunciados más positivos de "¿Qué pasaría si...?" (¿Qué pasaría si esto me lleva a un nivel más alto?).

Al centrarse en los resultados positivos, podría pensar acerca de las posibilidades de aumentar sus conocimientos, de incrementar su satisfacción e inclusive de sentirse más seguro ahora que está desempeñando una nueva función. Puede pensar en las nuevas destrezas que desarrollará, en cómo se afirmará y se conectará mejor con los demás departamentos, en cómo será más valioso y cómo estas nuevas posibilidades lo llevarán a lograr nuevos resultados y a que se abran nuevas puertas para usted.

Si cree que todo esto suena como un simple chorro de optimismo sobre un cambio que no será bien aceptado, tiene razón. Pero ¿cuál sería la alternativa? Podrá aceptar con agrado el cambio o podrá odiarlo. Podrá orientarse conscientemente hacia una sensación positiva en la vida o puede dejarse arrastrar hacia un temor no analizado. Como siempre, se trata de una elección.

Es también importante anotar que la expectativa de estos tres tipos de dolor —pérdida, proceso y resultado— no nos surge cuando fuerzas externas introducen un nuevo cambio en nuestras vidas. También surgen cuando decidimos hacer algún cambio en nuestras vidas, supongamos que al fin decidimos mejorar nuestra salud y en vez de ser el jefe el que cambie el desarrollo de su carrera, es usted quien decide hacerlo.

Se siente motivado y piensa: *Es hora de empezar a hacer dieta, de dejar el cigarrillo, de hacer ejercicio en forma regular y de conseguir un nuevo trabajo.* Sin importar qué tan motivado esté para hacer estos cambios, en algún lugar de su mente, los dolores de pérdida proceso y resultado alzarán sus horribles cabezas. Debe estar preparado para enfrentarlos.

Para contrarrestar estos miedos y obtener más impulso para enfrentar el proceso de dolor, hay que dejar de centrarse en el esfuerzo doloroso que se requiere para alcanzar el cambio y comenzar a pensar en las agradables experiencias que resultarán de ese proceso. En vez de preocuparse por el esfuerzo sobrehumano que se requiere para cambiar de menú, hay que concentrarse en las nuevas experiencias que tendrá: aprenderá nuevas formas de aumentar su energía y de incrementar su fortaleza física mediante los alimentos, aprendiendo a preparar comidas más fáciles, más sabrosas y menos costosas, aprender a comer alimentos sanos, buenos para su salud y para el planeta, compartir recetas con amigos y parientes, deslumbrando a sus visitas con pasabocas sofisticados y sanos. Adoptar el mismo enfoque en relación con el cambio de concepto de sus preocupaciones iniciales acerca de dejar de fumar, hacer ejercicio o buscar un nuevo trabajo. Piense: *Aprenderé nuevas formas de manejar mi estrés y mis adicciones y, en el proceso, no tendré que estar bajo el control de nada que me resulte nocivo. Pasaré excelentes momentos con un nuevo grupo de personas que, al igual que yo, están comprometidas a hacer ejercicio y tener más energía. Tendré que renovar mis destrezas de entrevistador y reprogramarme en el mercado para finalmente perfeccionar lo que hago y obtener el pago que me merezco.* El mantra en este caso es que el cambio trae consigo nuevas experiencias, nuevas lecciones, nuevas fortalezas.

Tendrá además que estar alerta para evitar que la expectativa de resultados dolorosos pueda entrar subrepticiamente en su ánimo. Será una tentación muy grande obsesionarse con preguntas como: "¿Qué pasará si me someto a esta dieta y no pierdo peso? ¿Qué pasará si dejo de fumar sólo para volver a empezar más adelante? ¿Qué pasará si comienzo a hacer ejercicio y no adelgazo? ¿Qué pasará si renuncio a mi trabajo y el trabajo que encuentre al fin sea aún peor que el que dejé?". Aquí el patrón es que cada vez que enfoca su atención en el cambio se pregunta qué pasaría si, para luego terminar con un enunciado negativo. ¿Qué pasaría si fracaso? ¿Qué pasaría si mi vida empeora? ¿Qué pasaría si a pesar del sacrificio no consigo lo que busco?

De nuevo, estas preguntas sólo anulan su motivación para realizar los cambios necesarios a fin de mejorar su vida. Consciente de esto, debe cambiar y utilizar enunciados positivos: "¿Qué pasaría si hago esta dieta y pierdo peso, logro llevar una vida más sana y soy más feliz? ¿Qué pasaría si dejo de fumar y adquiero la capacidad pulmonar suficiente para jugar con los niños y subir las escaleras sin jadear y alcanzo un control físico y mental que me permita no volver fumar nunca un rollo de cáncer? ¿Qué pasaría si hago ejercicio y me convierto en una persona más magra y fuerte con una figura más definida y puedo así comprar ropa que muestre qué tan atractiva puedo ser realmente? ¿Qué pasaría si renuncio a mi trabajo actual y termino en otro que me lleve a desarrollarme en un campo que realmente me fascina y me permite ser creativa y contribuir a niveles a los que sé que puedo hacerlo?".

Cambiando así su forma de pensar puede ser el cambio de mentalidad más positivo que haga jamás en su vida. Pero no podemos simplemente detenernos en aprender cómo convertir lo negativo en positivo. En algún momento, para hacernos amos de nuestro propio destino, tenemos que realmente poder comenzar a ver el cambio como algo placentero en sí mismo, como algo que nos aporta nuevos conocimientos y mayor desarrollo ya sea que lo iniciemos por nosotros mismos o no. Es a este nivel, en el que realmente disfruta el cambio, cuando la Chispa de la vida realmente se intensifica.

Activador #2: Tenga conceptos claros, piense en grande y arriésguese

Naturalmente, el miedo y la falta de apertura al cambio no son los únicos factores que impiden a las personas transformar sus vidas. A veces se trata más de un problema táctico que de uno emocional o conceptual. Para muchos, el impulsor para el cambio se detiene simplemente porque carecen de claridad y ambición.

Casi todas las personas con las que trabajo a un nivel más alto creen que tiene claridad de conceptos. Saben lo que quieren, o eso me dicen. Esto se aplica tanto a las personas de alto desempeño que he encontrado como a los que se mueven entre la élite y los que quieren mejorar, a quienes les presto mis servicios de dirección a nivel individual. Sin duda sería de esperar que estos últimos supieran lo que quieren antes de contratarme —porque presto mis servicios, principalmente, a través de mis seminarios, no acepto dirigir individualmente a nadie por menos de un cuarto de millón de dólares al año— pero se sorprendería. He podido ver que pocas personas, tal vez dos de cada cien, tienen un concepto realmente claro de lo que tratan de lograr en la vida (por no hablar de lo que necesitan cambiar para poder lograrlo). Es comprensible que no todos sepamos cuáles son los propósitos de nuestras vidas. Pero para los cambios del día a día en nuestras vidas, sería de imaginar que todos supiéramos lo que intentamos lograr. Desafortunadamente ese, simplemente, no es el caso.

El primer paso consiste en lograr que cada cambio en la vida tenga una visión definida y detallada de lo que se quiere lograr. Parece elemental ¿no es verdad? Pero, imagino que usted vacilaría y tartamudearía si le pidiera que me describiera exactamente lo que *ha estado tratando* de cambiar y de lograr en, por ejemplo, su vida financiera, durante los últimos doce meses. Quiero que tenga en cuenta el énfasis que se hace aquí. No le estoy pidiendo que me diga lo que *quiere* cambiar o lograr; le estoy pidiendo que me diga lo que *ha venido intentando* hacer. La mayoría puede darme una respuesta a la ligera: "¿Qué le gustaría cambiar y qué le gustaría lograr en su vida financiera durante el próximo año?". Sin embargo, pocos pueden decirme realmente qué *han estado intentando* lograr, lo que es una obvia confirmación del hecho de que no han venido actuando con base en un concepto claro. (Ahora ya no hay gato encerrado; ahora sabe cómo podría yo determinar si realmente tiene un concepto claro acerca de *cualquier* área de su vida.)

Entonces, ¿cómo logramos tener claridad y cómo elegimos lo que queremos hacer o lo que queremos cambiar? La respuesta, como suele ocurrir, radica en la pregunta misma. Para tener claridad, debemos elegir lo que queremos hacer, lo que presupone que tenemos una serie de alternativas ante nosotros de entre las cuales escoger. Para encontrar la claridad, hay que tener alternativas y es este hecho por sí mismo lo que impide a tantas personas bien intencionadas lograr un concepto claro de lo que desean en sus vidas. Olvidan que tienen que reunir y explorar las opciones y las oportunidades antes de elegir lo que quieren. Esta línea de interrogatorio explica por qué tantos egresados de la secundaria no saben qué quieren hacer en sus vidas —muchos no tienen aún la suficiente experiencia en la vida para poder elegir sus carreras, sus pasiones o sus propósitos.

El siguiente es mi curso corto sobre cómo encontrar claridad: piense en un área de su vida, y antes de decidir qué quiere cambiar, investigue un poco para ver el universo de opciones y posibilidades disponibles para usted en esa área. Digamos que intenta tener claridad acerca de sus metas en su vida financiera. Podría apostar con absoluta seguridad que si tiene información limitada sobre sus opciones financieras, el concepto que tendrá de lo que quiere hacer es poco claro. Algo en su interior se preguntará, "¿Qué pasaría si me estuviera perdiendo de algo aquí? ¿Cómo estar seguro de que tengo toda la información necesaria para tomar una buena decisión? Ni siquiera estoy seguro de lo que quiero, porque no estoy seguro de cuáles son mis opciones". Es difícil tener una visión clara si nunca hemos visto nada, por lo que hay que empezar por encontrar claridad, recopilando datos de investigación y logrando una perspectiva de cuáles son sus opciones. Debe elegir, de entre todas ellas, la que sea correcta para usted, tomar como modelos a otras personas que hayan tenido éxito en su área de interés, y seguir adelante.

El aspecto más importante de la claridad es el de elegir un cambio que desee profundamente y que lo inspire a esforzarse por superar cualesquiera retos que pueda encontrar en el futuro. En la mayoría de los casos, el fracaso al intentar lograr un cambio es algo que ocurre simplemente porque alguien no quiso lograr ese cambio con el suficiente empeño. Por consiguiente, no se esforzó lo suficiente ni por el tiempo necesario. Es una de las mayores verdades de la vida: las personas se esfuerzan por ganar la batalla sólo cuando luchan por algo en lo que tengan convicciones profundas.

El reto está en que tenemos una epidemia de personas débiles, solo interesadas a medias, que son las encargadas de manejar el mundo. Permitimos que nos neutralicen cualquier deseo o cualesquiera ambiciones de cambio y escuchaos el consejo de los "realistas" los que normalmente defienden el status quo, que nos dicen que establezcamos metas (específicas, mensurables, alcanzables, relevantes y limitadas en el tiempo) (INTELIGENTES = SMART, por su sigla en inglés). Sin embargo, este tipo de metas alcanzables nunca encienden la chispa de la imaginación ni desencadenan la fuerza de voluntad. Somos ahora una cultura inundada de metas y hojas electrónicas y planes de trabajo que no inspiran interés, impulso ni fortaleza.

El impulso para un verdadero cambio —un tipo de cambio que altere el curso de la vida, de los negocios y del mundo en general— proviene de un deseo profundo e intenso, de un anhelo profundo e intenso, de un deseo de hacer algo grande y significativo. Nadie entra a una de las ligas mayores para permanecer sentado en el banco, y nadie entra a una empresa para (ojalá) poder compartir algún día una idea con un auditorio (ojalá) interesado conformado por aburridos compañeros de trabajo. Quienes viven una vida con Chispa ven las multitudes a sus pies cantando y haciendo un llamado a la grandeza, y quieren lograr grandes cosas, enfrentar las barreras y correr por todas las bases con un abandono que no tiene en cuenta los obstáculos y que los "realistas" calificarían de locura. Quienes viven la vida con Chispa ni siquiera pueden imaginarse en una sala de conferencia llena de robots. Por el contrario, ven sus ideas como hechos reales manifestados en las vidas de los consumidores del mundo entero. El verdadero deseo es eso: buscar anotar la carrera en el béisbol, y lograr hacer una contribución que beneficie al mundo. Es el nivel de impulso que nos lleva a correr riesgos. A esforzarnos al límite y a ponerlo todo en juego, no por una locura sino con una total indiferencia por quienes nos advierten sobre posibles fracasos y un gran deseo por alcanzar algo que verdaderamente importe.

¿Desea cambiar? Entonces no se permita, por ningún motivo, en ninguna circunstancia, conformarse con una visión o un llamado, o un simple cambio en cualquier terreno que no inspire nada. Si desea tener claridad en relación con algo en su vida, asegúrese de que sea algo tan grande, brillante y llamativo que lo obligue a levantarse de la cama y a esforzarse por conseguirlo hasta que lo logre o muera. Alimente un deseo que no conozca límites de seguridad y que inclusive lo asuste un poco, algo que exija lo mejor de usted, algo que lo saque de su propia órbita y lo lleve a un terreno desconocido. El tipo de deseo que pueda cambiar su vida y cambiar el mundo.

Pero no me crea sólo a mí. Aquí hay un hombre que sintió el

impulso del cambio y llevó a los Estados Unidos a llegar más allá de lo que jamás había imaginado —y al hacerlo, rompió los límites de todo lo que habíamos conocido hasta el momento:

Decidimos ir a la luna. Decidimos ir a la luna ahora, en esta década y hacer otras cosas, no porque sean fáciles, sino porque son difíciles, porque la meta servirá para organizar y poner a prueba el alcance de nuestras mejores energías y capacidades, porque el reto es uno que estamos dispuestos a aceptar, uno que no queremos posponer y uno que pretendemos alcanzar, al igual que queremos alanzar los otros, también.

Es muy cierto que todo esto nos cuesta una gran cantidad de dinero… los gastos espaciales pronto aumentarán aún más… porque le hemos dado a este programa una alta prioridad nacional —aunque somos conscientes de que estos es, en cierta medida, un acto de fe y visión, porque no sabemos cuáles sean los beneficios que nos esperan.

Pero si fuera a decir, compatriotas, que enviaremos a la luna, a 240.000 millas de distancia del Centro de Control de Houston, un enorme cohete de más de 300 pies de altura, el largo de un estadio de fútbol, hecho de nuevas aleaciones de metal, algunas de las cuales no se han inventado aún, capaz de soportar un calor y unas fuerzas varias veces más altas de lo que jamás se ha experimentado, ensamblado con una precisión mayor que la del más fino de los relojes, cargado de todo el equipo necesario para propulsión, dirección, control, comunicaciones, nutrición y supervivencia, en una misión nunca antes intentada, hacia un cuerpo celeste desconocido para luego volverlo a traer con seguridad a la tierra, ingresando de nuevo a la atmósfera a velocidades superiores a las 25.000 millas por hora, produciendo un calor cercano a la mitad de la temperatura del sol —casi tan alto como el que tenemos aquí

hoy— y hacerlo todo, y hacerlo bien, y lograrlo antes de que
finalice esta década, debemos ser osados.

Hace muchos años, le preguntaron al gran explorador bri-
tánico George Mallory, quien murió en el Monte Everest, por
qué quería escalarlo. Respondió: "Porque está ahí".

Bien, el espacio está ahí y vamos a escalarlo, y la luna y
los planetas están ahí y hay allí nuevas esperanzas de cono-
cimiento y paz. Por lo tanto, al zarpar, pedimos la bendición
de Dios para la más peligrosa y la más grande aventura que el
hombre haya emprendido jamás.

—PRESIDENTE JOHN F. KENNEDY, SEPTIEMBRE 12 DE 1962

¿Desea cambiar su vida? Sea osado una vez más. Encuentre su luna. Vaya tras algo tan grande y emocionante que resulte inimaginable tanto para usted como para quienes lo rodean. Tenga la suficiente valentía para actuar, para poner a pruebas las cosas, para fracasar y levantarse de nuevo, volver a fracasar, pasar un momento de incomodidad por haber intentado, fallar una vez más, levantarse de nuevo y sonreír y seguir adelante —de esto está hecho el valor, en esto consiste el enfoque hacia el cambio que lo animará a cambiar y le ayudará a lograr el despegue real de su vida.

Activador #3: Tomar decisiones reales

A medida que avanza con decisión hacia una visión claramente definida, tenga una idea igualmente clara de lo que desea y no desea a lo largo de ese recorrido. Elija alternativas reales *antes de embarcarse* en un nuevo esfuerzo.

Esto me trae a las herramientas simples pero muy populares que utilizamos en la Academia de Alto Desempeño. Es lo que llamamos la "Herramienta de Esto-Aquello". Puede descargar esta herramienta en www.TheChargeBook.com/resources.

La idea es que debe redactar dos enunciados acerca de lo que desea (esto) y acerca de lo que no desea (aquello), de modo que tenga tanto claridad como enfoque en relación con su recorrido hacia el cambio. Se trata de que pueda elegir alternativas reales después de haber definido estos conceptos:

1. Quiero esto, no aquello.
2. Hacer más de esto y no más de aquello.
3. Cuando esto ocurra, hacer aquello.
4. Siempre elegir esto y no aquello.
5. Hacer esto y no aquello.

1. Quiero esto, no aquello. Antes de hacer planes para cualquier cosa, sea muy preciso y tenga absolutamente claro lo que quiere *y* lo que no quiere. Sorprende cuántas personas no se toman el tiempo de considerar a fondo lo que *no* quieren. Se apresuran a alcanzar alguna meta u objetivo y con frecuencia lo hacen, sólo para sentirse decepcionados al final. Este es el cliché de la persona que quiere tener un millón de dólares y se esfuerza más allá de sus límites para lograrlo y *lo obtiene* —al costo de sus verdaderas pasiones, de su salud y de su familia. Termina siendo un millonario pero se da cuenta de que el dinero no era lo único que deseaba en la vida. Imagine si hubiera dicho, "Quiero tener un millón de dólares en la cuenta del banco en diez años [esto], pero no quiero quedar jamás atrapado en un trabajo de carácter administrativo, que no me agrada. No quiero engordar y perder mi buen estado de salud y no quiero trabajar nunca los fines de semana ni perder la conexión con mi familia [aquello]". Si hubiera tenido la visión para tener esto siempre presente y ser consecuente, me atrevo a suponer que su vida habría tomado un giro muy distinto. A veces es importante tener un ojo en la luna y el otro en el medidor que nos indique si estamos a punto de tener problemas.

2. Hacer más de esto y no más de aquello. Para alcanzar cualquier meta deseada, tenemos que comenzar o continuar haciendo algunas cosas y tenemos que dejar de hacer otras. Tener un concepto claro acerca de lo que debemos seguir haciendo y lo que tenemos que dejar de hacer es esencial y tenemos que saberlo al planear el recorrido hacia la victoria. Sigamos con nuestro amigo que se volvió millonario a costa de su pasión, su salud y su familia. ¿No le habría ido mejor si se hubiera fijado unas reglas determinadas que le indicaran: Delegue más. Dedíquese al trabajo más creativo que realmente le interesa. Consuma una dieta más sana. Salga más frecuentemente en las noches con su esposa y salga con sus hijos los fines de semana? Ya no puede permitir que otros sean los dueños de su agenda ni quienes dispongan en qué debe trabajar y cuáles deben ser sus pasiones. Ya no podrá seguir consumiendo comidas rápidas ni dejar de ir toda una semana al gimnasio. Ya no podrá olvidar las fechas de los cumpleaños de sus seres queridos.

3. Cuando esto ocurra, hacer aquello. He aprendido el increíble poder de pedir a los clientes que exijan un nuevo comportamiento sobre otro ya existente —lo que yo llamo el "anzuelo del hábito". Por ejemplo, digamos que una cliente, madre de tres hijos, trabaja desde su hogar y quiere perder peso. Ha intentado hacer dieta y hacer ejercicio, pero parece no tener resultados constantes. Una de las primeras cosas que yo haría sería ver cuáles son sus hábitos y sus rutinas ya establecidas y luego "engancharles" a esas rutinas nuevos hábitos. Es posible que descubra que lleva a los niños al colegio cada tercer día, alternándose con su esposo. Si en mis planes para ella se encuentra el que haga ejercicio, podría sugerirle que enganche el ejercicio con su hábito de llevar los niños al colegio. Su nueva regla será la siguiente: *cuando deje los niños en el colegio [esto], iré de inmediato al gimnasio [aquello]*.

Nuestro desgraciado millonario podría haber creado reglas como estas: *Cuando salga a almorzar cada día, le enviaré un mensaje a mi esposa y coquetearé con ella. Cuando asista a reuniones, siempre compartiré al menos una de las ideas que me apasionan. Cuando salga del trabajo compraré algunos vegetales frescos en el camino a casa. Saludaré de inmediato a mis niños y les preguntaré cómo les fue y prestaré atención a lo que me respondan.*

Enganchar nuevos hábitos en los ya establecidos es algo mucho más que poderoso y debe toarse el tiempo de pensar en cómo hacerlo cuando esté elaborando su plan para el cambio.

4. *Siempre elegir esto y no aquello.* La vida se atraviesa inevitablemente en el camino que hemos preparado para alcanzar nuestras metas. Se desencadenan tormentas; las tácticas fallan; las buenas intenciones dan malos resultados. Así es el mundo. En momentos de incertidumbre, conflicto, pruebas y fracasos, ¿qué alternativas elegiría? Esta regla tiene como objeto ayudarle a establecer algunas pautas a las que pueda referirse cuando se produzcan estas circunstancias. Imagine lo que hubiera podido pasar con nuestro desafortunado millonario si hubiera adoptado las siguientes reglas:

• Optar siempre mi pasión [esto] y no la utilidad a corto plazo [aquello].

- Optar siempre por una ensalada [esto] en vez de papas fritas [aquello].

- Optar siempre por los juegos deportivos a los que me he comprometido a asistir con mis hijos [esto] y no por la oportunidad aleatoria de un trabajo [aquello].

Este tipo de reglas son como una explosión tanto mientras las pensamos como mientras las escribimos, porque automáticamente nos exigen poner en práctica nuestras más altas normas y nuestro más sólido carácter.

5. Hacer esto y no aquello. La mayoría de las decisiones en la vida tienen que ver con el dilema de ahora o después. Sin tener conciencia d este hecho y sin contar con un buen conjunto de normas, estaremos en constante conflicto acerca de cómo actuar. Había entrevistado a docenas de personas de mi profesión acerca de cómo y cuándo habían logrado ampliarse, y después de oír acerca de todos los problemas y de todas las distracciones resultantes de una expansión demasiado rápida, me fijé algunas reglas. Usted debería hacer lo mismo.

Al terminar la historia de nuestro desafortunado millonario, imagine lo que habría ocurrido si hubiera comenzado con su propio conjunto de reglas en este sentido: *Manejaré la compañía durante los próximos cinco años [esto ahora]. Luego delegaré cada vez más y, para el séptimo año, haré que alguien más la maneje, para entonces, mis hijos tendrán diez años [luego aquello]. Comenzaré a hacer ejercicios para el sistema cardiovascular una vez por semana a partir de ahora [esto ahora]. A las cuatro semanas, agregaré ejercicios de fortalecimiento [después aquello]. Tomaré dos semanas de vacaciones con familia este año [esto ahora] y el año entrante agregaré otras dos semanas [después aquello].*

Esto son apenas algunos ejemplos simples y cortos. Sus propias reglas no deben ser así —tómese su tiempo para pensarlas y escriba páginas y páginas de ellas. Después, lleve siempre con usted su "libro de reglas" siempre con usted, revíselo y reescríbalo al menos una vez al mes, por el resto de su vida. Si eso suena muy difícil, no hay problema; estoy seguro de que le irá muy bien siguiendo el mismo sistema que ha venido utilizando todos estos años, y quedará satisfecho de obtener el año entrante exactamente el mismo resultado que habrá obtenido este año. Es evidente que estoy bromeando. El mismo sistema, el mismo resultado. Un sistema nuevo, nuevos resultados. Ensaye mi sistema y dígame si le da resultado.

PUNTOS DE IGNICIÓN

1. Un cambio importante que he venido posponiendo en mi vida debido a una expectativa de dolor por pérdida, proceso o resultado es…

2. Un nuevo cambio valiente y claro que podría hacer en mi vida sería…

3. Las reglas de esto-aquello que puedo aplicar a este nuevo y valiente cambio serían…

Capítulo nueve

EL IMPULSOR PARA EL
RETO

Los cobardes mueren varias veces antes de morir;
los valientes mueren sólo una vez.

—William Shakespeare, *Julio César*

—No vale la pena arriesgarse.

Estoy hablando con una mega estrella que desarrolló su carrera en música y televisión estirando los límites. Después de describir apasionadamente durante una hora un nuevo show que quiere producir, dice que "cambiaría la televisión tal como la conocemos". Me gusta de inmediato su actitud porque se le escapa accidentalmente una palabra gruesa cuando se entusiasma. No quiero decir que me guste utilizar ese vocabulario como tal; lo que me gusta es ver que las personas se dejen llevar en esa forma por su entusiasmo.

—¿Y el riesgo? —pregunto.

—Sí. En Hollywood uno solo es tan bueno como haya sido su último show. Si tomo el riesgo y luego el show no gusta, mi carrera habrá terminado.

—¿Es eso cierto? —pregunto—. Parece que son muchas las estrellas y directores que fracasan con películas y shows. Si eso no fuera así, no tendríamos esta constante conversación acerca del gran regreso de fulano o fulana.

—Sí, bien, eso es lo que todos piensan —dice, mientras toma limonada—. Pero por cada regreso quedamos miles de nosotros atrapados en el purgatorio. No de crédito a todo lo que oiga.

Siento que la Chispa se agita en mis entrañas y quiero hacer lo que vine a hacer, decirle a esta mujer que la vida puede ser mucho más interesante, plena y activa si se arriesgara por lo que realmente la apasiona. Es famosa más allá de lo que se pudiera creer, y no soy su manager sino un invitado.

Me contengo y ella pasa casualmente a otro tema con el amigo mutuo que nos presentó. Los dos conversan por unos minutos. Trato de intervenir pero me doy cuenta de pronto de que tengo la vista fija en su piscina y en su jardín hermosamente dispuesto por un paisajista, y centrado en mis pensamientos acerca de lo que ella dijo. Por último, ya no puedo seguirme conteniendo.

—Lamento interrumpir —digo—. Hay algo que me preocupa, y si no lo digo, me odiaré más adelante y no me estaría portando como un buen amigo. —La miro de frente—. Preferiría morir en la hoguera antes que arriesgar mi arte y mis pasiones sólo para caminar sobre huevos quebrados. Usted debe sentirse lo mismo. Le aconsejo una cosa, mande todo al diablo; déjese llevar por su pasión; haga su propio show.

Tanto ella como mi amigo rieron al ver mi intensidad. Ella reía con una risa que podría más bien significar eres un niño joven e inocente. Mi amigo ríe con un tono mixto de sorpresa e incomodidad.

Yo insisto en el tema.

—Dígame dónde me equivoqué. Es decir, usted simplemente explotó de entusiasmo acerca de esta idea durante una hora entera. ¿Por qué no hacerlo? De todas formas, ¿qué le queda ya por probar? —Ella no sabe que le estoy preparado un reto.

—Bien, no se trata de probar nada. Ya tengo mi estrella en la acera. Es sólo que, hoy en día hay que ser inteligente en la profesión. Tal vez en alguna oportunidad me dedique a hacer lo mío, pero por ahora mantendré el proyecto en el horno de atrás, por un tiempo. Sé que soy demasiado agresivo con los demás. Insisto y les descargo mi pesada agenda con mucha frecuencia, y con demasiada agresividad e intensidad. Realmente quiero salir a almorzar a un buen restaurante con esta mujer y con mi amigo hoy y no dañar la ocasión. Ella tiene millones de admiradores y me encanta su trabajo. No quiero dejar el tema, pero tengo que ser congruente en la vida. Debo ser la persona arriesgada que creo que soy.

—¿El síndrome de *algún día*? Está acabada.

Tanto ella como mi amigo me miran sorprendidos. Tal vez sólo me salva la enorme sonrisa de bromista en mi cara.

—Jamás llegará a serlo *algún día* así como nadie llegará algún día a lograr sus sueños. Y también creo que está equivocada. *Sí* tiene algo que probar. Creo que tiene que probar que es importante y eso no lo puede hacer sin arriesgarse. Los íconos y las leyendas no se comportan así. También creo que tiene que probase a sí misma que no es alguien que se deje derrotar fácilmente y que usted es de las personas que persigue su sueño, sin venderlo por una especie de falsa seguridad. La vida no se vive en un lugar seguro; se vive en el crisol del reto. La alternativa es convertirse en una rica cocainómana olvidada.

—Vuelvo a sonreír, y ella y mi amigo se ríen de nuevo.

—Está bien. No es necesario persuadir a una artista que tiene que forzar los límites y ser importante para que se convierta en una notoriedad y se sienta satisfecha. —Esto lo dice ella de tal forma que yo sé que voy por el camino correcto con ella. Pero luego me sorprende—. Pero ¿qué pasa si yo lo hago porque usted me lo dice y resulta un fracaso? ¿Qué responsabilidad tiene *usted*? Es fácil motivar a otros cuando su nombre y su reputación no están en riesgo. ¿Qué pasa si no funciona? No es usted el que aparecerá en los titulares.

Este es un excelente interrogante y hace que me agrade aún más.

—Tiene razón. Yo no tengo nada en juego en este caso y no puedo imaginar qué ocurre cuando uno llega a tener la fama que usted tiene yo todo lo que eso trae consigo. Soy sólo una buena persona que llegó a su casa y está bebiendo su limonada. Pero le diré algo. Si usted de verdad se plantea el reto de hacer este show y no da resultado, me sentiré muy mal, porque así como ese es su arte, *este es el mío*: animar y retar a los demás a perseguir sus sueños. De manera que sí está mi pellejo en juego. Mi nombre está en riesgo ahora mismo con usted. Usted tiene una visión y un sueño. No permita que ese sueño muera con la luz del día. Luche por alcanzarlo. No lo haga porque es seguro ni porque puede complacer a otros. Hágalo porque también está ardiendo en sus entrañas hacerlo. Si quiere mantenerse en terreno seguro, sería mejor que se retirara ahora mismo y se dedicara a jugar golf con el grupo del resto de personas viejas de pelo blanco dueños de un gato gordo, que viven en Hollywood. No lo haga. Sea el ícono y manténgase a la *cabeza* de la industria. Opte por su arte y rétese a pensar en grande, dentro de un ámbito tan grande y tan arriesgado como el que tuvo que manejar para llegar adonde se encuentra hoy. Y si es lo suficientemente valiente, ponga su mira en un punto aún más alto.

Ella me devuelve la mirada y su expresión cortante y fría, dirigida exclusivamente a mí es el que uno podría ver sólo en los ojos de alguien a quien se ha retado con el golpe de un guante, que se ha dejado caer al piso y esa persona lo está recogiendo; la expresión que grita tiene toda la maldita razón y lo haré.

Hace un gesto de asentimiento y dice.

—Con esto cambiaré la televisión.

Le respondo con el mismo gesto de asentimiento y le devuelvo una mirada de convicción.

Ella sigue asintiendo, comprometiéndose, organizando el plan en su mente. Luego mira a nuestro amigo.

—Ya veo por qué me trajiste a este hombre. Necesitaba alguien que me espoleara.

• • •

Hay una sola palabra que puede traerse a la mente para definir el camino hacia una vida comprometida y movilizar las grandes energías del potencial que hay en nuestro interior: *reto*.

Todo el crecimiento psicológico y espiritual que ha experimentado como ser humano ha sido el resultado de lo que yo llamo un "verdadero reto". Fue debido a que usted estuvo dispuesto a ampliar su concepto del yo, sus destrezas, creencias y capacidades mentales o físicas que fueron el resultado de una mayor exigencia tanto suya como de su entorno. Fue en esos momentos cuando su concentración quedó galvanizada, su destreza y sus mejores esfuerzos se vieron obligados a mostrarse y su fuerza de voluntad, fortaleza y coraje fueron puestos a prueba. Estos fueron los momentos en los que la lucha significó algo para usted y usted se centró en la actividad que tenía que cumplir de tal forma que su sentido del tiempo y su autoconciencia parecieron fundirse. Estos fueron los momentos breves y dulces en los que se sorprendió incluso usted mismo al ver cómo trascendía sus propios límites y llevando su motor interno a un nivel más alto de esfuerzo, creatividad y conciencia. Fue ahí cuando se produjeron el verdadero cambio y el verdadero desarrollo. Y estaría dispuesto a apostar que fue en ese momento cuando se sintió más vivo y más comprometido —con más *Chispa*— que nunca.

Ahora, todos tenemos suficientes metas en nuestras agendas para cada día y estamos lo bastante ocupados con nuestro trabajo de multitareas, al servicio de intereses competitivos, intentando complacer a nuestros jefes, nuestros socios y nuestros hijos. Pero hay una gran diferencia entre enfrentar un verdadero reto y limitarse simplemente a marcar en su agenda diaria lo que hemos realizado en relación con las expectativas de otros. Estas distinciones iluminan el camino hacia su mayor felicidad.

Es importante diferenciar entre las metas y los retos; fijar una *meta* no le exige lo mejor de usted; por el contrario, un *reto* es algo que lo obliga a esforzarse y llevar sus habilidades al máximo. Pensar con base en metas es pensar en el destino al que queremos llegar —pretende obtener algo. Cuando se piensa en términos de reto esto nos inspira ideas acerca de nuestro viaje —es algo que tiene que ver con dar más de *usted mismo*. En este capítulo, me ocuparé más del destino que del viaje, y de los cinco criterios de un buen reto.

También debe tener en cuenta que estar ocupado no es lo mismo que ser retado, así como el cambio no es lo mismo que el progreso. Dedicamos mucho tiempo de nuestras vidas ocupándonos constantemente por realizar actividades mundanas de mantenimiento —levantándonos, alimentándonos, viajando hacia el trabajo y de vuelta a casa, limpiando, haciendo compras y organizando. Claro está que tenemos las listas de cosas para hacer y las listas de comprobación, y tenemos que manejarlo todo y sin embargo, no olvidar recoger a los niños, pero si vamos a ser sinceros, estas actividades están lejos de representar un reto para los límites de nuestras capacidades.

En su gran mayoría, el estrés que algunos sienten en la vida rara vez está relacionado con un verdadero reto. El tipo de retos que nos hacen sobre pasar el máximo de nuestras habilidades y nos hace sentir comprometidos y más capaces la mayoría del estrés de hoy proviene de la distracción y la procrastinación. En estos tiempos de sobrecarga de información y de acceso rápido a Internet, muchos de nosotros dedicamos mucho tiempo a actividades sin importancia y al final quedamos atrapados en una carrera contra el tiempo. Hay que agregar a eso nuestra tendencia a procrastinar porque realmente no nos importan las actividades que se supone que debemos hacer y de pronto llega el momento en que quedamos totalmente abrumados con un número cada vez mayor de fechas límites que se vencen.

Como es natural, son muchos también los factores de estrés externos. Nos sentimos como si siempre estuviéramos ocupados, por lo cual simplemente "no podemos aceptar más responsabilidades" en nuestras vidas. O, tal como se sentía nuestra estrella al principio de este capítulo, nos asustan las repercusiones de correr nuevos riesgos. Las buenas noticias son que éstas son todas tonterías y excusas y le prometí, al comienzo de este libro, que le traería la llamada a entrar en batalla. En este capítulo, estoy aquí para decirle que es hora de levantarse por encima del murmullo mundano de lo que "ellos" quieren que usted haga con su vida. Es hora de pisar a fondo el acelerador de su potencial y activar al fin este impulsor para el reto de forma que le devuelva el entusiasmo, el compromiso y el progreso a su vida. Puede sentir más energía en la vida, y la forma de hacerlo es hacer acopio de sus mayores energías para enfrentar verdaderos retos.

Activador #1: Elija retos que le representen satisfacción

El reto es el camino del compromiso y el progreso en nuestras vidas. Pero no todos los retos son iguales. Algunos de ellos nos hacen sentir vivos, comprometidos, conectados y satisfechos. Otros simplemente nos abruman. Conocer la diferencia es la forma en que establecemos retos mayores y más arriesgados para nosotros mismos, es indispensable para nuestra cordura, nuestro éxito y nuestra satisfacción.

¿Cómo escoger "buenos" retos? Ayuda saber que el tipo de retos que conllevan compromiso y satisfacción total para nuestras vidas tienen cinco cosas en común. En primer lugar, *singularidad de enfoque,* lo que significa que son actividades lo suficientemente fuertes como para requerir la totalidad de nuestra atención y nuestra concentración en ese momento. Estos retos, entonces, no son insignificantes, ni permiten el esquema de multitarea, nos absorben por completo porque comprometen nuestra presencia tanto mental como física. Pintar un cuadro, enseñar una actividad a sus hijos, diseñar un sitio

Web, crear o hacer una presentación, son todos ejemplos de esfuerzos que exigen nuestro enfoque. Para que un reto inspire un enfoque exclusivo debe ser importante para nosotros y debe ser algo que uno sienta que debe hacer en ese preciso momento. Si se trata de algo trivial, no limitado en el tiempo, uno no se comprometerá. Por lo tanto, al elegir su próximo reto en la vida, elija uno que sea significativo y que le exija total concentración.

En segundo lugar, los grandes retos *nos exigen esfuerzos y capacidades* que van más allá de nuestros esfuerzos habituales y nos obligan a desempeñarnos a un nivel mayor y a llevar nuestras fuerzas más allá del límite. Simplemente superan nuestras capacidades actuales, por lo que exigen que nos comprometamos plenamente con ellos... y que crezcamos. El secreto aquí es elegir retos que vayan apenas un poco más allá de nuestras zonas de confort. Conocer este secreto nos ayuda a entender por qué tanto de nosotros nos fascinamos con los juegos de video. ¿Alguna vez ha jugado un videojuego que *no tenga* niveles de dificultad cada vez mayores? Bien, la vida puede ser también algo similar a un juego cuando nos comprometemos a propósito en actividades que pongan a prueba y desarrollen nuestras capacidades. Si es un buen orador que siempre utilice notas, decidirse a hacer una presentación sin notas la próxima vez que tenga que hacerlo, exigirá un esfuerzo adicional de su parte. Si es un buen jugador de raquetbol, jugar contra alguien que sea mejor que usted le exigirá un desempeño aún mejor. Si es un ejecutivo, acepte un proyecto que le exija un poco más de lo que cree que puede alcanzar con su habilidad. No es necesario que se decida a pasar del nivel uno de dificultad al nivel diez; eso simplemente lo hará sentir abrumado. En cambio, considere su próximo reto como una oportunidad para pasar del nivel uno al nivel dos o al nivel tres y cumplirá los criterios para un reto satisfactorio.

En tercer lugar, tenemos la capacidad de *calificar el desempeño.* Esto significa que tiene la oportunidad de saber cómo lo está haciendo —ya sea por una autoevaluación de su progreso o a través de retroalimentación proveniente de terceros. Correr suele ser una experiencia más satisfactoria cuando podemos medir la velocidad a la que avanzamos y la distancia que recorremos. Las presentaciones y las interpretaciones vocales son más satisfactorias si podemos ver las caras y reacciones de las personas que conforman la audiencia, y cómo reaccionan a nuestra voz. Nos comprometemos más con el seguimiento de una dieta cuando podemos subir a la pesa y saber cuántos kilos hemos perdido. Si bien todo esto parece intuitivo, lo sorprendente es que son pocos los que incluyen comprobantes de progreso en sus retos. Se limitan a inspirarse, a comenzar y luego se dan por vencidos cuando ya no "sienten ganas" de seguir adelante. Pero un éxito de motivación, ya sea al ver los resultados o al recibir dirección para cambiar de rumbo, sólo suele encontrarse en los puntos de comprobación de progreso de cualquier tarea. Por lo tanto, asegúrese de que sus próximos retos incluyan la intención de evaluar su progreso a medida que avanza.

En cuarto lugar, los retos satisfactorios permiten una *sensación de logro*. Los atletas pueden correr una maratón porque saben que su reto tiene una meta final. Los ejecutivos que trabajan veinticuatro horas al día, plenamente entregados a un proyecto, lo hacen porque tienen una fecha límite que cumplir y creen que importa para su reto global de contribuir a su asenso hasta la parte superior del organigrama. Estos ejemplos muestran que tener unas cuantas metas en mente y la creencia en una recompensa, son increíblemente importantes para soportar el esfuerzo que requiere cualquier reto. Este concepto se torna aún más importante cuando aceptamos esperar retos cada vez mayores. Por ejemplo, si vamos a aceptar el reto de poner fin a la pobreza en el mundo, será necesario conformar el reto y las expectativas de forma que podamos sentir que hemos alcanzado hitos significativos. Si nos limitamos a esforzarnos día tras día durante cuarenta años en el reto, y nunca sentimos la satisfacción de haber logrado completar proyectos importantes y significativos, perderemos el sentido de compromiso. Esta es la razón por la cual los agentes de cambio organizacional siempre incluyen *pequeños triunfos* dentro de un plan de cambio. Esos triunfos dan la oportunidad de calificar el desempeño —*¡estamos teniendo éxito!*— y representan además momentos en los que las personas sienten que han terminado algo importante: *¡terminamos eso!*

Por último, los retos que nos animan son los que nos permiten *compartir la experiencia y el logro.* Escalar el Monte Everest cumpliría todos nuestros anteriores criterios y eso, de por sí, lo convertiría en una experiencia maravillosamente satisfactoria. Pero escalar el Everest *con alguien más* sería una experiencia infinitamente mejor. Encontrarse de pie en la cima del monte y dar saltos de alegría para celebrar es algo magnífico; hacerlo y luego darse la vuelta para abrazar a alguien y reconocer la experiencia y el logro en compañía de otro, es indescriptiblemente más satisfactorio. No todos los esfuerzos compartidos tienen que ser tan épicos. Intentar hacer una colcha de retazos más compleja también cumple bien los primeros cuatro criterios. En último término, lo que hace satisfactoria la actividad es, sin embargo, poder mostrar la nueva colcha a sus seres queridos, que pueden demostrar su admiración con exclamaciones, celebrar o en último término, disfrutar su creación. Con frecuencia, es *hablar del reto y celebrarlo,* indicar cómo lo hemos enfrentado y cómo hemos alcanzado nuestros retos es lo que equivale a la crema en el pastel. Es importante entender lo vital que es esto para su psiquis y su deseo de aceptar retos cada vez más complejos. Inclusive si supera un enorme reto y experimenta una victoria personal, eso no será lo suficientemente intenso. Es posible que active el hemisferio izquierdo de su cerebro, que dice, *lo he logrado,* pero no activa su hemisferio derecho más social, que desea desesperadamente decir, *¡Mira, mamá, lo logré!*

Imagine la diferencia de sensación en los siguientes escenarios. Usted se entrena con mucho esfuerzo para ganar una maratón, des-

pués de obligar a su mente y a su cuerpo a ir más allá de lo que
sabía que era posible, más de 26,2 millas, cruza por fin la meta final
y levanta sus brazos en señal de victoria. En uno de los dos finales
de esta historia, usted ahora se va simplemente solo hasta donde ha
dejado su automóvil y se dirige a su casa, se ducha y nunca vuelva
a hablar de su hazaña. En el segundo final, usted abraza a sus compañeros participantes en la carrera y a quienes le han brindado su
apoyo y sale a almorzar con unos pocos amigos cercanos y algunos
miembros de su familia y habla del esfuerzo constante, de la competencia, de la magia de cruzar un umbral de posibilidad. Usted decide:
¿Cuál *sintió* más significativo y satisfactorio?

Estos son criterios para crear y experimentar retos que verdaderamente lo hagan sentir vivo:

- Singularidad de enfoque
- Llevar el esfuerzo y la capacidad más allá del límite
- Evaluar y calificar el desempeño
- Sentido de logro
- Compartir la experiencia y los resultados

Imagino que si piensa en cualquier momento gozoso de triunfo
o compromiso en su vida, estaban en juego estos factores. Ahora
que es consciente de ellos, utilícelos para elaborar nuevos retos para
usted de forma inteligente y estratégica.

Activador #2: Céntrese en el viaje y no le tema al rechazo

Cuando se escalan montañas y se conquista el mundo, conviene
saber de antemano dónde va a encontrar escollos. Inevitablemente,
todos tenemos que enfrentar nuevas dudas y temores a medida que
aceptamos retos cada vez mayores, por lo que faltaría a mi deber si
no los mencionara aquí.

Hay dos villanos mentales que tienden a presentarse y todos nos enfrentamos cuando luchamos una buena batalla en el camino hacia nuevos sueños: expectativas no cumplidas y el temor paralizante al rechazo.

Todos podemos relacionarnos con las expectativas no cumplidas. Todos nos hemos visto involucrados en proyectos en el pasado, y hemos trabajado en ellos hasta el agotamiento sólo para sentir que no hemos recibido la recompensa o el reconocimiento que tanto habíamos esperado o que tanto merecíamos. Así es la vida. Y debido a que la vida es así, es hora de cambiar todo nuestro enfoque hacia lo que esperamos de un reto. Para vivir una vida con Chispa, hay que cambiar nuestras convicciones acerca de las razones por las cuales aceptamos un reto.

Para la mayoría, aceptar un reto se relaciona exclusivamente con el resultado —la recompensa al finalizar el esfuerzo. Aceptan nuevos proyectos en el trabajo porque piensan que van a obtener aumentos. Deciden perder peso porque podrán usar una talla más pequeña de jeans. Aprenden otro idioma para poder ordenar los platos de un restaurante en otro país. Aceptan competir con alguien para ganar un trofeo y la admiración del público. En cada caso, estas personas van tras resultados.

Centrarse en el destino más bien que en el recorrido es algo que estamos culturalmente condicionados a hacer desde las etapas más tempranas de la vida. El reto de aprender el alfabeto es para obtener la estrella dorada. Estudiar y trabajar con intensidad nos obtiene un buen informe en la libreta de calificaciones… y la aceptación en una buena universidad… y luego un buen trabajo… un sueldo mejor… y la capacidad de poder comprar una buena casa y un buen automóvil… y luego una casa mejor y más automóviles… y así sucesivamente, sin fin. Se nos dice que esta dinámica de estudiar mucho, trabajar mucho, nos llevará a lograr todo lo que siempre hemos querido (por lo general algo que se nos ha dicho que deberíamos desear): dinero, riqueza, poder, posición social, logro, acumulación.

Todas estas recompensas al esfuerzo son recompensas extrínsecas, recibidas del mundo exterior. Desafortunadamente, nuestras vidas se convierten en algo relacionado con aceptar retos a la espera de este tipo de recompensas y, de pronto, nos despertamos un día sintiéndonos muertos en nuestro interior.

¿Por qué? Porque las recompensas extrínsecas, como ya lo he dicho antes, no nos satisfacen realmente. El dinero hace que la aguja de la felicidad suba sólo hasta que alcanzamos el ingreso promedio del país en donde vivimos. La fama, el poder, la posición social y la acumulación materialista por lo general desplazan la aguja hacia arriba sólo unos pocos puntos, y sólo en el primer año de haber alcanzado estos logros, y lo hacen, principalmente, sólo debido a que la sensación de tener estas cosas es novedosa y puede inspirar orgullo (esto siempre y cuando lo hayamos logrado a través de nuestros esfuerzos directos). Lo malo con las recompensas extrínsecas es que nunca son suficientes y nos llevan a una banda inclinada sinfín de lograr cada vez *más*. Un día nos despertamos con muchas recompensas extrínsecas que hemos estado buscando por largo tiempo y, sin embargo, no sentimos nada por haberlas logrado.

Para evitar esto, tenemos que seguir los sabios consejos de los hombres de otras épocas que nos dijeron que era necesario *enfocarse en el recorrido, más bien que en el destino*. No se preocupes de si tendrá éxito al mayor nivel o no mientras se encuentra en camino. Viva en cambio, cada momento del recorrido: disfrútelo, vívalo y aprenda de él. Preste atención a lo que tiene al frente, un paso a la vez, disfrutando sus esfuerzos y sus nuevos conocimientos, destrezas y capacidades que va adquiriendo en el proceso. Aprenda a disfrutar ese proceso de aceptar sus retos y *celebrar su propio esfuerzo*, tanto como sus resultados. Mientras más se centre en el recorrido, mayor será su interés por los retos y su convicción de que puede superarlos.

Naturalmente, todo esto es un excelente consejo de desarrollo personal, pero los que son realistas sostienen que por lo general y todos tememos aceptar grandes retos y nos liberamos de los resultados porque como humanos, según dicen ellos, sentimos gran miedo al fracaso y al rechazo social. Si usted es como muchos de mis lectores, una de las razones por las cuales no acepta retos más grandes en la vida, es porque teme la forma como otros puedan juzgarlo si los enfrenta (o falla). Entonces, enfrentemos este miedo al rechazo para poder superarlo.

El hecho es que el rechazo social no es algo que se presente con tanta frecuencia como tememos que lo haga. He hecho a muchas audiencias en el mundo entero esta pregunta: "¿Cuántas veces han sido rechazados en alguna forma que realmente los haya dejado heridos? No hablo de uno de esos pequeños momentos desagradables en los que alguien dice que no le agradan sus zapatos o la forma como se peina. Quiero decir, el tipo de rechazo que realmente duele, que le impide llegar a ser quien realmente es o altera por siempre su identidad. Me refiero a un rechazo que haya sido realmente doloroso y que le haya importado de verdad. ¿Cuántas veces?".

He hecho esta pregunta a audiencias de todo el mundo, repito. La edad promedio de mi audiencia es de cuarenta a cuarenta y cinco, por lo que no son personas inmaduras. Sesenta por ciento son mujeres, la mayoría con familias, la mayoría con ingresos superiores al normal en los países donde residen. Por lo general pido a las personas que levanten la mano a medida que aumento el número: "¿Cuántas veces? ¿Dos? ¿Cinco veces? ¿Siete? ¿Diez? ¿Quince? ¿Veinte?".

Entre cientos de audiencias y cientos de miles de personas, el promedio de respuestas nunca ha cambiado: siete. La mayoría de las personas, han sido rechazadas siete veces de forma realmente dolorosa, en el curso de sus vidas hasta llegar a la edad de pensionarse.

Por lo general, hago un seguimiento a esta pregunta pidiendo a las audiencias que cuenten el aspecto opuesto. "¿Cuántas veces han sido animadas por otra persona en su vida de tal forma que hayan tenido un efecto muy *positivo* para toda su vida?". Hago el mismo tipo de pregunta de seguimiento: "¿Cuántas veces ha sido aceptado, animado o respaldado de esta forma? ¿Una? ¿Dos? ¿Cinco veces? ¿Siete? ¿Diez? ¿Quince? ¿Veinte?". Al hacerlo, toda la audiencia ríe a carcajadas. Todos en el auditorio siguen con la mano levantada cuando llego a veinte. Entonces continúo. "¿Cuántos calcularían que han sido animados en esta forma cien veces? ¿Quinientas? ¿Mil? ¿Más de mil?". Todos los que están en el salón siguen con la mano levantada.

Esto es lo fascinante de ese experimento. Todos tememos el rechazo, sin embargo, *el hecho es que rara vez se presenta un rechazo significativo.* La mayoría de los adultos pueden recordar haber sido rechazadas de forma que realmente haya impacto su vida o sus identidades, sólo un total de siete veces.

Por lo tanto, lo que nos impide aceptar retos mayores en la vida es algo que rara vez sucede. Aún si se diera unas cien veces para cuando alcancemos los cuarenta años, ¿seguiría siendo suficiente para convencerlo de dejar de correr riesgos, de expresarse, de intentar superarlo? No, en lo que a mí respecta.

Sin embargo, no se pierda el resto de la historia. Si bien siete puede ser el número promedio de personas que hemos sido significativamente rechazadas para el momento que llegamos a la vida adulta, la contraparte es que *miles* de veces hemos sido respaldados o animados. Fuimos al colegio con cientos, si no miles de personas, trabajamos o interactuamos con cientos, si no miles de personas durante nuestras vidas adultas (compañeros de trabajo, clientes, vecinos, extraños en Facebook), y, por lo general, siempre nos aceptaron y nos apoyaron. Aunque no nos hayan apoyado, tal vez se limitaron simplemente a dejarnos hacer lo que quisiéramos, pero al menos no nos juzgaron ni nos rechazaron de modo que se afectaran nuestras identidades.

Todo esto me lleva a hacer una pregunta: En el camino hacia su destino ¿a quién y a qué va a prestar atención? ¿A las siete u ocho personas malvadas —cuyos juicios estaban mucho más relacionados con ellos mismos que con usted— que están en su espejo retrovisor? ¿O a los miles de animadores o personas que lo han impulsado a seguir adelante y que ahora bordean su camino hacia el progreso? Usted elige.

Superponer las acciones de siete personas, por dolorosas que hayan sido para usted a las expectativas del resto de la humanidad en lo que será capaz de lograr no es justo ni saludable. Hay, naturalmente, personas en el mundo que simplemente gozan juzgando a los demás y comunicándoselo a todos. Estos son los que sienten odio, los cínicos y los críticos. Son las personas a las que la súper estrella del comienzo de este capítulo les tenía miedo, un miedo que por último superó (y fue nominad para un Emmy).

En lugar de dar a estos críticos poder sobre usted y su futuro, simplemente ignórelos o, como uno de sus actos más generosos, téngales lástima. Porque ellos son los débiles, capaces de sentir una oleada de poder únicamente alimentándose de las debilidades que perciben en otros. Ellos son quienes han perdido sus sueños y sus conexiones con la esperanza y la humanidad. Son éstas las personas a las que no debe jamás permitirles apropiarse de sus ambiciones y sofocar su impulso de proponerse retos, de proponer retos a otros o a la sociedad. Sus opiniones inexactas y originadas en el odio son insignificantes, y usted es muy capaz, por lo cual no debe dejar morir sus sueños simplemente por el hecho de que alguien le apunte con sus críticas mientras avanza hacia la cima de la montaña.

Terminaré con mi cita favorita sobre este tema:

El que importa no es el crítico, tampoco el hombre que señala el tropiezo de un hombre fuerte ni el momento en el que un bienhechor podría haber cumplido mejor su propósito. El crédito lo merece el hombre que realmente está en la arena, con la cara manchada de suciedad, sudor y sangre; que se esfuerza con valentía, que se equivoca, que no alcanza su propósito una y otra vez, porque no hay esfuerzo sin error y sin inconveniente; pero quien realmente se esfuerza por obrar bien, quien conoce lo que son los grandes entusiasmos, las grandes devociones, quien se gasta por una causa justa; quien, en el mejor de los casos, llega a conocer al final el triunfo de un alto logro, y quien, en el peor de los casos, si falla, falla al menos mientras se enfrenta con valentía a un gran reto, de manera que su lugar nunca podrá estar entre esas almas frías y tímidas que no conocen ni el triunfo ni la derrota.

—Theodore Roosevelt, extracto de una de sus alocuciones "La Ciudadanía en una República", en la Universidad de la Sorbona, en Paris, el 23 de abril de 1910

Activador #3: Fijar retos mensuales de treinta días

Me he establecido un reto personal cada seis meses durante quince años. Como persona creativa, con "hemisferio derecho dominante", este libro me exigió una *tremenda disciplina* pero tanto los recorridos como los destinos (tan lejanos) han sido más interesantes y satisfactorios de lo que hubiera podido imaginar. Me he sentido realmente *vivo* cada mes (de hecho, prácticamente cada día) de mi vida desde que tomé la decisión de hacerlo. Mis días están iluminados por un auténtico flujo de satisfacción porque siempre estoy comprometido en búsquedas y retos apasionantes. En la última década y media, sorprendentemente divertida y excitante, he experimentado todas las recompensas intrínsecas y extrínsecas que vienen con una existencia vivida a plenitud. Hago un trabajo que amo y que considero significativo, he desarrollado varias marcas de varios millones de dólares y he asegurado el futuro de mi familia hasta donde mis capacidades me lo han permitido. Créamelo, me he caído de cara miles de veces, pero siempre con una actitud alegre, sabiendo que, al menos, aprendía—al caer de narices. He conocido presidentes de varios países, he viajado por el mundo, he comprado casas para miembros de mi familia, he donado millones de dólares a distintas causas y proyectos en los que he tenido una fe profunda. Mi amigo Paulo Coelho dice que una de las grandes cosas de América es que podemos compartir nuestro éxito con orgullo, como ilustraciones de lo que es posible, sin que nos juzguen como vanidosos. Espero que eso sea así y que usted pueda ver que no comparto nada de esto para impresionar a nadie, sino para ilustrar el potencial de plantearse retos en forma consistente.

Atribuyo casi todo mi éxito personal y financiero ante todo a Dios, a mi familia y, en segundo lugar, a mis mentores y, en tercer lugar, a las formas en que me he retado y las que he elegido para superar los retos de la vida. De estas últimas, lo mejor que he hecho es fijarme retos mensuales.

Un reto personal mensual puede ser ensayar un nuevo deporte, aprender una nueva habilidad, emprender un gran proyecto creativo, desempeñarme a niveles más altos en una serie de reuniones o simplemente aceptar una nueva creencia. Mis retos de los últimos meses han sido mejorar mi capacidad de saber escuchar, mejorar mi juego de raquetbol y realizar más videos de capacitación para mis seguidores.

Siempre destaco un reto cada mes y lo afronto con celo y disciplina. Al igual que cualquier destreza, fijarse retos personales y esforzarse en cumplirlos requiere enfoque, disciplina y compromiso. Afortunadamente, esto es algo que mientras más se hace más se disfruta y el impulso para el reto se activa y vuelve a convertirse en parte de la vida.

Para comenzar, tome ahora mismo una hoja de papel. Dibuje doce casillas en la página, una por cada mes del año. En cada casilla, anote una descripción de una a cuatro palabras de un reto que va a aceptar durante el ese mes. Tal vez escriba "escuchar", "entrenarse más intensamente para la maratón", "diseñar un sitio web", "controlar mi dieta" o simplemente "amar".

Cualquiera que sea su reto, tenga en cuenta de que con frecuencia no es el nombre o el tema del reto lo que lo hace tan importante. Es simplemente el hecho de establecer retos reales que signifiquen algo para usted, que le exijan esforzarse, que lo conviertan en un ser humano más fuerte y mejor. Usted puede convertirse en el amo de su propio destino al fijarse retos reales y superarlos todos, disfrutando del proceso de principio a fin.

Unas cuantas ideas acerca de los tipos de retos que se fije. Hasta el momento, hemos descubierto retos de desarrollo personal. También hay retos sociales y de entrega de uno mismo, que podría desear fijarse.

Yo me obligo a fijar un reto social una vez al mes junto con mi reto personal, también en el primer mes, haciéndole seguimiento cada domingo y luego a fin de mes. Los retos sociales son aquellos que le exigen mejorar sus interacciones con otros seres humanos. Son esfuerzos de saber oír a los demás, tener empatía, perdonar, aceptar, tener camaradería, liderazgo, trabajar en equipo, compartir, crear una red y desarrollar capacidad de amar, para nombrar sólo unos pocos. También son esfuerzos para *salir más* e interactuar con otros grupos y redes de personas.

En la misma hoja de papel que utilizó para fijar sus retos personales, fije sus retos sociales.

Por último, asegúrese de establecer unos pocos retos de *darse usted mismo* a lo largo del año en relación con una causa que usted crea que necesite la ayuda de algunas personas inteligentes, el poder de voluntarios o dinero. Otros usarían el término "problemas sociales" en este contexto, pero no quiero confundirlo con este último reto, tampoco creo que estos problemas sean sociales. Para mí, los mayores retos que enfrentamos en nuestro tiempo —pobreza, guerras, falta de educación, una economía inestable, degradación ambiental, hambre, vivienda y atención de salud inadecuadas— son todos problemas mundiales. Afectan a todas y cada una de las personas en todas las sociedades, y si no logramos manejarlos, es el mundo entero, no sólo la sociedad, el que está en peligro.

Con esto en mente, centre unos cuantos de sus retos mensuales en contribuir con el mundo —un reto de hacer el bien que realmente le interese y que lo impulse a lograr una diferencia.

Siguiendo con el tema de este capítulo, quiero hacer un comentario final acerca de crear retos sociales y de donación para usted: no intente marcar la diferencia a medias —*esfuércese* por hacer grandes cosas para grandes causas. Ya sé que es fácil resignarse en este complicado mundo en que vivimos y pensar que no podamos hacer nada significativo pasa contribuir al cambio. Los problemas que enfrentamos hoy son abrumadores. Demasiadas personas viven por debajo de la línea de pobreza. Millones carecen de acceso a agua potable, alimentos, servicios sanitarios, atención médica, oportunidades. Miles miles de millones de dólares de deuda nacional, mercados que colapsan. Guerras rampantes. Políticos en la cárcel. El medio ambiente deteriorándose cada vez más.

Estos retos son graves y constituyen algunos de los problemas más importantes de nuestro tiempo. Si bien podríamos esperar que el cubrimiento de estas noticias por parte de los medios pudiera difundir más educación y compromiso para resolverlos, el resultado ha demostrado ser lo opuesto. Las noticias de hoy rara vez educan o inspiran nada diferente al desprecio y la polarización. Por el afán de tener buen rating, aún el mejor cubrimiento de noticias se ha vuelto en sensacionalista —*¡Alerta! ¡Alerta! ¡Alerta!*— y sólo informa perspectivas extremas en relación con muchos aspectos. Esto lleva a una ausencia de información verdadera, sólo se presentan posiciones, sin diálogos reales que promuevan el descubrimiento de soluciones. Lo que es peor aún, en su esfuerzo por incitar controversia, los medios nos han enrolado a todos en una sopa social de interminables, desconsiderados e infructuosos juegos de asignación de culpa.

Mientras vemos todo esto desde nuestros sillones de la abundancia, simplemente nos desconectamos. Nos dejamos invadir por la resignación para no involucrarnos, o simplemente para insensibilizaros. Estamos de acuerdo con los tonos de desaprobación de quienes presentan los noticieros: "*Qué pena* ¡cómo se atreven!". Pero permanecemos casi siempre apáticos. Odiamos lo que vemos que ocurre, pero los problemas son tan grandes que nos limitamos a pensar, *Oh, bueno ¿Qué podría hacer yo?*

Lo que puede hacer va más allá de su imaginación actual. Y, sin embargo, ese es el problema. Debido a que está "más allá" de lo que pueda imaginar en la actualidad, es difícil de captar excepto por parte de unos pocos visionarios que se atreven a verse a sí mismos aventurándose en el territorio de lo imposible. Entonces los visionarios sienten que pueden cambiar el mundo, mientras que el resto de la sociedad se entierra en rutinas de resignación.

Sin embargo, todos podemos ser grandes visionarios y grandes contribuidores adoptando dos perspectivas muy sencillas. En primer lugar, tenemos que dejar de pensar que sólo vale la pena considerar un reto si puede resolverse. Usted, por sí solo, no va a resolver la pobreza del mundo. No va a resolver el problema de la educación, de la economía ni del medio ambiente. Pero puede decidir ser parte de la solución. Y es siendo parte de una solución y aceptando el reto como nos volvemos a sentir vivos, aún si nunca llegamos a ver los frutos de nuestros esfuerzos mientras vivamos. Láncese al reto, y comenzará a sentirse parte de la solución.

En segundo lugar, para zafarnos de las riendas de la resignación, tenemos que dejar de pensar que tenemos que enfrentar el problema solos. Es importante hacer lo que nos corresponde, pero debemos centrarnos igualmente en ser parte de crear una comunidad de personas comprometidas para aliviar las necesidades más apremiantes de nuestro mundo.

Margaret Mead lo expresó mejor: "Nunca hay que subestimar el poder de unas pocas personas comprometidas en cambiar el mundo. De hecho, eso es lo único que algunas veces lo ha podido cambiar".

Es hora de comprometernos una vez más con los problemas y retos de la sociedad. Hacer esto nunca nos llevará a recibir recompensas extrínsecas ni soluciones totales que podamos ver mientras vivamos. Pero no se trata de llegar a n destino; se trata de emprender un camino y de sentir que hemos hecho algo con nuestras vidas que ha ayudado al mundo.

Si quiere sentirse más satisfecho con su vida, tendrá que sentirse más satisfecho con el mundo. La mejor forma de lograrlo es plantearse el reto de tomar parte activa en la sociedad. Ser parte de la solución es algo que siempre nos hace sentir mejor que limitarnos a ser espectadores. Si se limita a ver simplemente cómo se hunde un barco sin hacer nada, se sentirá muerto en su interior. Pero suba de un salto a los botes de rescate, movilice a quienes lo rodean para que hagan lo mismo y repentinamente volverá a sentirse vivo.

PUNTOS DE IGNICIÓN

1. El siguiente reto grande y osado que me voy a plantear en mi vida es…

2. Si hubiera dejado de tener miedo al rechazo, un reto que hubiera enfrentado antes en mi vida habría sido…

3. Los retos de treinta días que fijaría para mí durante los próximos doce meses incluyen…

Capítulo diez

EL IMPULSOR PARA LA
EXPRESIÓN CREATIVA

Hay una vitalidad, una fuerza vital, una energía, una
aceleración que se traduce a través de usted en acción, y debido
a que sólo hay una persona como usted en toda la historia, esta
expresión es única. Y, si la bloquea, nunca existirá a través de
ningún otro medio y se perderá.

—Martha Graham

—Tendrás que deshacerte del pelo rojo si quieres que alguien te tome en serio.

La mujer sentado junto a mí en el escenario, una famosa "gurú" espiritual, se dirige a una mujer joven de ojos brillantes sentada en la primera fila, de nombre Sasha, que tiene un mechón rojo brillante en su negro pelo largo y grueso. La audiencia en pleno, incluyéndonos a Sasha y a mí, queda sorprendida. Después de haber predicado aceptación y poder personal por cerca de una hora, la gurú le da ahora a Sasha un consejo no solicitado, diciéndole que su mechón de pelo rojo le impedirá ser aceptada por otros, especialmente por los miembros de los círculos más sofisticados.

Aparentemente, la gurú no capta la reacción de la audiencia y sigue compartiendo más recomendaciones con Sasha, antes de cambiar de tema. Yo permanezco allí, sentado en silencio, a punto de estallar de ira bajo las brillantes luces del escenario. Siento como si las ochocientas personas en la audiencia quisieran decirme algo, pero no estoy seguro de lo que siento en este momento ni por qué.

Cuando terminamos nuestra conversación, la audiencia parece haber olvidado el incidente y aplaude fuerte, pero algo hay que no está bien.

Esa noche y durante la mañana siguiente, analicé mis sentimientos y me descubrí la fuente de mi ira. Los comentarios de la gurú me molestaron porque eran incongruentes con lo que había estado diciendo y eran, más específicamente, una violación de las normas para relacionarse con un miembro de mi audiencia. Sasha no le había solicitado un consejo a la gurú. Sólo estaba allí sentada, inocente, cuando la gurú, arremetió contra ella en un intento por compartir la razón por la cual todos debemos cuidar nuestra imagen profesional.

Cuando estoy furioso, aplaudo con furia. Esa mañana salí al escenario como siempre lo hago, animando a todo el auditorio a aplaudirme. Esta vez, sostuve el aplauso por más tiempo batiendo palmas y danzando y el salón estaba a punto de explotar.

Fui directo al grano.

—Una de las cosas que más amo acerca de la industria de expertos es lo que llamo el espacio de cómo aconsejar; se trata de cuántas voces y perspectivas diferentes existan. Aprendo de todos y yo sé que ustedes lo hacen también. Pero cada uno de nosotros tiene su propia forma de interpretar las cosas y cada uno tiene su propia forma de aconsejar.

Miro a la primera fila, buscado a Sasha. Al verla, me dirijo a ella en especial:

—Por ejemplo, si anoche hubiera visto a esta mujer en primera fila con el mechón de pelo rojo, le hubiera dicho, "¡Sigue así con tu actitud de niña mala!".

Tan pronto como terminé la frase, de la audiencia salieron rugidos de aprobación. Era evidente que la reprimenda y el consejo que dio la gurú a Sasha la noche anterior, la había afectado profundamente —hoy llevaba el pelo atado atrás en una cola de caballo y llevaba un vestido sastre. Se ve como otra persona: más seria, más controlada. Pero esa fachada se quiebra rápidamente cuando digo esto desde el escenario y rompe a llorar más rápido de lo que jamás he visto que llore una mujer.

Mis camarógrafos enfocaron el zoom en Sasha y el auditorio comenzó a gritarle y a aplaudirla.

Dije: —Sasha, sube al escenario por favor —y todo el auditorio se puso de pie gritando entusiasmado y apoyándola. El nivel de energía en ese salón llega a diez.

Tomo el micrófono y se lo entrego a Sasha quien, para este momento está llorando y todo el maquillaje de los ojos le cubre la cara. Le pregunto:

—¿Qué pasa con tu pelo rojo?

Ella ríe y trata de controlarse, después responde:

—Es sólo la forma que tengo de recordarme que debo ser libre, creativa y cálida, que debo ser yo misma, cada vez que me miro al espejo. Me recuerda que debo permitir que trasluzca el brillo de mi propia sensualidad.

Otro ruidoso aplauso de la audiencia.

Luego le pregunté:

—Entonces, Sasha ¿tú qué haces?

Para este momento está más erguida y plenamente presente y responde:

—Enseño a las mujeres a aprovechar esa parte de ellas que es salvaje y libre y que se expresa plenamente. Les enseño a no esconderse detrás de falsas fachas sino a sentirse hermosas en su propia piel y a vivir como lo que son, creaturas sensuales, magníficas, creativas, de espíritu libre, que merecen recibir amor y vivir del amor.

El auditorio se pone de pie de nuevo y le da una ovación como la que jamás he visto. Sasha resulta ser una de las mujeres más estructuradas y apasionadas que yo haya tenido en el escenario durante esa semana y el auditorio lo siente. De hecho, jamás he sentido que una audiencia desee con tanta fuerza que alguien sea reconocido y aceptado, como ocurrió con Sasha. El público también sintió que los comentarios de la gurú de la noche anterior, no sólo fueron incongruentes sino que también representaron una afrenta contra la individualidad y el espíritu creativo que todos llevamos dentro. Al rendirle honor a Sasha, están rindiendo honor a lo salvaje y libre que tienen en sí mismos.

Pido a la audiencia que me ayude a reafirmar el conocimiento que Sasha tiene de ser bella tal como es, dándole una serenata. Los guío dándoles los primeros versos de la canción de Joe Cocker, "You Are So Beautiful" (Eres Tan Bella).

Más tarde, esa misma noche, invité a Sasha y a su hermano a nuestra cena VIP para nuestros mejores clientes. Cuando conocí a su hermano, varios años menor que ella, me tomó por el brazo y me llevó a un lado.

—Quiero agradecerle por lo que hizo por mi hermana hoy. Cuando la conferencista de anoche la juzgó de forma tan abierta, todo lo que tengo dentro de mí como hermano y como hombre sintió deseos de devolver la ofensa y protegerla. Creo que todo el auditorio quedó sin palabras, pero todos deseábamos luchas por Sasha. El hecho de que usted se tomara el tiempo esta mañana de reconocerlo y de reconocer a mi hermana, significó el mundo entero para ella. Literalmente cambió su vida. Y lo convirtió a usted en mi hermano.

* * *

Creo que no hay nada más poderoso en la vida que permitir que nuestras propias individualidades brillen a través de nosotros, para iluminar el mundo con nuestra forma de ser única y divina. Para algunos, parte de esa expresión significa teñirse un mechón de pelo rojo. Para otros es expresarse en forma creativa a través de su trabajo, artístico, musical, o de interacción diaria con los demás. Sea lo que sea, sabemos que una cosa es cierta: nunca debemos intentar aplastar la individualidad o la expresión creativa de otro ser humano. Afortunadamente, la mayor parte de nuestro mundo e inclusive la economía celebra ahora el espíritu creativo y lo recompensa de múltiples formas. Cuando subimos un video creativo a Internet, es visto por muchas personas. Cuando compartimos ideas creativas, nos ascienden. Cuando nos podemos de pie frente a un auditorio y mostramos al descubierto nuestros corazones y celebramos nuestra propia magia, los auditorios se ponen de pie y aplauden.

El impulsor para la expresión creativa nos urge a manifestar física y socialmente nuestros talentos, fortalezas y perspectivas únicos. Dicho de forma más simple, uno es quien es y uno es distinto de los demás debido a su forma única de expresarse.

Cuando nos sentimos conectados con nuestro lado creativo y lo expresamos de forma consciente, nos sentimos más animados y comprometidos. Sentimos que ocupamos un lugar único y que tenemos una perspectiva única en el mundo, y disfrutamos compartiendo nuestras ideas y sentimientos por cualquier medio por el que podamos hacerlo, ya sea pintando sobre lienzo, cantando en un escenario, o escribiendo o golpeando incansablemente un teclado. Es probable que en el trabajo haga más preguntas, dedique más tiempo a formar sus propias opiniones y comparta un mayor número de sus ideas con los demás. También sentimos un gran entusiasmo al enfrentarnos a nuevos retos y abordar nuevos proyectos puesto que cada uno representa nuevas oportunidades de dejar nuestra propia marca en el mundo.

Desde el aspecto neurológico, tener mayor contacto con nuestro hemisferio creativo significa que activamos más el hemisferio derecho del cerebro. Es el hemisferio que tiende a procesar ideas y conceptos de más amplio alcance, a interpretar la forma como se expresan las ideas, a captar nuestro organismo y nuestras emociones, a sintetizar elementos únicos en este gran todo, a visualizar el futuro, etc. También considero que este hemisferio es el lugar *disruptivo* de la mente, que nos permite desensamblar y repensar cómo están las cosas, a actuar contra la sabiduría convencional o socialmente aceptada y volvernos a moldear y recrear nosotros mismos y a moldear y recrear el mundo que nos rodea.

Este es un capítulo que se ocupa de volver a entrar en contacto con nuestro lado creativo y a convertirnos en personas más inteligentes y estratégicas para expresar en forma creativa quiénes somos en el mundo. Lo que está en juego es mucho más de lo que probablemente pueda imaginar. Si pierde contacto con su expresión creativa, pierde contacto con su yo único —y, por consiguiente, pierde la conexión consigo mismo. Activar su impulsor para la expresión creativa es una de las estrategias más rápidas para encontrar felicidad y plena satisfacción. Además, es la mejor forma de garantizar su futuro empleo.

El futuro del mundo laboral

Malas noticias de la nueva economía: si no puede aprovechar su yo creativo y expresar plenamente sus ideas y talentos, fortalezas y perspectivas únicos, es probable que pronto se encuentre desempleado.

El mundo ha cambiado realmente a favor de un nuevo tipo de trabajador, lo que yo he llamado el "colaborador creativo". La persona que puede ser individualmente creativa en el trabajo si dejar de lado su capacidad de socializar e interesarse por colaborar con los demás, es el que gana.

No malinterprete mi tono confundiéndome con un soñador creativo, una especie de "soldado de la fortuna" autoproclamado. Todos los datos de los que disponemos hoy en el campo laboral apoyan esta particularidad creativa y estoy seguro de no ser el primero en notar esa tendencia.

The Rise of the Creative Class (El ascenso de la clase creativa), del autor Richard Florida, señala que en 1900, menos del 10 por ciento de los trabajadores norteamericanos hacían trabajos creativos. La mayoría desempeñaba trabajos repetitivos y de rutina en granjas o fábricas. Pero el trabajo físico rutinario fue reemplazado hace ya mucho tiempo por el levantamiento mental de pesas del conocimiento económico. Para principios del 2000, cerca de una tercera parte de la fuerza laboral hacía trabajo creativo. Los ingenieros, artistas, científicos, diseñadores y trabajadores basados en el conocimiento empezaron a representar cerca de la *mitad* de todos los ingresos por sueldos y salarios en los Estados Unidos —cerca de $2 trillones de dólares. La clase creativa estaba manejando un mayor porcentaje de la economía que los sectores de manufactura y servicios combinados.

Para el 2005, Daniel Pink, autor de *A Whole New Mind*, declaró el tipo creativo de mandatarios del nuevo mundo, al decir, "El futuro pertenece a un tipo de persona muy diferente con un tipo distinto de forma de pensar —personas creativas que saben empatizar y reconocer patrones y forjadores de significado. Estas personas —artistas, inventores, diseñadores, narradores, prestadores de servicios de salud, animadores, que basan su pensamiento en todo un panorama— serán quienes recojan las mayores recompensas de la sociedad y compartan sus mayores gozos".

Nada de esto pretende decir que quienes utilizan más su hemisferio izquierdo deban quedar atrás —sólo tienen que ser muy estructurados. Deben pensar en forma lógica y secuencial y deben sobresalir en aspectos de análisis, idiomas y elaboración de listas que serán siempre aspectos críticos para el éxito. Es únicamente que ellos, por sí solos, ya no son suficientes en un mundo tan orientado al diseño y la innovación. Su capacidad intelectual tiene que ser equiparable a su capacidad de narrador, para así poder comunicar mejor sus ideas. Sus diseños funcionales tienen que ser de un alto nivel con base en un diseño estético en el que todos puedan ver la belleza de lo que usted crea y vende. Será mejor que aplique su pensamiento lineal a una visión más amplia y a un panorama que resuene emocionalmente en aquellos a quienes dirige. En resumen, tiene que incluir una sensibilidad creativa en todo lo que haga en su trabajo.

Aún hoy, los titanes de la tecnología no son más que plataformas de expresión personal. Lejos están ya los días en los que la tecnología estaba orientada por su funcionalidad y era popular por lo que nos permitía hacer o lograr. Las hojas electrónicas, los procesadores de palabras, PowerPoint —las cosas de Microsoft— solían ser lo que regía al mundo. Ya no es así. Hoy, lo que hace que la tecnología sea atractiva y un generador de energía en la economía tiene que ver menos con lo que nos permite hacer que con la forma como nos ayude a expresarnos. De hecho, si bien la mayoría de los comentaristas en el campo de la tecnología piensan que la conexión y la comunidad impulsan el éxito del software, están dejando de lado una realidad más profunda. Lo que es interesante es que todas las plataformas tecnológicas modernas —por ejemplo, Facebook y YouTube— han tenido un éxito inmenso no sólo debido a sus funciones comunitarias sino, en gran parte, porque aparecieron en un momento en que el mundo estaba hambriento de plataformas que permitieran que las personas se compartieran ellas mismas con el mundo. En realidad, la esfera de los medios sociales está impulsada por un deseo de conectar y reunir admiradores y seguidores por una necesidad de expresarnos de forma creativa. Enviar mensajes, reflexiones sobre nuestras experiencias o nuestras impresiones de los sitios que visitamos o las cosas que vemos como esfuerzos creativos indudables. La ventaja de los medios sociales es que nos permiten expresarnos creativamente al mundo, pero la función de conexión de los medios sociales no es más que esa: una bonificación. La expresión creativa es el impulsor de Facebook, Twitter, YouTube y todas las demás plataformas modernas.

La infinidad de cambios hacia la creatividad en el campo laboral, tiene importantes implicaciones para su vida. El antiguo compacto social de "haga bien su trabajo y lo conservará" murió a principios de la década de 1990, cuando la tendencia a recortar, optimizar y contratar por tercería, dominó el mundo de la estrategia comercial. Hoy en día, mantener un empleo no implica "hacer un buen trabajo" ni ser más inteligente o ser una persona más agradable con la cual trabajar. Tampoco se trata de limitarse a organizar datos o personas. Ahora hay que ser un innovador, capaz de agregar nuevo valor y ventajas competitivas a través de su insumo creativo y sus colaboraciones. Si no es creativo y colaborador, nadie le escuchará y muy pronto se encontrará marginado, encargado de tareas mundanas, o, más probablemente, despedido o viendo como su trabajo se contrata por tercería. El papel que desempeña ahora en su trabajo es juzgado básicamente por qué tan bien puede crear nuevas ideas, herramientas, tecnologías, contenido y campañas que ayuden a sus clientes y compañeros de trabajo a aprovechar su más alto potencial y a expresarse de manera más completa.

Las buenas noticias acerca de todo esto son que la demanda creatividad en el trabajo estás permitiendo que traigamos un nivel totalmente nuevo de autonomía, derecho de expresión, y contribución a nuestras vidas diarias. Cuando podemos poner nuestro toque personal en un proyecto, sentimos que hemos logrado un verdadero impacto. Ver que nuestras ideas hacen eco en los demás y llegan a ser realidad es una de las mayores recompensas del trabajo y la colaboración creativa en acción en las organizaciones modernas, hace que eso sea muy posible.

Claro está que la expresión creativa es importante tanto en nuestra vida personal como en nuestra vida profesional, y si vamos a sentir que podemos expresarnos a plenitud (y triunfar en la Nueva Economía), tenemos que tomarlo muy en serio. Comencemos por evaluar qué tan creativamente se ha venido expresando.

Activador #1: Ampliar la expresión creativa en todas las áreas de su vida

Para ayudarle a definir qué tan creativo es y ayudarle a la vez a inyectar mayor creatividad en su vida, es importante entender primero que todo lo que hace representa un acto de autoexpresión y creatividad. La forma como escribe sus correos electrónicos, la forma como se viste para ir al trabajo o la forma como decora su hogar son actos de expresión. Aquí, nuestro propósito es determinar cuánta manifestación creativa está poniendo en esas acciones.

Si mira alrededor de su hogar y piensa en su trabajo y *no se puede ver* reflejado en ninguno de los dos sitios, entonces, está en problemas.

Comencemos con una simple prueba de cinco partes que he administrado a miles de clientes y que llamo simplemente el Quiz de Expresión Creativa. En una escala de cero a diez, donde cero significa nada y diez significa lo máximo, califique qué tanto cree y siente que su estilo personal, su expresión y su huella estén presentes en varias áreas de su vida. Aquí vamos.

Quiz de Expresión Creativa

- *En el hogar:* ¿Qué tanto de "usted" puede ver y sentir en su hogar? ¿Se observa su estilo único en todas partes de su hogar? ¿Fue usted quien eligió los colores de las paredes, los muebles, la iluminación y la distribución? ¿Está su personalidad realmente reflejada en su casa? Considere todas estas preguntas y asígnese un puntaje.

- *En el trabajo:* ¿Qué tanto de "usted" puede ver y sentir en su lugar de trabajo? ¿Es su lugar de trabajo un lugar que refleje sus características únicas como persona, con objetos, fotografías o diseños que usted haya elegido? ¿Siente usted que sus colegas tengan una idea de sus fortalezas individuales, su estilo y su personalidad? ¿Puede verse la impronta de su estilo y su contribución creativa en todos los aspectos de los últimos cinco proyectos en los que ha trabajado? Considere todas estas preguntas y asígnese un puntaje.

- *En las relaciones íntimas:* ¿Qué tanto puede ver y sentir sus conceptos y valores en sus relaciones íntimas con su cónyuge o su pareja? ¿Hay cosas que les gusten a ambos y decidan hacerlas? ¿Entiende su pareja sus valores, su estilo de comunicación, sus caprichos y sus ambiciones en la vida? ¿Cree que contribuye a dar esplendor y una independencia alegres a su relación? Considere todas estas preguntas y asígnese un puntaje.

- *En las amistades:* ¿Qué tanto reconoce y ve su forma de hablar y sus valores reflejados en sus amistades? ¿Hace cosas que disfrute con sus amigos y elije lo que van a hacer? ¿Entienden sus amigos sus valores, su estilo de comunicación, sus caprichos y sus ambiciones en la vida? ¿Cree que contribuye a dar esplendor y una independencia alegres a sus amistades? Considere todas estas preguntas y asígnese un puntaje.

- *En su tiempo libre:* ¿Qué tanto ve e intuye de "usted" en su vida de ocio, lejos del trabajo, de su vida de familia y de su vida social? ¿Lee o le gustaría leer libros? ¿Practica algún pasatiempo que le haga sentir que expresa la persona única que usted es? Considere todas estas preguntas y asígnese un puntaje.

• *En las contribuciones:* ¿Qué tanto ve e intuye de "usted" en las formas como contribuye al mundo en general? ¿Cree que está dejando su huella inconfundible en el mundo? ¿Siente que su trabajo y el trabajo que hace como voluntario, reflejen la esencia de la persona que usted es? ¿Cree que está ofreciendo una voz y una contribución propias a su comunidad y al mundo en general? Considere todas estas preguntas y asígnese un puntaje.

Ahora sume todos sus puntajes de las anteriores categorías. Si su puntaje global no es de cuarenta y cinco o más, está faltando algo importante en su vida: *usted.* Un puntaje más bajo que eso significa que no está expresando quién es realmente en algunas de las principales áreas de su vida. También sugeriría que probablemente se está negando y está negando a quienes lo rodean, el gozo de escuchar y conocer a la auténtica, única y creativa persona que es usted. Si este es su nivel de puntaje, entonces es hora de incluir un compromiso renovado de vivir y expresar creativamente quién es usted en realidad. El mundo quiere ver más de *usted* en su vida. Hay más de 7 mil millones de personas en el planeta. Entre todas ellas, usted es única, viva de acuerdo con esto.

También he podido observar que mientras más alto sea el puntaje, más feliz es la persona. Esto es muy lógico. Qué tan creativos nos sintamos cada día de la vida tiene mucho que ver con la forma como nos expresemos y con la satisfacción que alcancemos. Afortunadamente, no hay nada realmente misterioso acerca de hacer que la aguja de la creatividad suba en cada una de estas áreas —sólo se necesita un poco de enfoque y consistencia. Vuelva al Quiz de Expresión Creativa ahora y conviértalo en un planificador de expresión creativa poniendo por escrito cada una de las categorías y preguntándose cómo puede traer más creatividad a esa área de su vida. Tómese su tiempo para hacerlo, hágalo ahora, antes de seguir adelante. Podrá ver que el simple hecho de crear estas ideas lo reenergizará, revelándole uno de los mayores gozos de este impulsor —el sólo hecho de *pensar* como se puede ser más creativo en la vida puede hacerlo sentir energizado, comprometido y entusiasta.

Activador #2: Estudie a las personas y diseñe

He sido bendecido con la oportunidad de trabajar con la mayoría de los artistas creativos, cantantes, actores, autores, luminarias y diseñadores, y he podido ver que si bien cada uno de ellos es increíblemente único, todos tienen el mismo enfoque hacia el desarrollo de su creatividad. Todos fueron ávidos observadores de las personas y amantes del diseño.

Aunque muchos piensan que las personas con una alta capacidad de creatividad son artistas, diseñadores o genios solitarios que se esfuerzan y trabajan solos en sus estudios y oficinas, el hecho es que los creativos son increíblemente sociables y su creatividad depende literalmente de sus interacciones con el mundo. Esa es la razón por la que prácticamente todos los creativos del mundo le darían exactamente el mismo consejo si les preguntara, "¿Cómo me convierto en una persona más creativa?". La respuesta sería, "Observe a las personas y explore el mundo".

En una oportunidad trabajé para un importante minorista de ropa que luchaba por ser visto como una persona más creativa en el mercado. Para ayudar a sus ejecutivos a desencadenar su creatividad, trajo a una de las firmas de diseño más famosas para que los asesorara. Esto es lo que los diseñadores dijeron a los ejecutivos que debían hacer: *vayan de compras.* En serio. La firma diseñadora sugirió que los ejecutivos del negocio minorista salieran al "campo" (los centros comerciales), se fijaran en las personas y vieran cómo compraban. Que tomaran notas, que hiciera preguntas a los clientes acerca de por qué estaban comprando lo que fuera que compraran, que tuvieran en cuenta aquellas cosas que a ellos les gustaban o no les gustaban y que luego volvieran a sus oficinas e hicieran una lluvia de ideas para comenzar a diseñar. Por este consejo, la firma diseñadora cobró cientos de miles de dólares.

Las personas más creativas del mundo son, en el fondo, observadoras de otras personas. Saben que su chispa de expresión creativa suele llegar no de la soledad sino de la inspiración social. Por esa razón les intriga ver cómo se comportan las personas, cómo interactúan, cómo se comunican, cómo usan los productos, cómo trabajan, cómo compran, cómo practican su religión y cómo se organizan. En este sentido, son como antropólogos. Se puede aprender mucho de ellos. Si quiere convertirse en una persona que se exprese en forma más creativa en la vida, comience a observar a las demás personas como *práctica habitual* prestando mucha atención a la forma como se expresan los demás. Fíjese en lo que les gusta y no les gusta, en lo que expresan y no expresan. A veces, el simple hecho de prestar atención a las personas nos ayuda a darnos cuenta de cosas nuevas en nosotros mismos.

No todas las formas de observar a las personas pueden espolear nuestra propia expresión creativa. Tal vez pueda descubrir que observar a las personas en el centro comercial o en el aeropuerto es una fuente de inspiración para usted, pero si desea una mayor inspiración creativa haga lo que la mayoría de las personas creativas del mundo hacen: involúcrese en el mundo del arte. Ir a ver un grupo de ballet profesional nos hace querer bailar. Ver la galería de un artista nos puede impulsar a tomar un pincel y comenzar a pintar. Oír a un gran músico nos hace querer aprender a tocar algún instrumento. Si bien, tal vez, no todos estos ejemplos se apliquen a usted específicamente no cabe duda de que estar cerca a la creatividad que abunda en las artes es algo e que nos atrae y desarrolla nuestro hemisferio derecho y nuestras neuronas espejo. Lo que vemos es lo que sentimos, por lo tanto, observar el arte nos hace sentir más artísticos. Y eso sólo puede ser bueno.

Cuando nuestra energía creativa parece estar en su límite más bajo, es importante recordar todo esto. Si alguna vez llega hasta este punto, salga de su casa y relaciónese de nuevo con el mundo. Recuerde, a los genios les encanta la compañía.

Esta lección la aprendí al escribir este libro. Después de varios éxitos creativos, incluyendo un libro que ocupó el primer lugar de los bestsellers del *New York Times* caí en la trampa de buscar apartado para crear mi siguiente obra en soledad. Pensaba, *Si sólo puedo lograr alejarme de esta locura del mundo, entonces podré pensar mejor.* Pero al estar solo, pronto me di cuenta que no podía escribir nada creativo. Entonces, por casualidad, hablé con otro autor muy exitoso que me recordó la importancia de salir al mundo e interesar a mi mente social y curiosa. Al día siguiente, comencé a salir a almorzar a un café popular y comencé a observar a la gente, visité un museo local y llamé a algunos amigos para contarles y escuchar de ellos unas cuantas buenas historias. Esa noche escribí mejor de lo que lo había hecho en semanas. Este se convirtió en el mantra para sanar mi cerebro durante y después de mi concusión: "conectar nuestro cerebro significa conectarnos con la gente y con el mundo".

Intente hacer esto hoy: Abra su periódico y vea qué espectáculos habrá en la ciudad el fin de semana. Vea una pieza de teatro, vaya a un concierto a oír una sinfonía, visite una exposición; tome un curso. Entre a la escena artística local, aunque no sea por otra razón que para rodearse de creativos que no tengan que ver con su entorno de trabajo. Entonces, mientras observa actos de expresión creativa, pregúntese, *¿Qué pienso de eso? ¿Qué me inspira eso en cuanto a lo que debo pensar o la persona en la que debo convertirme?*

Dado que va a estar prestando más atención a los demás y va a estar saliendo de nuevo al mundo, comience a prestar atención también a la forma como están diseñadas las *cosas*. Fíjese en la forma de su teléfono, en la distribución del interior de su automóvil, en la forma como está estructurado su espacio de trabajo y pregúntese *¿Por qué es esto así, y podría estar mejor diseñado en cuanto a forma y funcionalidad?* Se dice que Leonardo da Vinci hacía preguntas similares a estas a sus aprendices para espolear su curiosidad y su creatividad.

Usted ya tiene una forma establecida de pensar en el diseño. Cuando cambia de lugar los muebles de su sala, cuando cambia la distribución de una presentación, cuando combina la ropa que va a usar, o cuando imagina una nueva forma que podría dársele a un producto, está diseñando. Se trata de llevar esta fortaleza natural a un nivel más consciente y consistente para empezar a sentirse cada vez más plenamente vivo. Por consiguiente, compre unas cuantas revistas de diseño, renueve sus obras de arte o sus muebles en su hogar, o lleve un diario y anote lo que le gusta o no le gusta del diseño de los productos con los que interactúa día tras día.

Activador #3: Crear más, compartir más

No se limite a ser sólo un observador de creatividad, siempre observando a los demás y a las cosas, traduzca su inspiración en obras reales. La creatividad no tiene que ver solamente con ideas; tiene que ver también con la forma física. La idea es la chispa, la forma física es el resultado. Tener una idea para un libro no es creatividad, es sólo un pensamiento. Escribir el libro y llevar la pluma al papel página tras página tras página es expresión creativa. La verdadera creatividad termina siendo *algo*.

Con frecuencia, las cosas que creamos definen nuestro legado. Piense cómo juzgamos a las grandes leyendas del pasado en los campos del arte y de los negocios: buscamos lo que han creado. Quedamos admirados de la cantidad de obras de Leonardo, así como nos admita también la serie de productos Apple desarrollada por Steve Jobs. Hay algo en nosotros que da estatus de ícono a los creadores que crean formas tangibles, de manera productiva, durante toda su vida.

Pero dejar un legado no siempre es fácil, por lo que una excusa conveniente para muchos es, *Bueno, no soy tan creativo.* No obstante, la creatividad no es un rasgo; es una disciplina. Quienes dicen no ser creativos son, por lo general, quienes sienten aversión hacia el gran esfuerzo de transformar una buena idea en algo realmente magnífico.

Me gusta recordarles a las personas que la creatividad tampoco es una chispa; es una buena jugada, un lanzamiento, un buen golpe en un juego de golf. Todo artista, inventor, diseñador, escritor u otro creativo en el mundo hablará de su trabajo como una experiencia iterativa. Comenzará con una idea, la moldeará, la moverá, la combinará, la romperá, la comenzará de nuevo, descubrirá algo dentro de sí mismo, verá una nueva visión, lo intentará de nuevo, pondrá su creación a prueba, la compartirá, la arreglará, la romperá, la perfeccionará, la perfeccionará, la perfeccionará. Tal vez esto parezca simple sentido común, pero no es una práctica común, y esa es la razón por la cual hay tantas personas que no tienen absolutamente ninguna creatividad —no están dispuestas a hacer el esfuerzo que se requiere para crear algo hermoso, útil, deseable, admirado. Ninguna obra de arte se realizó o se escribió en un día. Toma mucho tiempo y esfuerzo hacer algo bien hecho. Aceptar esto y estar dispuestos a iterar es lo que hace que las personas más creativas del mundo sean tan creativas (y tengan tanto éxito).

Me atrevo a suponer que usted ha tenido sueños creativos que ha abandonado demasiado pronto. Alguna vez quiso cantar pero no ganó el concurso, por lo que se dio por vencido. Alguna vez quiso pintar, pero a nadie le gustaron sus primeros intentos, y por lo tanto no insistió. Alguna vez quiso bailar, vestirse de una forma más colorida, escribir con más intensidad, hablar con mayor convicción, inventar algo importante o rediseñar totalmente un proceso —pero en algún momento dejó de expresarse. Tenía esa chispa y tal vez empezó, pero no se *esforzó hasta el final*. Y sin embargo, ¿qué tal si expresarse y llevar su esfuerzo creativo hasta el final lo hubiera llevado a algo más magnífico de lo que jamás hubiera podido imaginar? Sostengo que es hora de reactivar su espíritu creativo, de encenderlo, y de sostenerlo y seguirlo desarrollando sin importar los obstáculos que encuentre, a través de iteración tras iteración.

Por eso sostengo que es hora de crear algo de nuevo. Si tiene una idea para un nuevo diseño de moda, consiga una máquina de coser y dele vida a ese diseño. Si alguna vez ha tenido un deseo incontrolable de inventar, diseñar, esculpir, crear, desarrollar o compartir, *hágalo realidad*. Traiga su idea al terreno físico y disfrute el proceso. Lo reanimará.

Por último, no guarde toda esta creatividad para usted. Lo cierto es que una de las mejores formas de activar la creatividad en su vida es *compartir más*. Comparta sus obras con otros, obtenga sus opiniones. Otra cosa muy importante es comenzar a contar más historias de lo que le fascine en el mundo. Explique a los demás por qué le agradan las marcas y los productos que forman parte de su vida y pregúnteles por qué les gustan o no les gustan los de ellos. Compartiendo y obteniendo distintas perspectivas de los demás es como descubrimos nuestras propias preferencias y nuestra personalidad en la vida. Este es un punto importante. Son muchos los que quieren encontrar sus voces únicas en el mundo, pero la voz no es algo que se "encuentre"; el algo que se *comparte*. Uno no entra a un salón, mira alrededor y dice, "Ah, ahí está mi voz excepcional, única en el mundo". Por el contrario, uno entra al salón, habla con una serie de personas y *al compartir* descubre y comunica rasgos y verdades acerca de la esencia de la persona que usted es. De eso es de lo que se trata la expresión creativa más satisfactoria y energizante —de compartir con el mundo, la esencia de la persona que es usted.

PUNTOS DE IGNICIÓN

1. Para dejar ver más de mí y expresarme de forma más creativa en mi casa y en mí trabajo, lo que haré será...

2. Para dejar que las personas me inspiren más y para diseñar mi vida, podría empezar a...

3. Lo próximo que haré para crear y compartir físicamente con el mundo será...

Capítulo once

EL IMPULSOR PARA LA
CONTRIBUCIÓN

Nos ganamos la vida por lo que recibimos,
hacemos una vida por lo que damos.

—Winston Churchill

—Sólo quiero importarle a alguien. Tal vez si estuviera haciendo algo más importante de lo que hago ahora, me sentiría más satisfecho.

Ella tiene 38 años y es gerente de un banco, tiene a su cargo tantos empleados como el número de cumpleaños que ha celebrado. Está arrastrando las palabras —a causa de las margaritas con pepino cocombro que no deja de derramar sobre el mostrador del bar. Me lleva unos cuantos años, pero está de cacería, y parece que esta noche yo debería ser su cantera. Ella no tenía idea de lo que le esperaba.

Sí, yo soy, en este momento, la víctima del ataque de una pantera, y ni mi cliente ni mi esposa están ahí para rescatarme. Desafortunadamente, soy un tonto y, lo debo reflejar en mi cara. Mi fascinación por la gente es indescriptible; y cuando empiezan a conversar conmigo casi siempre quedo atrapado por demasiado tiempo. Esta mujer —Janie, según me dice— me estaba preguntando qué hago para ganare la vida. Mi respuesta fue breve y cortés e intenté irme, pero ella empezó a hablarme de todos los conferencistas motivacionales que su compañía contrata para que dicten conferencias. En el término de diez minutos me estaba contando todo lo que andaba mal en su vida. En este momento se trata de que no siente que esté haciendo una significativa diferencia en el mundo. Siente que es posible que no haya encontrado su llamado todavía y que tal vez nunca lo encuentre.

No es porque sienta que tengo que servir de inspiración a todos, pero sí tengo una fe profunda en el destino y en una razón más alta en el universo para que los caminos de las personas se crucen. Creo que si lo encuentro a usted, es por una razón y que debo tratar de entenderla y de contribuir en alguna forma a su vida, aunque no sea más que permitirle un respiro en su día cargado de trabajo para que pueda reírse y reconectarse con su fortaleza o con su sueño. Simplemente, así soy yo.

Volvamos entonces a Janie. Dice que tiene un problema con todos estos conferencistas motivacionales, y cree, de forma equivocada, que yo soy uno de ellos. (Preferiría que me considerara un "director y estratega que se ocupa de enseñar cómo llegar a tener un alto desempeño" pero ¿qué se puede hacer?).

—Cada vez que los oigo —dice—, todo lo que oigo es que probablemente yo no soy lo bastante buena y que, definitivamente, no estoy viviendo el propósito lo suficientemente alto. Me pregunto si eso es cierto. ¿Sabe? Tal vez yo no logre cambiar nada, no logre marcar ninguna diferencia, y eso me preocupa. Pero sí me gusta lo que hago. No estoy alimentando a un grupo de niños en África, o lo que sea, pero me gusta lo que hago.

—Me agrada que le guste lo que hace, Janie. Sígalo haciendo, entonces. Alguien podrá inspirarse con su ejemplo y podrá amar lo que usted hace y eso basta. Buenas noches.

Me levanto de la mesa para irme y ella se aferra a mi brazo con sus garras.

—¿Está siendo condescendiente, jovencito? —pregunta, señalándome con el dedo y haciendo un gesto que no sabría cómo interpretar.

—No. En absoluto. Ahora quiero que me escuche. Óigame. Otras personas se inspiran al ver cómo ama lo que hace, sin importar lo que sea. Eso ya es suficiente contribución para el mundo. La felicito. Ahora, si usted me lo permite, me retiro, buenas noches. —La dejo y salgo del bar, sin darle más importancia.

Dos días después, vuelvo a estar en esa misma área, buscando un taxi para ir al aeropuerto. Me doy cuenta de que no tengo efectivo y veo un cajero automático en la esquina. Mientras paso mi tarjeta por la ranura, miro casualmente hacia la ventana de la sucursal del banco y veo allí a la pantera —perdón, a Janie— de la otra noche. Habla con uno de los empleados y lleva un atuendo mucho más profesional que el de esa noche.

Yo sé muy bien que hay coincidencias, pero cuando conozco a alguien por casualidad y vuelvo a verla dos días seguidos, presto atención. *Te escucho, destino,* me digo a mí mismo y entro a la sucursal. Mis metas son pedir dinero al cajero y ver a dónde me va a llevar este momento.

Cuando me acerco a la ventanilla de la caja mis ojos y los de Janie se cruzan, pero parece no darse cuenta de que estoy allí. Le digo a la cajera:

—Esa mujer que está allí, parece que fuera la jefa o algo así ¿verdad?

—Sí, es Jane, la gerente de nuestro banco. Es asombrosa.

—¿Así es? ¿Qué la hace tan asombrosa?

—Bien, observe este banco. Es el más limpio, el más agradable, el mejor de la ciudad. Todos mis compañeros de trabajo son asombrosos y Jane siempre nos reta a ser mejores.

—Entonces ¿le gusta su trabajo?

—Me *encanta.* Soy parte de algo en este lugar. Sé que no es un puesto de los más importantes como los que tiene algunos de los clientes que he conocido. Solía trabajar en una ofician interna. Cielos, era tremendamente tímida. Es decir, *realmente* tímida. Y todo lo que hacía era una cantidad de papeleo en esa oficina interna y la mitad del día lloraba, preocupada porque mi marido podría morir allá donde estaba, lo habían enviado a Iraq. Pero Jane dijo, "Tienes que salir, y ver el mundo, y necesitas hablar y sacar todo ese estrés que tienes dentro, muchacha". Entonces, ella misma me entrenó y ahora puedo hacer esto. Jane nos ha inspirado a todos a que realmente hablemos con las personas y disfrutemos nuestra relación con ellos. Para mí, como para todos los demás, ha sido algo muy bueno.

Cuando termino de hablar con la cajera y tengo ya mi dinero en la mano, me acerco a Jane, que está hablando aún con un empleado. Mientras me voy acercando, no me parece que me haya reconocido.

—Hola, soy simplemente alguien que pasa por aquí, por azar —le digo—, y quería compartir algo con usted. Esa mujer allá, la cajera, ¿la ve?

Jane y el empleado asienten con la cabeza.

—Bien, sólo quería decirle lo increíblemente amable y servicial que fue. —Miro a Jane directamente y trato de hablar con profundidad para que sepa que realmente soy sincero en lo que digo—. Además quería decirle que la considera como una persona que la ha inspirado y la ha ayudado a soportar la ausencia de su esposo. Dice que esta es la mejor sucursal de la ciudad, y a juzgar por cómo se ve todo aquí, le creo. Usted realmente ha causado una gran impresión en ella y ha marcado una enorme diferencia en la vida de esa mujer. Usted es realmente importante y ha hecho aquí una excelente labor. Sólo quería decirle que la felicito y le agradezco lo que hace.

Jane está realmente sorprendida y se sonroja. Me da la mano y me da las gracias por ser uno de sus clientes. Me doy cuenta de que no me reconoce.

Mientras doy la vuelta para salir, le digo:

—Felicitaciones. Inspirar a esa muchacha y hacer un trabajo tan maravilloso aquí es tan bueno como alimentar a los niños en África.

Detengo un taxi que está pasando justamente frente al banco y me subo rápidamente. Mientras lo hago, se abre la puerta del banco y sale Jane mirando a izquierda y a derecha. Ahora sé que al fin recordó quién soy. Me ve sentado dentro del taxi.

Y ella grita:

—¡Gracias! ¡Muy motivacional! ¡Lo escucho!

• • •

En lo más profundo de nuestro ser surge un impulso de contribuir. Queremos saber que hemos dado algo de nosotros y que hemos desempeñado un papel importante en forjar el mundo que nos rodea. Nuestros deseos de agregar valor, ayudar a otros, expresarnos, crear cosas únicas y ser parte de grupos y organizaciones, se quedan con frecuencia sólo en eso, deseos de dejar una huella en el mundo y de cambiar y mejorar en algo alguna cosa. Este impulso de dar y de hacer algo importante y de ser alguien importante es lo que enciende nuestras mayores ambiciones personales y nuestra sorprendente capacidad de daros a los demás sin medida.

Cuando nos sentimos como alguien que está contribuyendo al mundo, experimentamos un profundo sentido de significado y propósito. De hecho, la contribución en sí misma es la fuente del significado y propósito de nuestras vidas. Si contribuímos en forma significativa al mundo, sentimos que nuestro tiempo aquí valió la pena, que significó algo. Y si sabemos que estamos contribuyendo ahora y que pensamos contribuir en el futuro, entonces sentimos que nuestra vida tiene un propósito. Desafortunadamente son muchos los que, como Janie, no se dan cuenta realmente de lo importante de su contribución.

Sin embargo, al negarnos ese sentido de contribución nos negamos nuestro significado y propósito. Por eso, cuando no sentimos que estamos contribuyendo, nos sentimos perdidos e insatisfechos. Pensamos que realmente nada importa, o, lo que es peor, que nosotros no importamos. Eso es lo que ocurre cuando no se *siente* que se está contribuyendo. Cuando ese sentimiento es una realidad y efectivamente *no estamos* contribuyendo, perdemos el importante sentido del orgullo que proviene de saber que hemos dado algo significativo. Además, perdemos nuestra conexión con los demás porque no sienten que estemos desempeñando nuestro papel que consiste en agregar valor o ayudar.

Cuando hay tanto en juego, conviene saber lo que queremos decir con el término "contribución" y entender cómo lo podemos usar de forma más estratégica en nuestras vidas para experimentar ese sentido de significado y propósito que deseaos y merecemos. ¿Qué significa realmente contribuir? Cuando hago esta pregunta a las audiencias de distintos lugares alrededor del mundo, las respuestas más frecuentes parecen conceptos básicos de motivación: "Marque una diferencia. Deje un legado. Haga algo importante. Comparta sus dones y sus capacidades. Deje las cosas mejor de lo que las encontró". Todos estos mantras y la mayoría de las respuestas que la gente da tiene que ver con una misma cosa: *dar*.

De hecho, la contribución se define por lo general como "desempeñar un papel significativo" en algún tipo de causa o esfuerzo común o colectivo. Por lo tanto, contribuir en la vida es similar a dar significativamente algo de uno a alguna cosa, ya sea al trabajo, a una causa, a un grupo o a una persona. Eso es obvio.

Lo que no es obvio es que no todos los métodos de contribución se han creado iguales y no todo lo que se da tiene un verdadero impacto en el mundo o un sentido de compromiso y satisfacción personal. De hecho, dar puede tener poco que ver, con despertar nuestro impulso para contribuir o, si de eso se trata, darnos felicidad.

Naturalmente que esto puede parecer sacrílego a un corazón que sufre. "Dar es bueno" es el mantra de nuestra sociedad moderna. Pero si fuera así, ¿por qué hay tantos voluntarios descontentos en el mundo? Estoy seguro de que los ha visto haciendo sus buenas obras a regañadientes. De hecho yo los he visto. Dedico una buena parte de tiempo a trabajar en el mundo de las organizaciones sin ánimo de lucro y he conocido miles de voluntarios que donan su tiempo y su energía pero que evidentemente no tienen la capacidad de sonreír ni obtienen la menor satisfacción personal de la actividad en cuestión. He visto inclusive voluntarios que son abiertamente rudos y perversos con aquellos a quienes sirven. Sí, están "dando" y contribuyendo a una causa importante, pero, no, no son felices. De igual manera, estoy seguro de que ha conocido *muchas* personas que contribuyen y dan en abundancia pero son felices.

Aquí es donde es útil empezar a diferenciar entre distintos tipos de dar y observar cómo afectan nuestro impulso global hacia la contribución. Podemos pensar en dar como algo que puede ser de dos tipos: *dar de* y *dar a.*

Activador #1: Dé de usted mismo (y dese crédito mientras lo hace)

En el primer caso, damos *de* nosotros mismos con plena expresión y esfuerzo en nuestras vidas diarias, aunque esa forma de dar no necesariamente tiene que ver con *dar a* cualquier causa, grupo o individuo, en absoluto. Al dar lo mejor de nosotros mismo en todo lo que hagamos, ejercitamos las capacidades de nuestros más altos y fuertes egos, *y por el simple hecho de hacerlo,* podemos sentir que estamos contribuyendo. Lo que quiero decir es lo siguiente. Si soy un tenista y me esfuerzo al máximo en un partido, haciendo acopio de todas mis fortalezas, talentos y habilidades, probablemente sentiré que estoy hablando de mí mismo. Por lo tanto, siento que estoy activando mi impulso hacia la contribución. No requiere ni siquiera que sienta que estoy contribuyendo *al* partido de tenis, ni *a los* aficionados, ni siquiera al momento. El simple hecho de *dar de mí mismo* puede activar mi sentido de contribución personal.

Esto suena un poco raro —casi como si estuviera adoptando una perspectiva egoísta hacia la contribución. Pero después de haber manejado y entrando y dirigido y de haber recibido la retroalimentación en vivo de decenas de miles de personas, me he podido dar cuenta de que contribuir en el mundo no siempre tiene que ver con un aspecto social. Lo digo porque muchos piensan en contribuir como el simple hecho de *dar algo* específico de manera que nunca sientes que contribuyan con el mundo, excepto cuando una niña exploradora toca a la puerta de sus casas para vender galletas. La nuestra es una sociedad que supone falsamente que la contribución tiene que significar dar para alguna causa específica y no dar simplemente *de* nosotros mismos. *Por lo tanto, muchos no reconocen el hecho de que siendo simplemente quienes son representa una significativa contribución al mundo.*

¿Qué pasaría si el simple hecho de vivir su verdad, ser lo mejor que pueda ser y expresar plenamente sus fortalezas, talentos y habilidades en cualquier cosa que haga, fuera suficiente para contribuir al mundo? Digo que lo es, y no debemos ignorar el hecho de que actuar lo mejor que podamos inspira en último término a los demás y puede tener en realidad un impacto.

Steve Jobs no necesitó *dar a* nada en especial para hacer una enorme contribución al mundo. Supuestamente Jobs no hacía nada con un ojo hacia *dar a* la industria tecnológica, el mercado de la computadoras o tal vez inclusive los consumidores (aunque se hizo famoso por un incansable enfoque en la experiencia del cliente). A diferencia de muchos archimillonarios, no constituyó una entidad pública sin ánimo de lucro (aunque su esposa sí lo hizo y aún lo hace) ni tenía un interés en hacer alarde en público de las organizaciones a las que contribuía. Steve Jobs no es conocido por lo que dio a entidades de caridad o a ciertas causas o audiencias. Es conocido por haber sido quien fue plenamente: un hombre creativo que quería diseñar y construir mejores software, computadoras, tiendas y dispositivos móviles. Dejó un impacto en el mundo al hacer lo que hacía de manera excelente. Por eso contribuyó, fue importante y lo echaremos de menos.

Este punto nunca podrá subrayarse lo suficiente. Considere, por ejemplo, a los artistas —los cantantes, bailarines, escritores, diseñadores, etc.— que tal vez no crecen con un ojo hacia dar a algo en especial sino más bien, con la intención de vivir su verdad y seguir su expresión creativa. Tal vez la cantante que vende millones de copias de sus álbumes haya contribuido algo a su género musical y a millones de admiradores en el mundo entero, pero es posible que no lo haya visto así. Simplemente, se esforzaba al máximo en su trabajo creativo. La "contribución" tal como la entendemos, vino después. Personalmente, me han inspirado cientos de personas que simplemente vivían su vida como seres auténticos, personas preocupadas por los demás. Marcaron una gran diferencia en mi vida, aunque, probablemente, nunca creyeron que estuvieran "haciendo contribuciones".

Usted tiene una habilidad extraordinaria para contribuir en el mundo dando lo mejor de sí mismo para perseverar en un propósito. Dese plenamente a sus esfuerzos creativos. Reconozca eso como una contribución y es posible que llegue a sentir que lleva una vida más significativa y con un mayor propósito.

Por último, antes de pasar a otro tipo de contribución, la de *dar a*, es importante que reconozca todas las cosas que ya ha hecho en la vida. A veces nos olvidamos de integrar nuestras propias contribuciones personales al mundo en nuestra identidad. Esto es importante porque a diferencia de otros impulsos humanos, la contribución despierta mucho sentido de culpa. Las personas simplemente no sienten que estén contribuyendo lo suficiente a sus familias, compañeros de trabajo y a la comunidad en general. Esto es especialmente cierto en el mundo de hoy, súper agitado y súper conectado, donde no hay tiempo de resolver muchos problemas urgentes y constantemente se nos recuerdan. Tómese un tiempo para completar las siguientes frases. Después, de aquí en adelante, cada vez que termine un proyecto o reciba un elogio por una contribución que haya hecho al mundo, tómese un momento para interiorizarlo todo. Permita que la satisfacción llegue a su corazón. Usted sí importa.

- Las formas en que he contribuido y he marcado una diferencia en la vida de mi familia el año pasado incluyen...
- Cuando pienso en mis mejores amigos, me doy cuenta de que he tenido un impacto en sus vidas en las siguientes formas:
- Un proyecto creativo que terminé en los últimos años y por el que nunca me he dado realmente crédito fue...
- Si empezara a darme más crédito por las formas en las que realmente contribuyo en el mundo, mi vida cambiaría en las siguientes formas:

Es hora de permitirse al fin sentir el impacto que ha tenido y las contribuciones que ha hecho al mundo. Usted ha marcado una diferencia en este planeta, ya sea que se trate de una diferencia duradera como quisiera que fuera. Reconocer el impacto que ha tenido no es una actividad que sugiera sólo para que pueda darse una palmada en el hombro (aunque pienso que eso sería algo bueno para la mayoría). Es para que pueda captar un significado más amplio y un propósito mayor en todo lo que ha experimentado en su vida. Sus contribuciones han ido sumando y seguirán sumando hasta alcanzar un determinado nivel. Es hora de tenerlas en cuenta para que finalmente pueda darse el crédito que merece. Usted es una contribución a este mundo. Ya sea que dé grandes sumas de dinero a una causa, que inicie una entidad sin ánimo de lucro, o que trabaje en el voluntariado durante décadas de su vida, ya ha contribuido. Es necesario que lo sepa.

Activador #2: Dar a (experiencias de contribución profundamente significativas)

Otro tipo de *dar* consiste en la variedad de formas de dar a otros y a causas más amplias ajenas a nosotros, con la intención directa de tener un impacto. Puede dar su tiempo, energía y esfuerzo, sus recursos, capacidades, conexiones, su atención y su amor *a* su equipo, a su compañía, a su familia, a su entidad sin ánimo de lucro preferida. Si bien dar *de* es algo que tiene que ver realmente con movilizar nuestros recursos internos para nuestro propio bien, lo que suele llevar en último término a tener un impacto en el mundo, dar *a* tiene que ver con movilizar nuestros recursos con una intensión específica de contribuir directa y específicamente a algo. Se da a una persona, a una causa, o a un grupo porque tiene interés en el tipo de impacto específico que puede tener y en cómo se va a sentir después. *Darse* uno mismo, un enfoque "orientado" más estratégico a la contribución, es igual de poderoso.

Este es el tipo de dar que la mayoría del mundo reconoce como recompensas y por una buena razón. Dar a esfuerzos que considere profundamente significativos con la intensión de tener un impacto, *es* una vía directa al significado y a la felicidad. Pero debe tenerse en cuenta la frase operativa: *esfuerzos que encuentre profundamente significativos.*

Estas son las situaciones en las que este tipo de donaciones suelen salir mal. Algunos se ofrecen de voluntarios para proyectos o causas aleatorias, que no cumplen el criterio de "profundamente significativas" y terminan profundamente decepcionados por la experiencia. Estoy seguro de que le habrá pasado a usted. Se entusiasmó mucho de poder contribuir a una causa, se involucró y contribuyó con su tiempo, su energía o su dinero y sin embargo nunca sintió que hubiera tenido un verdadero impacto o que hubiera sentido el reconocimiento sincero por una buena obra.

Por ejemplo, es posible que me identifique más con una causa cuya misión tenga que ver con alimentar a los niños desnutridos que con una relacionada con ayudar a los niños a aprender a cantar. Pero si la primera causa no me exige hacer nada más que lavar platos (algo que me desagrada), y la segunda me pide enseñar (algo que disfruto), no hay duda de que, con el tiempo, encontraré que la última es más significativa. Es decir, *la elección de la actividad correcta a la que vamos a dar es tan importante como elegir la causa correcta.* Nunca debemos olvidar que, dado que también refleja mucho de lo que hemos analizado en este libro hasta ahora: las actividades que nos parecen novedosas, desafiantes, conectadas socialmente y personalmente significativas nos hacen felices. También he aprendido que no todas las experiencias de dar —ya sea a causas, proyectos, grupos, familias, comunidades o algo o alguien más— tiene todas el mismo principio. De hecho, las experiencias de dar a causas profundamente significativas se diferencian por cinco factores —que he llamado, en un enceguecedor relámpago de creatividad, los Cinco Factores de Satisfacción con la Contribución. Conocer estos factores puede servirle de filtro útil para decidir a qué debe dar su contribución en el futuro. También permitirá una comprensión más a fondo de cuáles son las contribuciones que resultan ser las más significativas para usted personalmente y las más benéficas para la sociedad en general.

En primer lugar, para sentir que está contribuyendo realmente a una causa o a un mundo mejor, tiene que tener la capacidad de apalancar sus fortalezas en algún tipo de actividad creativa. Para usar un término del capítulo anterior, tener una oportunidad de *expresión creativa* es esencial para encontrar una experiencia de dar que sea profundamente satisfactoria y significativa. Por ejemplo, si tiene un talento especial para el diseño, busque oportunidades de diseñar en cualquier entidad a la que le esté haciendo la donación. Apalancar sus fortalezas de esta forma es importante porque por mucho que se interese por una causa o por más que esté comprometido a dar su experiencia, si no puede colaborar con su voz excepcional, sus talentos o su perspectiva de experiencia, la abandonará o de lo contrario se comprometerá sólo a medias.

Todavía hay más. No sólo debe poder activar su creatividad al dar experiencia sino que también debe ver el fruto de sus obras de creatividad. Es decir, su contribución creativa tiene que poder tener la oportunidad de mostrarse a la luz del día. No hay nada peor que contribuir a un proyecto en acción y nunca ver que ninguna de sus ideas o de sus esfuerzos llegue realmente a la meta. Si todo lo que usted da y toda su experiencia terminan en el bote de la basura o en una empolvada estantería o se utiliza en formas que usted no pueda ver, jamás experimentará el sentido de orgullo que realmente anima su impulso de dar una contribución significativa.

La siguiente es una sencilla prueba para definir si le pareció que su última contribución fue profundamente satisfactoria y significativa: ¿Produjo usted cualquier trabajo creativo durante la experiencia? ¿Hubo alguna evidencia tangible de que usted haya contribuido en alguna forma en definir los resultados de lo que fuera el proyecto en el que estaba comprometida? De no ser así, probablemente no tuvo la sensación de estar contribuyendo o de que la experiencia valiera la pena.

En segundo lugar, las experiencias más significativas en el campo de dar y contribuir *siempre* requieren dar mentoría a otros. Hable con cualquier maestro del mundo y cuando habla de ver que se iluminan los ojos de sus estudiantes, entenderá por qué encontró que su experiencia de ayudar a los niños fuera tan satisfactoria. No hay nada como enseñar u orientar a alguien que tenga menos experiencia o perspectiva que uno.

Por extraño que parezca, aunque la mayoría sabe que esto es cierto, no lo usan como criterio de selección para determinar la forma en que van a contribuir. Al decidir acerca de un nuevo proyecto o de una experiencia de voluntariado, pocos son lo suficientemente estratégicos como para preguntarse, "¿Garantizará esta oportunidad mi capacidad de ser mentor de otros?". Sin embargo, esta es precisamente la pregunta que debemos aprender a hacer si queremos sentir que estamos haciendo una contribución significativa para el mundo. Enseñar, guiar o dar mentoría lleva nuestro sentido de contribución al más alto nivel, como no lo puede hacer ninguna otra cosa en el mundo, punto.

En tercer lugar, las experiencias de contribuir en forma satisfactoria nos permiten ver el *impacto social directo* de nuestros esfuerzos. Si uno trabaja como voluntario en un comedor comunitario, y queda encasillado en la parte de atrás, descargando cajas de productos perecederos y nunca tiene la oportunidad de ver cómo se ilumina el rostro de alguien al probar los alimentos, la experiencia simplemente no es la misma. Nunca se activarán sus neuronas espejo con la misma sensación de gozo cuando esa persona al fin sacie su hambre con comida nutritiva. No verá el agradecimiento en su rostro por lo cual no lo sentirá en su corazón.

Si lleva a otros a contribuir en su organización, el llegar a ver los frutos de su esfuerzo debe ser parte de toda nueva iniciativa. ¿Cómo puede garantizar que su equipo vea los resultados de su esfuerzo en el mundo real? ¿Puede traer esas personas para que los miembros de su equipo vean cómo han mejorado sus condiciones de vida?

Cuando hablo de ver el impacto social directo de sus esfuerzos, me refiero específicamente a ver y oír la forma en que usted ha cambiado la vida de *las personas*. En una oportunidad enseñé esta lección a un alto ejecutivo de una importante constructora. Él reunió cientos de personas para que ayudaran a construir viviendas en una comunidad deprimida arrasada por una reciente inundación. Como un enorme equipo SWAT, esta empresa descendió en el área, demolió las viviendas inundadas y construyó otras nuevas en cuestión de días, luego volaron de regreso a la casa matriz. Al mostrarme las diapositivas de sus esfuerzos, todas las imágenes de su gente sonriendo y construyendo, me dijo lo decepcionado que se sentía de que más de la mitad de las personas de la compañía no entendieran la profundidad del efecto que habían tenido en esa comunidad. Entonces, le comenté que no veía fotos de sus empleados con las personas que realmente estarían habitando las nuevas viviendas. ¡*Flash!* Lo comprendió de pronto. En su afán por llegar y cambiar una situación, pasaron por alto la necesidad de establecer una verdadera conexión, por lo que no pudieron sentir que realmente habían hecho una contribución.

Como es natural, muchos de quienes no se convencen fácilmente de contribuir sostienen que mis Cinco Factores de Satisfacción con la Contribución tienen un evidente sesgo egoísta —estas personas se centran en nuestro propio sentimiento interno de gozo y satisfacción. Ese es un terrible enfoque autogratificante para dar y hacer una contribución al mundo ¿No es así? Después de todo, ¿no deberíamos ser todos mucho menos egoístas, y contribuir con nuestro tiempo y nuestra atención a otra cosa que no sean esfuerzos que nos den satisfacción sino más bien que satisfagan *a los que* tienen necesidades?

La respuesta corta es, bueno, no. En primer lugar vivimos en una época donde hay literalmente *millones* de causas urgentes e importantes en el mundo entero. Sólo en Estados Unidos, hay cerca de dos millones de organizaciones sin ánimo de lucro. ¿Cómo podríamos elegir por arte de magia quiénes son los más importantes y los más necesitados? ¿Es una organización que atiende a cincuenta mujeres víctimas de maltrato en Detroit, más o menos importante que una que atiende a quinientas mujeres en el África Occidental?

Por lo tanto, la pregunta debe ser la siguiente: ¿A dónde podemos hacer nuestra contribución única para servir y a dónde podemos hacerlo de manera que nos mantenga interesados, satisfechos y más dispuestos a seguir sirviendo y teniendo impacto? Porque, en último término ¿no es la meta de nuestra contribución la de involucrarnos y continuar involucrados para tener un impacto benéfico?

Al proponer un marco conceptual para determinar la forma de contribuir, es obvio que no estoy sugiriendo que todas nuestras experiencias de dar deban ser divertidas y emocionantes, ni debe ser ese el único propósito. Con frecuencia, contribuir significa arremangarnos, ensuciarnos y hacer cosas que preferiríamos no hacer. Significa realizar tareas que nos hacen sentir incómodos. Por esa razón nos sentimos tan comprometidos: haciendo algo distinto, corriendo riesgos, trabajando duro, enfrentando desafíos, conectándonos con los demás, luchando por algo importante por difícil que sea el proceso.

Sin embargo, el mundo está lleno de contribuidores potenciales, personas que no se interesan plenamente, y que hacen su contribución a regañadientes, que participan con una cuarta parte del entusiasmo que deberían mostrar. No vamos a cambiar el mundo si no nos comprometemos y hacemos que otros se comprometan en encontrar formas satisfactorias de contribuir. Espero que mi marco de referencia pueda ser útil para lograrlo.

Por último, un análisis del acto de dar no quedaría completo sin referirnos a las contribuciones financieras. Si tiene la suerte de tener abundancia en esta área de su vida, donar dinero a sus causas favoritas es un gran complemento a la donación de su tiempo y esfuerzo. Es bien sabido que donar a una organización que nos apasiona es importante para que haya satisfacción en la experiencia de dar. Por lo tanto, siga ese consejo y elija causas por las que realmente se interese.

A medida que voy conociendo más personas de todas partes del mundo, siempre he podido ver que muchas personas no saben a dónde dar su ayuda. No sienten interés por una u otra causa y ni siquiera utilizando el marco de referencia al que ya me he referido, logran saberlo y se esfuerzan por encontrar una causa, especialmente cuando se trata de decidir a dónde hacer una donación en dinero. A quienes tienen bolsillos más hondos pero carecen de un interés profundo hacia una causa en especial, le sugiero un enfoque alternativo que llamo "contribuir al destino". Ya he contribuido esta idea en forma bastante amplia y a todas las personas a las que se la he presentado les encanta, especialmente si no han "encontrado a qué" contribuir.

Contribuir al destino es algo que proviene de mi convicción de que hay una razón por la cual los caminos de otros se cruzan con los nuestros. Creo por ejemplo que no es coincidencia que conozca a alguien en el trabajo que haya perdido a su esposa por cáncer de seno y no esté corriendo ahora una maratón en su honor y esforzándose por obtener una contribución de cien dólares de las demás personas que trabajan en la oficina. El destino puso a alguien con una gran necesidad en mi camino, y contribuir a su causa —aunque no sea una con la que yo esté directamente involucrado— es más satisfactorio que contribuir a una causa elegida al azar que haya encontrado en línea. Además, no creo en contribuir a causas o proyectos; creo e invertir en los demás y en servirles. Por lo tanto, cuando giro un cheque de cien dólares porque eso es lo que el destino ha decidido pedirme, aunque no he conocido nunca directamente a alguien con cáncer de seno, ni sería esa una causa que elegiría algún día al azar para estudiarla y hacer una donación. Financiar el destino —significa dar a aquellos a quienes el destino ha puesto directamente ante nosotros, personas necesitadas, o personas que tienen una causa en la que están profundamente interesados.

En este momento de mi vida, la mayoría de mis donaciones las hago financiando el destino y me complace decir que nunca me había sentido tan entusiasmado contribuyendo financieramente a alguna causa. También me agrada poder decir cuán poderoso les ha parecido a otros este enfoque. Muchos me dicen que se sienten más conectados a sus comunidades inmediatas y a sus círculos de influencia y que ahora ven los frutos de sus donaciones de forma más directa y significativa de lo que hubieran podido imaginar. Financiar el destino tal vez no sea lo más adecuado para todos, especialmente para aquellos que ya han elegido una causa a la que permanecerán fieles o para los que simplemente no tienen los recursos para ayudar a personas o causas aparentemente aleatorias que aparecen dentro de sus esferas de influencia. Sin embargo ¿Qué pasaría si sólo diéramos un poco más a las personas que se crucen en nuestro camino y que tengan una necesidad o un interés por alguna causa que pudiera beneficiarse de nuestra generosidad?

Activador #3: Dar mentoría, dar mentoría, dar mentoría

Como ya lo he dicho, no hay nada más potente para activar su impulsor para la contribución que ser mentor de otros.

Me gusta pensar en dar mentoría como una responsabilidad y un privilegio en el camino de la vida. No importa el hito por el que esté pasando en este momento de su vida. Hay miles de personas detrás de usted a las que les encantaría aprender qué deben hacer para llegar tan lejos con la misma rapidez. Los niños quieren saber cómo hizo para sobrevivir al colegio y cómo encontró un trabajo digno. Sus compañeros de trabajo quieren saber cómo pueden mejorar en lo que hacen. Los que están desanimados quieren saber cómo pueden seguir avanzando.

Hay algo mágico que ocurre en una relación de mentoría, ya se trate de una relación formal organizada a nivel laboral o en la comunidad a través de amigos, o en una gran organización como Big Brothers Big Sisters. Lo que me gusta de esto es que se llega un momento en que lo más probable es que usted necesita a las personas a las que les hace la mentoría tanto como ellas lo necesitan a usted. Ser mentor nos lleva a convertirnos en modelo de rol y comprometernos en ese rol nos inspira a dar lo mejor de nosotros mismos. Todas sus mayores virtudes y creencias empiezan a emerger porque desea ayudar a otros a llegar muy alto. Con el tiempo, mientras más haya sido mentor de alguien, mayor será la profundidad de la relación, y en esa persona que está frente a usted, podrá ver la influencia que ha tenido y el impacto que ha producido en ella. En este sentido, podría decirse que la mentoría es similar a la paternidad —se nos da el don de ver el desarrollo de alguien. Pero, a diferencia de la paternidad, esta persona no tiene ningún vínculo con usted. No vive con usted, no tiene por qué escucharlo; tiene menos exposición a usted que la que tienen sus hijos. Por lo que, realmente, tiene que hacer que el tiempo que le dedica a esa persona realmente cuente, y es algo de lo que se da cuenta cada vez que está con ella, razón por la cual quienes tienen una relación de mentoría suelen decir que es la relación con más presencia que tienen.

Y para quienes piensan que la mentoría es sólo para un grupo de pensionados poco interesados, será mejor que lo piense dos veces. El trabajo por el que soy más conocido es el que tiene el nombre comercial de Academia de Expertos y *El Mensajero Millonario,* que es un compendio del panorama que cubre esa marca. La Academia de Expertos está basada en una simple premisa:

- La historia de su vida, sus conocimientos y su mensaje —aquello que sabe por experiencia y que quiere compartir con el mundo— son de mayor importancia y tienen mayor valor de mercado que lo que haya podido imaginar.

- Está aquí para marcar una diferencia en este mundo, y la mejor forma de hacerlo es a través de su conocimiento y experiencia (en cualquier tema, y en cualquier campo) para ayudar a que otros alcancen el éxito.

- Puede recibir remuneración por compartir consejos e información sobre cómo hacer las cosas que ayuden a otros a alcanzar el éxito y, en el proceso, puede desarrollar un negocio lucrativo y una profundamente significativa.

Con estas tres premisas, he ayudado a millones de personas en el mundo a entender el significado y el valor de mercado de sus conocimientos y su experiencia. Les he mostrado que pueden hacer carrera de esto, y no considerarlo simplemente como una actividad para pensionados, y a la vez ir guiando a otras personas para que mejoren sus vidas o progresen en cualquier campo. No hay ninguna razón que le impida hacer una contribución al mundo con sus conocimientos y recibir una remuneración a cambio. Creo que éste es realmente el siguiente paso revolucionario en el mundo laboral: las utilidades y el propósito pueden combinarse, de una forma maravillosa orientada al servicio, cuando compartimos con otros lo que hemos aprendido, investigado, o comprobado durante nuestra vida. Podemos compendiar nuestros conocimientos y nuestros consejos de cómo hacer las cosas (sobre cualquier tema y en cualquier campo) en programas y cursos de capacitación en línea o a través de métodos más tradicionales como libros, conferencias, seminarios, dirección y capacitación y asesoría. Podemos tener un impacto con lo que sabemos —y, sí, recibir dinero a cambio.

Menciono esto aquí porque no creo que debamos trazar un límite inamovible entre nuestro trabajo y nuestras actividades de mentoría. Uno y otra pueden representar lo mismo en nuestro mundo moderno. La utilidad y el propósito ya no son términos mutuamente excluyentes. Al igual que Janie, que sirve de mentor a sus cajeras en el banco, todos podemos tener un impacto en nuestro trabajo y en nuestras carreras, por el simple hecho de ayudar a los demás.

· · ·

Terminaré este capítulo con un concepto más amplio acerca de estos Activadores. En el libro *El hombre en busca de significado,* de Viktor Frankl, un psicólogo y sobreviviente del holocausto, el autor sugiere que "la principal preocupación del hombre no es sentir placer ni evitar el dolor sino verle un significado a su vida". Si está de acuerdo con esto, como yo lo estoy, la siguiente pregunta lógica sería, "¿Medimos en último término el significado en nuestra vida?". Si la vida se trata de significado, ¿cómo podré saber si lo estoy creando o lo estoy experimentando?

La mejor respuesta que he encontrado es la contribución. Al final de nuestras vidas, al mirar hacia atrás y preguntarnos cuál fue el significado de todo, nos preguntaremos si realmente importó. Para descubrir la respuesta, examinaremos especialmente nuestras conexiones (nuestros seres queridos y aquellos en los que hemos influido) y en nuestras contribuciones. Pero aún cuando evaluemos y reflexionemos en nuestras conexiones, lo que estaremos pensando será cómo contribuimos nosotros a estas conexiones. Nos preguntaremos si nos dimos realmente a nuestras relaciones, si amamos de forma plena y abierta y con franqueza. Nos preguntaremos si dimos a los demás el tiempo, la atención, la aceptación y el afecto que merecían que les diéramos. Nos preguntaremos básicamente cómo hemos contribuido a favor del mundo y de los que nos rodean. Al final, es así como mediremos el significado de nuestras vidas.

PUNTOS DE IGNICIÓN

1. Siento que puedo contribuir al mundo que me rodea a través de…

2. Una experiencia nueva y profundamente significativa que me gustaría crear es…

3. Una persona que podría utilizar mi servicio de mentoría es…

Capítulo doce

EL IMPULSOR PARA LA
CONCIENCIA

El objetivo de la vida es vivir, y vivir significa ser consciente,
gozosamente, ebriamente, serenamente, divinamente consciente.
—HENRY MILLER

Cuando me desperté, Kevin estaba gritando:
—¡Sal del auto, Brendon! ¡Sal del auto!

Miré desde el lado del asiento del pasajero. Kevin estaba aprisionado detrás del timón, gritándome e intentando salirse por la ventana del lado del conductor, donde había recibido el impacto. Toda su cara estaba cubierta de sangre.

Habíamos volteado la esquina a 85 millas por hora. En los Estados Unidos, esa esquina habría tenido una gran señal amarilla brillante con una flecha en forma de U, una advertencia que indicaba que había una curva cerrada más adelante y que debíamos reducir la velocidad.

Pero estábamos en la República Dominicana, en una carretera recién pavimentada, sin señalización. Y ese ángulo se convertiría en un punto decisivo en nuestras vidas. Resultó ser una bendición. Durante meses había estado deprimido y emocionalmente muerto después de mi separación de la primera mujer de la que realmente me había enamorado. Tenía sólo 19 años, pero me sentía a la deriva, como si mi vida hubiera terminado. Estaba tan afectado que cuando surgió la oportunidad de trabajar durante el verano a una enorme distancia, en la República Dominicana, me apresuré a aceptarlo. Irme de la ciudad para escapar de mis problemas y mi depresión no era suficiente —tenía que irme del país.

Y ahí estaba, en la República Dominicana, con Kevin, un amigo de mi ciudad natal, ayudando a un empresario que conocíamos, que vendía equipo para transporte de carga terrestre. Volvíamos de la casa de un cliente, a eso de la medianoche. Era una oscura y húmeda noche caribeña. Teníamos abiertas todas las ventanas del auto y la canción de Tom Cochrane "Life Is a Highway" sonaba a todo volumen en el radio. Mientras avanzábamos a toda velocidad por el camino, bordeado de selva tupida a lado y lado, con el aire húmedo circulando por las ventanas del auto, sentí de pronto un alivio de mi depresión. El peso de mi soledad y mi tristeza disminuyó a la velocidad del sonido. Cerré los ojos, intentando olvidar que sentía el alma muerta y comencé a cantar la canción a todo pulmón.

Entonces Kevin gritó:

—¡Santo Cielo! ¡Brendon, para!

Abrí mis ojos y vi que las luces delanteras desaparecían ante nosotros saliendo del camino hacia la oscuridad.

Kevin tomó el timón y lo volteó a la derecha tratando de cambiar de dirección. Pero ya era demasiado tarde. El auto patinó, perdió la tracción e hizo un trompo saliéndose del camino. Me preparé y pensé, *Dios mío, no estoy listo.* No sentía que había vivido plenamente aún. Es extraño lo real y duradero que fue ese sentimiento. La sensación de cámara lenta creada por la emergencia entró en pleno efecto mientras el auto patinaba y salía de la carretera. Mientras nos deslizábamos hacia el umbral de la muerte, vino a mi mente una pregunta urgente: *¿Viví?*

Deslizándose fuera del camino, el auto se estrelló contra un pequeño muro de contención construido para propósitos de riego. El auto saltó por el aire dando una voltereta hacia un lado y sentí que el cinturón de seguridad me sostenía firmemente en mi lugar. Luego tuve una extraña sensación de estar flotando mientras dábamos una vuelta tras otro.

Mis ojos estaban cerrados, pero "los" podía ver claramente. No fue como pensaba que sería. Habría imaginado que tendría una visión omnisapiente de mi vida, como lo muestran en las películas, cuando toda una serie de recuerdos pasa en cámara lenta y uno se ve de niño, pasando a la edad adulta. Ahora no me vi a mí mismo. Ni tampoco vi al pequeño Brendon corretear.

Pero los vi a *ellos*. Vi a mis amigos y a mi familia de pie frente a mí y a mi lado. Estaban cantando alrededor de una torta que se encuentra sobre nuestra mesa de comedor. Es mi fiesta del día que cumplí 12 años. Mamá lloraba de felicidad y cantaba con alegría nuestra tonta canción de cumpleaños.

Después vi otra escena. Es mi hermana. Se mece en un columpio a mi lado. Nos miramos a los ojos y ella sonríe con su hermosa y amplia sonrisa.

Luego otras escenas. Mi vida pasando ante mí, experimentada a través de mis ojos. Todas las escenas y los momentos en los que he estado rodeado de las personas que amo. No siento como si yo estuviera presente en esos momentos, aunque se ven muy reales y soy consciente de que estamos dando vueltas en el aire en cámara lenta. Pienso en mis seres queridos y en aquellos a quienes les haré falta. De pronto viene a mi mente una sensación de intenso remordimiento: *¿Ame?*

El auto golpeó el piso con un estruendo impactante.

Cuando desperté, oí a Kevin gritándome que saliera del auto. Yo lo miré desde el asiento del pasajero donde me encontraba, él estaba aprisionado detrás del volante y me gritaba mientras intentaba salir del auto por entre el marco de la ventana que estaba aplastado.

Me miró y vi que tenía una enorme herida abierta del lado derecho de la cabeza y toda la cara bañada en sangre. "¡Sal del auto Brendon!", decía con pánico mientras se esforzaba por salir por la ventana.

No sabía si el auto estaba incendiándose o qué ocurría. Pero el tono de Kevin era lo suficientemente elocuente. Miré hacia la derecha, buscando por dónde salir pero la ventana de este lado también estaba aplastada. Todo el techo del carro estaba aplastado contra mí. Mi única vía de escape era una estrecha abertura que veía al frente a mí, lo que antes había sido el parabrisas.

Me deslicé por ese espacio cortándome los brazos y las piernas y la piel del abdomen, y, de alguna forma, me paré sobre el retorcido capó blanco del auto. Vi que salía sangre de mi cuerpo y caía sobre mis pies y mis sandalias, y sobre el carro. Me sentí mareado, distante. Poco a poco, se me escapaba la vida y sentí miedo desde mi corazón hasta los pies al darme cuenta, por primera vez en mi vida que podría haber llegado mi fin. Una energía débil y asustada me recorrió el cuerpo y me pregunté qué propósito había en todo esto. Luché contra ese pensamiento y comencé a llorar. *¿Tuve alguna importancia?*

Una nube oscura borró mi visión y sentí que me iba a desmayar. *Es el fin,* pensé.

Y luego un fogonazo brillante al extremo del capó retorcido del auto me sacó del trance. Vi un destello brillante, un reflejo de luz sobre mi sangre que corría hacia abajo por el lado del carro estrellado. Levanté la vista y vi una espléndida luna llena en la oscuridad del cielo. Era una luna mágica, algo que jamás había visto antes —tan cercana, tan grande y brillante, tan hermosa. Sentí que me elevaba de las ruinas de mi vida y me conectaba profundamente con los cielos y las ondas de color azul que atravesaban el cielo nocturno. No sentía dolor, no sentía nada, era una sensación de nada, de silencio, que duró sólo un momento y que nunca olvidaré. Y luego, lentamente fui experimentando una sensación de consciencia. De estar total-

LA CHISPA

mente centrado. No estaba teniendo una experiencia extracorpórea; de hecho, jamás me había sentido más conectado a mí mismo.

Sentí una firmeza y una tranquilidad en mi cuerpo, a la vez que un sentido de gratitud me invadía por completo, un agradecimiento por la vida que aún hoy no puedo describir. Fue como si, en ese momento, hubiera mirado al cielo y Dios se hubiera agachado para tranquilizarme y me hubiera entregado el boleto dorado de la vida —una segunda oportunidad de vivir. "Aquí tienes, muchacho", parecía decir el momento. "Aún estás vivo, puedes volver a amar, puedes tener importancia. Ahora, anda y comienza a ocuparte de eso, porque ahora ya lo sabes, el reloj no se detiene".

Recuerdo haber mirado al cielo esa noche, haber aceptado el boleto y haber pensado, *Gracias. Gracias. Voy a ganármelo.* Un agradecimiento incomparable, que no puedo describir entró en mi vida y nunca me ha dejado. Sentí que las lágrimas rodaban por mis mejillas —lágrimas buenas. Y por primera vez en meses, mi alma cantó.*

• • •

Han pasado dieciséis años desde mi accidente automovilístico y sigo agradeciendo cada día que Kevin y yo hayamos recibido el ticket de oro de la vida —una segunda oportunidad. Ambos sobrevivimos y estamos bien. Pienso como frecuencia en el accidente, y ahora he llegado a entender por qué fue una experiencia que transformó tan profundamente mi vida. En el término de unos pocos minutos, me encontré ahogado en las profundidades de mi consciencia, inundado por pensamientos sobre mi propia condición humana y, momentos después, sentí que me elevaba separándome de las sensaciones de mi cuerpo físico y me conectaba con una consciencia más amplia que no conocía el dolor y no tenía límites. Experimenté un cambio

* Páginas arriba, 256 a 260, tomadas de Brendon Burchard, *El mensajero millonario* (New York: Free Press, 2011), 5–8.

en mi propia consciencia acerca de lo que era importante en la vida, y decidí orientarme más a mí mismo para forjar una vida más significativa. Sin embargo, toqué también el rostro de una consciencia aún más maravillosa que me rodeaba, sintiendo, y entendiendo por primera vez que existía una fuerza más allá de la mía. Ahora he comprendido que el accidente me ayudó a experimentar las dimensiones de las dos formas principales que utilizan los filósofos, los psicólogos, los neurólogos y los que buscan lo que aún no entendemos, describen con el término "consciencia".

En un enfoque, la consciencia ha sido comparada con la mente, es decir, con nuestra capacidad humana limitada de pensar y tener consciencia de nuestro ser. *Pienso, luego, soy,* es una expresión adecuada de este estado. La neurociencia estudia estos niveles de consciencia en busca de lo que une nuestra consciencia y moldea nuestra "mente" de forma cohesiva. En *The Feeling of What Happens: Body and Emotion in the Making of Consciousness*, Antonio Damasio, el experto en neurociencia, describe el estado de consciencia como "la consciencia de un organismo de su propio ser y de su entorno". Este enfoque de nuestra consciencia, de nuestros mundos interno y externo como algo que es experimentado principalmente por los sentidos, es un enfoque al que le podríamos dar el nombre de "consciencia del pensamiento".

A un nivel más esotérico, también se ha definido el estado de consciencia como una energía o fuerza unificadora no humana, tal vez cósmica o divina. *Dios parpadeó; luego, existo,* expresa este concepto. Las dimensiones "espiritual" y "elevada" de la consciencia son principalmente tema de estudio de los investigadores religiosos y espirituales que se preguntan qué es lo que une, no sólo nuestra consciencia humana sino el universo mismo. Este concepto considera la consciencia como algo que no solamente se experimenta a nivel de la mente ni se capta por los sentidos corporales sino que existe también fuera del cuerpo, como una conexión con una energía o una entidad más allá de nuestra comprensión cognoscitiva. He llegado a darme cuenta de que este análisis está más dirigido a la "consciencia trascendente".

El impulsor que nos lleva a experimentar un estado de consciencia más elevado es el principal distintivo de la especie humana. ¿Cómo vivimos a niveles más elevados de nuestra consciencia humana? ¿Cómo logramos trascender?

Queremos establecer un mayor control sobre nuestra consciencia del pensamiento y a la vez liberarnos de su control para poder experimentar un nivel más *elevado* de consciencia. Por lo tanto, queremos tener más control sobre nuestras vidas, y, al mismo tiempo, muchos de nosotros sentimos que debemos entregarnos a lo divino. Mi accidente y mi vida después de él me han enseñado que podemos lograr ambas cosas. En este capítulo exploraremos los dos conceptos de consciencia y procuraremos explotar aquel que nos conduzca a una existencia más comprometida y energizada. Le he dado más tiempo a este impulsor —este es el capítulo más largo del libro— porque este impulso rara vez es considerado en nuestras ocupadas vidas modernas y sin embargo sigue siendo una fuerza potente en todo lo que hacemos.

Activator #1: Enfoque su yo consciente

¿Qué queremos decir cuando nos referimos al "consciente humano"? Durante la mayor parte de nuestra historia, ha significado lo que nos hace estar despiertos, atentos, y capaces de pensar o manejar la mente. Cada uno de estos elementos da origen a interrogantes fascinantes sobre nuestra existencia y puede abrir el camino hacia las elevadas experiencias que todos buscamos.

El estado consciente se asocia normalmente con estar vivos y despiertos. Si dormimos, los médicos consideran que "ya no estamos conscientes" o, simplemente, que estamos "inconscientes". Lo mismo se aplica a alguien que esté en coma, o que haya perdido el conocimiento por trauma o por exceso de alcohol o de alguna otra droga. Según esta definición, cuando no estamos en estado alerta, no podemos entender, sentir, prever, juzgar, iniciar, o tener control de nuestras capacidades mentales o físicas.

Estar despierto significa también estar al tanto de lo que ocurre a nuestro alrededor, lo que constituye otro distintivo del estado consciente. Si sé quién soy, dónde estoy, que estoy haciendo, por qué lo estoy haciendo y dónde encajo en el momento y el entorno social, seré considerado entonces como un ser humano plenamente funcional y consciente. En el sentido más amplio, tener conciencia de uno mismo se considera un rasgo exclusivo de los animales de más alto orden.

Es un hecho que los términos "consciente" y "conciencia" se asocia casi siempre con nuestra capacidad humana de pensar y utilizar nuestras mentes. Esta habilidad de producir y organizar pensamientos en una conciencia del yo y del contexto circundante nos diferencia de otros animales y es algo que nos ha fascinado en durante siglos. Tenemos una extraña habilidad para utilizar nuestras mentes en procesos cognoscitivos como prestar atención, crear pensamiento abstracto, controlar los impulsos, realizar multitareas, solucionar problemas y supervisar e iniciar los pensamientos y acciones, lo que suele denominarse "control ejecutivo". Pero ¿funciona todo esto? Y ¿qué ocurre con la mente "inconsciente"; difiere realmente del consciente humano en general?

Estos espinosos interrogantes dan lugar a grandes debates. Desde las discusiones filosóficas entre Descartes y Locke, hace cerca de cuatro siglos, hasta los más recientes hallazgos de los neurocientíficos y psicólogos de hoy, sólo una cosa es cierta: el consciente humano es difícil de precisar. Si bien todas las culturas lo intuyen como algo real y se sienten impulsadas a explorarlo y mejorarlo, nadie ha podido entender realmente qué es. Los neurocientíficos no pueden abrir su cerebro y decir, "He ahí su consciente". Sabemos que *algo* nos permite intuir el significado de nuestras emociones y organizar nuestros pensamientos, pero no sabemos realmente qué es. No podemos señalarlo con el dedo en una escanografía del cerebro, e inclusive entre los profesionales, cada uno lo define diferente. ¿Qué es lo que unifica nuestra percepción de nuestro ser personas proveniente de todos los impulsos y actividades del cuerpo y el cerebro? Cuando decimos que "nos viene a la mente" un pensamiento: ¿qué fuerza misteriosa crea y admite ese pensamiento en nuestras mentes? Ese gran unificador, esa fuerza misteriosa, es descrita, generalmente, como "el consciente".

Es importante precisar el aspecto del consciente. Si somos más conscientes o nos damos más cuenta de nosotros mismos y de nuestro entorno, tendremos más armonía y más capacidad de adaptación. Sería de suponer que quienes tengan un sentido más intenso de su consciente estarán mejor capacitados para ordenar sus pensamientos, sus sentimientos y su comportamiento. Podrán encontrar paz en el conflicto y fe, resiliencia y trascendencia en la lucha, porque pueden usar sus pensamientos para definir el significado de los acontecimientos y experiencias de sus vidas. Por consiguiente son más aptos para ver orden y significado en medio del caos mundial, pudiendo encontrar fortaleza y optimismo aún en los momentos más difíciles. También lo contrario es cierto: cuando las personas no pueden controlar sus propios pensamientos conscientes, sobreviene la tragedia de una vida sin dirección y tal vez sin significado. Las personas parecen no poder enfocar sus mentes, sus emociones, o sus acciones ni decidir conscientemente buscar fe, esperanza y fortaleza o significado en tiempos difíciles.

Pero, claro está, esto sólo hace que surjan más interrogantes acerca de cómo y hasta qué punto podemos hacer todo esto. Es un debate sin fin que tal vez nunca logremos resolver. El concepto acerca del consciente, en el que todos parecen concordar, es que nos permite sintetiza, organizar y guiar nuestros pensamientos. Esa es la razón por la cual, a todo largo de este libro, he hecho énfasis en su poder de controlar conscientemente sus pensamientos y su atención. Cualquier medio que le permita lograrlo —ya sea una mente aguda, observadora, o un pequeño y jamás visto maquinista de tren en su cerebro— eso no tiene tanta importancia para mi. Se trata de un campo de investigación que es mejor dejárselo a los filósofos y los especialistas en neurociencia. Lo que debe entusiasmarlo es simplemente el hecho de que usted tiene el control y que con ese control vienen tanto el poder como la responsabilidad de moldear los contenidos de su mente y por lo tanto, los resultados de su vida.

Si todo esto es cierto, entonces ¿cómo debemos aprovechar mejor nuestra capacidad consciente de controlar nuestros pensamientos y nuestras vidas? En donde fijamos nuestra atención para poder hacer que la aguja suba a niveles más altos y sostenidos de felicidad y compromiso?

Todo se resume en pasar de la fascinación de *cómo* se llega a ser consciente y a centrarse en *aquello de lo que debe* estar consciente. Tenemos la capacidad de poner lo que queramos en el tablero consciente de nuestras mentes, por lo que deberíamos decidir lo que vamos a monitorear y a prestarle atención. En las páginas anteriores me he referido al control de nuestras mentes conscientes y nuestros pensamientos en general. Pero todos nos sentimos impulsados a trascender lo obvio y deseamos obtener más de nuestras experiencias conscientes. Estas son, entonces, cuatro áreas específicas en las cuales centrar su consciente para garantizar que su vida sea plenamente consciente y animada.

Sea consciente de sus pensamientos

Gran parte de este libro se ha dirigido al aspecto de controlar conscientemente sus pensamientos, su energía, su experiencia y su significado en la vida. Esto quiere decir estar consciente de estas cosas y optar por controlarlas en vez de permitir que lo controlen inconsciente o automáticamente. Permítame darle un ejemplo de a dónde quiero llegar, sugiriendo una pregunta que debería hacerse varias veces cada día: *¿Hacia dónde debo orientar mis pensamientos ahora?*

Tenga en cuenta que *no* es lo mismo que preguntar: *¿En qué me estoy enfocando y en qué estoy pensando?* Esta segunda pregunta tiene que ver con *ser consciente* de aquello en lo que está concentrada su mente, mientras que la pregunta anterior tiene que ver con *controlar* su mente.

Aunque estoy totalmente a favor de ser conscientes de en qué centramos la mente y qué pensamos en un determinado momento, estar conscientes de eso no es lo mismo que el autocontrol. Lo cierto es que, en la mayoría de los casos, probablemente se está enfocando en cosas aleatorias y está pensando cosas inconsecuentes. Lo que piensa en un determinado momento no es necesariamente útil para su propósito de alcanzar el siguiente nivel de conciencia y de control de su vida. Por ejemplo, ahora mismo, es posible que esté pensando aleatoriamente en su primera mascota y, aunque conviene ser consciente de ese pensamiento aleatorio, lo que puede resultarle más útil para ayudarle, en términos generales, a alcanzar otro nivel de consciencia, es preguntarse *¿Dónde debo enfocar mis pensamientos en este momento?*

El año pasado incluí esta pregunta como parte de uno de mis retos de treinta días. Programo una alarma en mi teléfono para que se active cada tres horas con una anotación que dice *¿En dónde debo enfocar mis pensamientos ahora?* Aunque me considero una persona muy consciente y dueña de mí misma, me sorprendió darme cuenta de que muchas veces durante el día estaba en piloto automático dejando que el impulso, el hábito, o las influencias externas controlaran mis pensamientos. Tan pronto como veía el recordatorio, me apresuraba a volver a ocupar el puesto del conductor en mi conciencia. ¿El resultado? Aumentó mi interés, me volví más productivo y más considerado que nunca. No se base en mi palabra —ensaye esta actividad y compruebe usted mismo su eficacia.

Sea consciente de sus energías emocionales y físicas

¿Cómo debo sentirme en este momento? Esta es una pregunta que debería hacerse varias veces al día. Al igual que con la anterior, fíjese que la pregunta no es: *¿Qué siento en este momento?* Lo que usted siente en cualquier momento suele ser, un conjunto de millones de impulsos y respuestas a sus mundos interno y externo, integrados y sintetizados en el mismo instante en que se lo pregunta. Aunque como nos sintamos en cualquier momento dado nos dice mucho acerca de nuestros impulsos y experiencias actuales, con frecuencia no contribuye mucho a aumentar nuestro nivel de conciencia. Para tener un control más pleno de su experiencia consciente, en vez de permitir que sus impulsos aleatorios definan sus sentimientos, podría definir también cómo se debería estar sintiendo.

Observe, además que la pregunta no es: *¿Cómo debería sentirme ahora?* Esa es una pregunta dictada más por la memoria que por elección inmediata de nuestra parte. En otras palabras, la forma de saber cómo "debería" sentirse se basa en cómo se ha sentido en el pasado o en cómo cree usted que se sentirían otros en la misma situación. Por otra parte, preguntarse: *¿Cómo debo sentirme ahora?* Dirige su mente hacia se situación actual y le permite definir cómo va a sentirse a fin que pueda enmarcar y dar sentido a cualquier situación.

Sin embargo, esto no sólo tiene que ver con su realidad emocional. Nuestros sentimientos están determinados, en gran medida, por nuestros pensamientos, como es natural, y también por nuestra vitalidad física. Es mucho más fácil sentirse triste, frustrado o inseguro cuando se está físicamente agotado. Los expertos en neurociencias siguen demostrando que nuestra fuerza de voluntad desaparece cuando nos sentimos físicamente agotados, llevándonos a una serie de decisiones, juicios y accione precipitados y no muy adecuados. Por eso es de vital importancia manejar su vida con períodos de sueño adecuados, hidratación, dieta y ejercicio.

Sin embargo, el hecho es que, a pesar de nuestras oleadas de sentimientos prevenientes de nuestro inconsciente o de nuestro cuerpo agotado, siempre tenemos la capacidad de elegir cuando se trata de determinar las tonalidades de nuestro cielo emocional. La felicidad es, de hecho, una de las alternativas. Y también es una alternativa sentirse lleno de energía. Suelo demostrar este punto en la Academia de Alto Desempeño ayudando a las personas a entrar voluntariamente en distintos estados de ánimo, a veces, sin ni siquiera mover un músculo. De nuevo, el generador *no tiene* energía, *genera* energía. Podemos elegir nuestra energía emocional en cualquier momento y esa es una de las más grandes maravillas de la experiencia humana.

Sea consciente de su comportamiento

Nuestras acciones dicen muchísimo acerca de quiénes somos, y dictan tanto los resultados que obtenemos en la vida como lo que sienten por nosotros los demás. Cuando nuestros comportamientos no son "adecuados", tendemos a sentirnos muy mal. Si no adoptamos las medidas que sabemos que debemos adoptar en nuestra vida personal, nos sentimos culpables y frustrados con nosotros mismos. Si actuamos de forma incorrecta en relación con los demás, sentiremos lo mismo.

Suelo decir que la indicación de un mayor nivel de conciencia es siempre una total integridad con el yo y un profundo respeto por los demás. Podemos ver y monitorear los dos casos en relación para ver si nos comportamos de forma consistente. Hay que estar atentos a eso y controlar nuestro comportamiento y la forma cómo afecta el mundo teniendo siempre presente nuestra capacidad de control consciente.

Esté consciente de los demás

En nuestro mundo activado por las conexiones, convertirse en un maestro de Zen de su mundo mental y emocional es un poco inútil si no estamos al mismo tiempo sintonizados conscientemente con los demás. La máxima "conócete a ti mismo" es cierta pero también debemos conocer a los demás. Sepa entender a fondo su propia vida y procure lograr hacer lo mismo con las vidas de los demás.

Podemos alcanzar mayores niveles de consciencia en nuestras relaciones al preguntarnos constantemente, *¿Qué piensan y cómo se siente los demás en este momento, y cómo me gustaría interactuar o influir en ellos?*

Esta capacidad de intuir las percepciones y sentimientos de otros, a la que a veces se le da el nombre de *empatía* o *capacidad de leer la mente* nos ayuda a ser mucho más hábiles e inteligentes desde el punto de vista social. Ahora, simplemente recubra esta capacidad de intuir con su forma de pensar consciente acerca de cómo le gustaría ser en esta situación y tendrá la receta para tener relaciones más conscientes y conectadas.

Sea consciente de su progreso

El objetivo del pensamiento consciente es tener un mayor sentido de control sobre nuestros mundos interno y externo. Pero, ¿con qué objeto? Buscamos niveles más altos de pensamiento consciente no sólo para dominar nuestro mundo en el momento actual sino para hacerlo avanzar. Queremos dirigir los resultados de nuestras vidas y diseñar nuestros legados. Para que eso sea cierto, debemos ejercer el pensamiento consciente en relación con el progreso que estamos logrando.

¿Avanzo en la vida a la velocidad que deseo? ¿Adopto las medidas necesarias para lograrlo? ¿Manejo mis pensamientos, sentimientos, comportamientos y relaciones de forma que me ayuden a avanzar, crecer y contribuir?

Todo esto podría parecer demasiado pedir; centrarse en tantas cosas. He podido comprobar que me ayuda a pensar en mi grado de conciencia como si s tratara del último observador e impulsor de mi vida. Por lo tanto, me gusta imaginar que hay un tablero de control en mi mente, donde voy controlando y haciendo los cambios de velocidad de las distintas actividades, cuando es necesario. En mi tablero de control, veo cinco paneles de instrumentos con todas las agujas moviéndose como en un velocímetro o un tacómetro en los carros antiguos. Los paneles de instrumentos que imagino se llaman "Pensamientos", "Sentimientos", "Conductas", "Relaciones" y "Velocidad de Progreso". Mantengo mi mente alerta a estos cinco factores todo el tiempo en mi vida. *¿Fomentan mis pensamientos una existencia feliz?* Marco una casilla. *¿Están mis sentimientos acordes con lo que quiero sentir y con el lugar al que quiero llegar?* Marco una casilla. *¿Mis comportamientos me están haciendo más ágil, me ayudan a avanzar y a influir en el mundo de forma positiva?* Marco una casilla. *¿Reflejan mis relaciones lo que soy y lo que quiero ser?* Marco una casilla. *¿Estoy en control ahora y estoy avanzando a mi pleno potencial?* ¿Sí? Marco una casilla. Rock and roll.

Activador #2: Transcender la consciencia

Además de dominar nuestras mentes, casi todo estamos impulsados por la sensación de que queda algo más por aclarar —algo infinito, algo más allá de nuestro control y de nuestra imaginación. En lo más profundo de nuestro ser y al nivel de nuestras más altas ambiciones, deseamos trascender y conectarnos con ese algo más. Queremos experimentar una sensación más profunda de conocimiento de nuestra realidad y nuestras relaciones con el mundo, el universo, y, para la mayoría de nosotros, con Dios o con el infinito. Este sentido nos convierte en buscadores de espiritualidad, de una conexión con un propósito y un significado de unicidad más altos. Ese mismo deseo es el que ha hecho que los humanos creen religiones con la esperanza de llegar a tocar en borde del manto de algo más alto, a buscar paz y tranquilidad en la naturaleza, a reconectarse y a preguntarnos la pregunta existencial que ha impulsado una búsqueda de significado y propósito más elevados. Es nuestro impulso que nos lleva a entender y conectarnos con el estado C mayúscula: *Conciencia*.

Es algo que todos podemos hacer. Como ya lo he descrito, una de las mayores maravillas de nuestra experiencia humana es que podemos obligarnos a entrar en cualquier estado emocional que deseemos. Podemos cerrar los ojos ahora mismo y obligarnos, sin ninguna razón en especial, a experimentar una sensación de felicidad. También podemos elegir sentirnos tristes, disgustados, esperanzados, aburridos, amados. Esta misma habilidad nos permite obligarnos a llegar a un estado emocional trascendente, no sólo una vez sino en forma continua, permitiéndonos intuir algo más grande que nuestra circunstancia actual y conectarnos a una conciencia más elevada. ¿Por qué no hacerlo? Sólo al retarnos a conectarnos con algo más grande que nosotros mismo, podremos sentir algo más que nuestro propio ser. Desde esta conexión, se encontrará más energizado y con mayores posibilidades de vivir de acuerdo a sus más altos valores y virtudes.

Exploremos un poco más a fondo cómo podemos lograr esa conexión. Cuando estamos presentes, tenemos en cuenta la coincidencia y la intuición, y vivimos en un constante estado de amor, podemos conocer mejor esa misteriosa fuerza.

Sea consciente del momento presente

Como ya lo he dicho antes, muchos están tan tremendamente ocupados y distraídos, que nunca reducen la velocidad para apreciar y gozar del momento. Y, sin embargo, es el momento actual en el que se está desarrollando la vida. Y es únicamente aquí, en este preciso momento, cuando podemos intuir una unicidad y una conexión con la conciencia. No podemos pensar que alcanzaremos ese nivel de conciencia mañana ni podemos esperar encontrarlo en una experiencia del pasado. Tenemos que experimentarlo ahora mismo, totalmente presente, en este mismo momento, en el "ahora".

Ester presente significa dedicar toda su atención y estar totalmente abierto al ahora. Por "toda su atención" quiero decir que debe intentar conscientemente concentrar totalmente su atención y sus energías mentales, emocionales y físicas en el ahora. Al describir los impulsores anteriores, señalé la importancia de estar plenamente presente al sostener una conversación con alguien. No podemos estar distraídos ni diez pasos más delante de esa persona, desarrollando y programando la discusión como si se tratara de un gran juego de ajedrez. En cambio, estamos totalmente atentos a lo que la otra persona nos dice.

Sin embargo hay en la presencia un yin y un yang de los que aún no hemos hablado. Estamos plena y conscientemente comprometidos a prestar toda nuestra percepción y atención al momento y al mismo tiempo nos liberamos de cualquier expectativa —estamos abiertos a cómo se desarrolla el mundo. Las tradiciones espirituales del budismo y el taoísmo sugieren que la presencia es una unicidad con el momento, libre de cualquier atadura a la forma como las cosas deberían ser o deberían resultar. Muchos sugieren incluso que la presencia carece de cualquier intención a excepción de la de estar plenamente abiertos y atentos al momento.

Tampoco nos hemos referido al uso de esa presencia como una herramienta en el camino hacia experimentar la trascendencia. Tengo una pregunta simple que me hago docenas de veces al día, por lo general cada vez que comienzo una nueva experiencia, comprendo alguna actividad importante o tengo cualquier interacción con otros. Ya sea que esté entrando a un nuevo lugar, que esté llamando a un amigo, que me esté sentando a escribir o que esté saludando a mi esposa cuando llega, me pregunto: *¿Qué tan presente estoy ahora en una escala de uno a diez?* Esto me ayuda a involucrarme y a recordar, en medio de nuestro mundo caótico, sobrecargado de diseño que debo beber el ahora y procurar sentir una conexión más amplia con algo más grande que yo en cada momento. Inténtelo.

No es tarea fácil. A veces los pensamientos o las ataduras del pasado me sacan del momento presente. Cuando esto ocurre, me pregunto: *¿Qué pasaría si todas las emociones negativas del pasado ya no tuvieran importancia en el momento presente ni en la persona que quiero ser ahora? ¿Qué pasaría si al ver el pasado bajo una luz negativa, estuviera dejando de apreciar el don de la vida que me fue dado y del que aún disfruto hoy? ¿Qué pasaría si el pasado no fuera más que un momento y ahora me encuentro en un momento nuevo? ¿Qué pasaría si este momento fuera sólo el comienzo de algo nuevo y milagroso que se despliega ante mí?*

Para una mejor conexión con su consciencia, tendrá que condicionarse a reprimir los juicios. El mecanismo de nuestro cerebro que nos lleva a formar juicios se ha refinado tanto con la evolución que, en lugar de experimentar el momento actual, va rotulando nuestras experiencias como "buena", "mala", "fea", "segura", "peligrosa", "feliz", "triste", etc. Naturalmente, esto nos es útil en casi todas las facetas de nuestras vidas, a excepción de una: encasilla nuestra percepción del presente. No experimentamos plenamente el ahora porque estamos demasiado ocupados rotulándolo. Es similar a lo que ocurre a todos aquellos que salen de vacaciones y que vemos frente a los puntos de interés o de los paisajes escénicos que ni siquiera miran lo que tienen delante porque están demasiado ocupados sacando sus cámaras. Toman la foto, pero jamás tienen la experiencia de lo que están viendo. Debeos aprender a dejar de rotular y categorizar y a centrar nuestra voluntad en cada segundo del día, a *estar en paz y totalmente presentes en lo que es.*

Esto puede sonar contradictorio ya que la mayor parte de este libro ha tenido que ver con cómo forjar nuestras vidas, pero saber controlarse y estar en paz con el pasado y con el momento actual no son cosas mutuamente excluyentes. Puedo estar listo y dispuesto a mejorar mi vida y sin embargo puedo estar en absoluta paz con la vida que llevo ahora. No es necesario, como sostienen algunos, que genere tremendos sentimientos de dolor y frustración hacia las experiencias de mi vida actual para poder avanzar hacia el cambio. De hecho, creo que ese consejo es algo horrible —y definitivamente no es un consejo espiritual. Son pocas las cosas positivas que se han alcanzado alguna vez a largo plazo cuando han sido logradas por impulsos de ira, frustración o dolor. Sostengo, por el contrario, que debemos aceptar lo que es en este momento, para reconocer y apreciar plenamente de que todo se ha desarrollado en esta forma por una razón y que una puerta aún más amplia se está abriendo en este mismo momento, ante nosotros para conducirnos a algo más mágico y emocionante de lo que jamás hubiéramos podido imaginar.

Sea consciente de la coincidencia y la intuición

Si está en el ahora y desea conectarse con el consciente, tiende a notar que las cosas y las personas aparecen en su vida justo a tiempo y por una razón que parece lógica (ya sea en ese momento o con el tiempo). Ha estado pensando en una nueva idea para su próximo producto y, mientras camina por la calle, plenamente concentrado en el ahora, de pronto, la idea le viene a la mente. O está en una conferencia por Internet y de pronto siente una necesidad intensa de ir a hablar con alguien, al otro lado del salón, a quien nunca ha conocido antes —simplemente se siente impulsado a hablar con esa persona. Son los momentos que algunos conocen como "coincidencia del consciente".

La coincidencia se define como algo que sucede simultáneamente con algo más. El *World English Dictionary* define el término como "una ocurrencia casual de eventos sorprendentes ya sea por presentarse en forma simultánea o por estar aparentemente conectados".

Naturalmente, la palabra "casualidad" está abierta a discusión por quienes creen que el consciente está trayendo algo a nuestras vidas por alguna razón específica. Tal vez no sea sólo coincidencia que se haya encontrado con la persona que amó hace mucho tiempo en una cafetería —tal vez sea por el destino. Ya sea que creamos o no en la casualidad, en el destino, o en alguna otra combinación de estos dos factores, todos podemos beneficiarnos de estar más sintonizados con el cómo y el por qué de las cosas que se nos presentan en el ahora.

Para mí, la mejor práctica de estar presente tiene que ver con notar las coincidencias de los "encuentros casuales" con otras personas. Sí, en un aeropuerto, me encuentro con alguien que no había visto en años, estoy plenamente presente en ese momento y procuro conectarme con la energía de la experiencia. Además, procuro hacerle un estrecho "seguimiento" al momento, prestando atención a mi intuición en relación con ese mismo momento. *Esta persona ha vuelto a aparecer en mi vida en este preciso momento. Me pregunto por qué. Prestaré atención y estaré plenamente presente en esta conversación para ver adónde nos lleva.*

No todo el mundo cree en la coincidencia, claro está, en cambio consideran que el universo se está desarrollando al azar. Sea como sea, para experimentar una más alta conexión con nuestro consciente, ya sea que lo consideremos o no como algo omnipotente, debemos prestar atención a lo que el momento nos presenta en nuestras vidas. Estar atentos a las coincidencias nos ayuda a lograrlo.

El concepto de la intuición está directamente relacionado con la coincidencia. La intuición es siempre una coincidencia en el sentido de que se trata de un "sentimiento íntimo" que coincide con algo más. Usted piensa en su madre y tiene una sensación intuitiva de que debería llamarla. (A propósito, llámela.) O tiene una intensa sensación de que debe salir de la pista justo cuando está a punto de abordar un avión. (Como ya lo dije.)

Al hacer encuestas entre mis audiencias del mundo entero, he encontrado que muchas personas sienten que están perdiendo contacto con su intuición. Eso es fácil de entender, porque son muchos los que están tan preocupados del mañana que no pueden sentir nada de lo que está ocurriendo en el momento. La única forma de resolver esto es estando más presente, permanezca en el ahora y libere su mente planificadora y todas sus expectativas, limítese sólo a sentir su entorno.

Sea consciente del amor

Todas las religiones del mundo tienen el amor como su mayor virtud y valor —y muchas de ellas lo ponen en primer lugar. La mayoría de las religiones sugieren que nacimos del amor, que nuestro propósito es amar y que volveremos al amor. Esto es, entonces, algo a lo que debemos prestar mucha atención.

Ya conoce el valor del amor. Lo ha estado buscando toda su vida. Pero lo verdaderamente importante es qué tanto se ha permitido *sentirlo* y *vivirlo*. Esa es una muy importante distinción. Quienes buscan el amor tienden a tener gran necesidad del amor y buscan formas de saciarla y de sentirse conectados y amados. Estos son, naturalmente, impulsores humanos y todos buscamos lo mismo. Pero hay una forma de sentirse en mayor contacto con el consciente. Y eso se logra estando presente para el amor que ya se encuentra en nuestro entorno y en nosotros, y alcanzando la unicidad con ese amor viviéndolo.

Ser consientes del amor que nos rodea parecer un concepto bastante extraño, dado que muchos de nosotros pensamos que para sentir amor, alguien nos lo debe "dar". Lamentablemente, la mayoría de las personas sólo experimentan el amor cuando se sienten amadas. Pero, ¿qué ocurriría si el amor fuera un concepto más amplio? ¿Qué ocurriría si el amor en sí mismo fuera la fuerza unificadora que mantiene unido al universo y nos une a todos? Por grandilocuente que esto suene, parece que es lo que han venido sugiriendo las enseñanzas espirituales durante miles de años.

Percibir el amor que nos rodea es algo poderoso, pero convertirse en una sola cosa con el amor y vivirlo a través de esa unidad es un nivel de consciencia totalmente distinto. Si queremos tener amor en nuestras vidas, ¿por qué no darlo? Vivir desde este punto de vista cambia todo nuestro enfoque, que ya no será "Pide y recibirás" sino "Da y recibirás". Pero podemos todavía ir un paso más allá. El amor está a todo nuestro alrededor y se da en forma gratuita, por lo que tal vez deberíamos dar amor sin esperar nada a cambio.

Si todo esto lo remueve, ensáyelo, hoy y por el resto de su vida, procure dar más amor. Sea consciente de que hay amor a todos su alrededor. Proyecte su amor a los demás. Piense con base en el amor antes de tomar decisiones. Hable abiertamente del amor. Porque, si puede hacerlo, su vida *despertará*. Como lo dijo Pierre Teilhard de Chardin. "Algún día, después de haber dominado los vientos, las olas, la marea y la gravedad, podremos retener la energía del amor y, por segunda vez en la historia del mundo, el hombre descubrirá el fuego".

Ser más conscientes de nuestra presencia, de la coincidencia, de nuestra intuición y del amor son las formas como podemos llegar a conocer y a explorar mejor el consciente que nos rodea.

Activador #3: Viva sin dejar de asombrarse

Cuando me vi de pie sobre el capó del auto estrellado, en una isla del Caribe, mirando al cielo agradeciendo a Dios por haberme dado una segunda oportunidad en la vida, tuve una profunda sensación de admiración y asombro en relación con el mundo. Sentí que había algo mágico acerca de esa noche y acerca de la vida en general. Esa sensación nunca me ha abandonado. Y es una de las razones por las cuales mantengo siempre mi Chispa.

Cuando se está asombrado y se aprecia a fondo la magia del universo, es fácil sentirse conectado a él. Así como se siente más cercano a su cónyuge cuando se asombra de su generosidad o cuando realmente aprecia quién es y cuánto amor le tiene puede sentirse también más unido al consciente.

Ahora es fácil desprendernos de todas las maravillas que nos rodean. Nos disgustamos cuando se cae una llamada en nuestro celular y olvidamos el hecho mágico de que la señal que sale de esta pequeña caja cuadrada que tenemos en la mano tiene que llegar a alguna torre retransmisora de señal celular distante o a un satélite en el *espacio*, luego, desplazándose por el aire a enorme velocidades y después, encontrar entre *siete billones* de personas, la pequeña caja cuadrada de la persona *correcta* en el otro extremo. Cuando se trata de nuestro progreso tecnológico, es cuando tal vez nos convertimos en la generación más olvidadiza y más desagradecida de la historia. Y si no podemos admirarnos de nuestro propio progreso, es probable que nos resulte difícil maravillarnos de esa fuerza o entidad inespecífica que nunca hemos visto.

Para percibir el consciente, debemos tomar la vida con más calma y darnos cuenta de las maravillas que se despliegan a nuestro alrededor. Tenemos que permitirnos quedar sorprendidos y atónitos ante el flujo del río, el azul del cielo, la sonrisa del niño, la paz y quietud del amanecer. Sin embargo, no debemos esperar simplemente a que algo nos genere una sensación de asombro. Podemos elevarnos por encima del fenómeno de estímulo-respuesta animal y cultivar nuestras propias emociones, orientando nuestro libre albedrío a crear un sentido de asombro dentro de nuestro ser. En este momento puedo decidir simplemente quedar asombrado ante las maravillas de este universo y, al hacerlo, sentirme más cercano al consciente.

Es sorprendente que estemos todos vivos en este universo en constante expansión. Henos aquí sentados, en una minúscula esfera azul que gira a cerca de mil millas por hora y da vueltas alrededor del sol a 65.000 millas por hora. Pero nuestra minúscula esfera azul de vida es sólo una peca en un cosmos que se extiende por muchos miles de millones de años luz. No tenemos ni la menor idea siquiera de dónde termina el universo, y si la tuviéramos, nunca podríamos estar seguros de que fuera ahí. Como lo dijera una vez Arquitas, un filósofo del Siglo IV A.C., "Suponiendo que llegara a los límites externos del universo, si ahora lanzara una vara, ¿qué encontraría?".

El carácter expansivo del universo, y nuestra improbable capacidad de sobrevivir dentro de él, debería dejarnos atónitos a todos. Pero una mayor incógnita se mueve también dentro de nosotros dándonos vida y espíritu, y quitándonoslos. ¿Qué nos da nuestra energía de vida? ¿Dios? ¿El universo? ¿La suerte al azar? Estos interrogantes deberían intrigarnos y deberíamos recibirlos con todo nuestro asombro y reverencia viviendo una vida con Chispa.

Esta noche, mientras escribía estas palabras, tuve la sensación de que mi padre estaba cerca. Acepto esa sensación con un sentido de verdadero asombro y agradecimiento. Él se ha ido y me hace una inmensa falta, sin embargo, ocasionalmente, siento su energía muy cerca de mí. Tal vez el universo es un lugar tan asombroso que nuestra chispa continúa encendida por siempre.

Una última reflexión

La vida con Chispa nos incita a trascender nuestras formas comunes de pensar y a cambiar a una velocidad más alta para tener un mejor control de nuestro tablero de instrumentos y de nuestro consciente. Nos reta además a encontrar un mayor propósito y significado a nuestra experiencia humana y a elevarnos por encima de nuestras propias circunstancias para conectarnos con algo más grande que nosotros mismos, para ir más allá de lo mundano, hacia lo mágico.

Sin duda es un tipo de vida diferente — una existencia diseñada de forma mucho más consciente. Pero ¿qué más hay? ¿Debemos dejar que sean sólo nuestros impulsos los que nos controlen o debemos dirigir nuestra atención y orientar nuestras actividades hacia un estado de motivación, significado y moralidad más alto? ¿Debemos dejar que el mundo siga girando y nos sobrepase, o debemos utilizar nuestra presencia para hacer que vaya más despacio, para interiorizarlo, para apreciar la *magia* que hay en todo? Y a lo largo de cada día y hasta el final, cuando sintamos que se aproximan los últimos momentos de nuestra existencia, ¿nos limitaremos simple y casualmente a asombrarnos de la fuerza de algo que está más allá de nosotros o nos deslizaremos y nos libraremos de las ataduras de nuestros sentidos limitados y elegiremos conectarnos y vivir con y a través del amor divino? La elección es suya, como siempre ha sido.

PUNTOS DE IGNICIÓN

1. Si fuera más consciente y estuviera más orientado hacia mi consciente en la vida, ésta cambiaría en los siguientes aspectos…

2. Para conectarme con esa conciencia que se encuentra a un nivel más alto, de forma más regular, podría…

3. Las cosas que me causan asombro en el mundo y en el lugar donde me encuentro incluyen…

Conclusión

Hay sólo 10 impulsores humanos y sin embargo ni usted ni yo llegaremos jamás a dominarlos por completo. Podremos llegar a entenderlos mejor, nos esforzaremos por activarlos y podremos hacerlo mejor, sin embargo, jamás llegaremos a alcanzar un triunfo total sobre todos ellos a la vez, o ni siquiera sobre uno por uno. Terminar un libro diciendo que no podemos triunfar parece algo extraño, pero tiene un cierto tono familiar con el tema de esta obra —el verdadero regalo es el viaje que emprendemos a medida que nos esforzamos por mejorar y alcanzar una mayor profundidad en la vida. Llevar una vida con toda la Chispa exige constantes decisiones, presencia, enfoque, esfuerzo, crecimiento y dominio. Disfrutar las bendiciones de estar energizados, comprometidos, llenos de entusiasmo, requiere una dedicación, una capacidad de lucha y un compromiso que muchos nunca llegaremos a tener.

Sin embargo, creo que usted los tiene. Hemos hecho un largo viaje juntos, hemos anotado muchas carreras en nuestros esfuerzos por adquirir más control, competencia, congruencia, interés por los demás y conexión; hemos saltado las barreras para avanzar en nuestras vidas gracias a nuestros impulsores de cambio, reto, creatividad, expresión, contribución consciencia. El simple hecho de conocer el campo de juego de nuestra condición humana nos deja en mejores condiciones de alcanzar el éxito en el mayor de los juegos que conoceremos jamás — el juego de la vida.

Será un juego más difícil de lo que haya podido imaginar, como lo será el activar consciente e inconscientemente estos 10 impulsores humanos. Por eso sostengo que no llegará a experimentar el triunfo total. Pero esto no es malo. Como sociedad, debemos dejar de fijar-

LA CHISPA

nos en esas cosas que se consideran "difíciles" como si fueran "malas".
Si hemos aprendido algo en estas páginas, hemos aprendido que las
cosas que son "fáciles" y "cómodas" son factores que nos debían de
una vida con toda la Chispa. Únicamente cuando nos retamos a
nosotros mismos es cuando nos podemos sentir vivos una vez más,
energizados y dispuestos a esforzarnos a alcanzar un futuro mejor,
que alumbre nuestros corazones y nuestras almas con un entusiasmo
brillante, desconocido para las masas de seres encasillados o confortables. Es en este constante proceso de retarnos a ser más osados,
mejores, más fuertes, más alegres y más plenos como reconocemos
nuestras propias limitaciones y logramos entrar a una vida que está
más allá de lo que podríamos imaginar. Vale la pena el esfuerzo.

No voy a repetir lo que ya he dicho aquí, recapitulando todos
los impulsores y activadores; quiero que lea este libro muchas veces,
derramando tinta en los diarios y desgastando las teclas de su computadora mientras toma notas, sueña y hace planes. Usted podrá
encontrar todos los recursos que creé para usted y el camino que lo
espera en www.TheChargeBook.com/resources. Ahora su trabajo
será permitirse vivir plenamente, de expresarse y de esforzarse cada
día por poner más *vida* en su vida. A medida que lo haga recuerde
que debe trabajar más allá de usted mismo y atraer a otros con la
intención de cambiar también sus vidas. El esfuerzo valdrá la pena.
En los próximos días, sin importar lo que haya aprendido, se levan-
tará algunos días y sentirá que tiene el control de su vida de forma tan
total que se preguntará cómo pudo haber sido alguna vez tan débil o
inseguro; y habrá también días en los que ese control se le escapará.
Así es la vida. Y vale la pena.

Entonces ¿qué encontrará en el camino que tiene por recorrer?
Sin lugar a dudas, encontrará más energía y entusiasmo al enfocarse
en su carga interna en la vida. Pero hay algo más. Descubrirá también una mayor claridad acerca de su vida, un sentido de significado
más profundo, un agradecimiento más profundo y un mayor respeto

por los demás y por los dones que le han sido dados. Sentir que lleva
una vida con Chispa lo llevará a sentirse agradecido. ¿Qué podría ser
mejor que estar más agradecidos por nuestras vidas?

Cuando terminemos aquí, es posible que nada haya cambiado
en el mundo exterior. Las mismas preocupaciones y los mismos problemas y oportunidades y las personas probablemente seguirán a su
alrededor cuando cierre este libro. Mi esperanza es que algo dentro
de usted haya cambiado, que haya un nuevo y duradero compromiso hacia una vida mejor, que al menos haya encontrado aquí una
chispa lo suficientemente intensa como para encender algún día un
incendio incontrolable en su interior tan candente e indomable que
ningún problema lo pueda extinguir ni ningún hombre o ninguna
mujer en la tierra pueda sofocarlo con incredulidad.

Si algo he de dejarle, esto es el último impulsor que le revelaré. El
undécimo impulsor humano. A diferencia de los 10 anteriores, este
impulsor probablemente no haya orientado toda su vida de forma
tan palpable. A diferencia de los otros, no está sujeto a libros acadé-
micos, siglos de debate filosófico ni maquinas inquisidoras utilizadas
por neurocientíficos. Sin embargo, es un evidente deseo humano que
hace que todos nuestros esfuerzos y luchas y nuestros triunfos alcan-
zados con esfuerzo para activar esos otros impulsores estén tan justi-
ficados. Es un impulsor que nos une a todos cuando vemos un atleta
esforzarse al máximo de su capacidad, cuando nuestros equipos de
trabajo cumplen sus imposibles fechas límite, cuando vemos a un
héroe salir del infierno, cuando nuestros niños demuestran carácter y
ayudan a los demás y cuando nosotros mismos, después de habernos
esforzado por salir del pantano de nuestras inseguridades, nuestras
dudas y dilemas salimos de pronto adelante y lo hacemos limpios
y puros, sorprendiendo a los que nos rodean y sorprendiéndonos
nosotros mismos. Ese impulso, que se activa sólo en presencia de
nuestros mejores esfuerzos y nuestro mejor carácter y únicamente
cuando nos hemos comprometido a lograr algo que vale la pena,

algo significativo, algo en servicio de algo mayor que nosotros, es la *Celebración*.

Vivir una vida con Chispa exige mucho de usted. Debe ser más consciente de diseñar sus días y activar sus impulsores. Debe aventurarse con osadía a salir al mundo otra vez, debe esforzarse por alcanzar mayor gozo y mayor entusiasmo. Debe remontarse por encima de sus inconvenientes. Debe expresar su ser más elevado. Y sólo así, más allá, en un mundo pleno de alternativas y retos, de miedo y libertad, podrán expresarse sus mayores dones y será allí donde su vida se convertirá en una eterna celebración.

Sin duda, el mundo celebrará sus esfuerzos, preste atención. Es allá, afuera, donde el destino lo llama. Sea valiente y prepárese. Es hora de encender la Chispa de nuevo.

Agradecimientos

Para mi asombro, este es mi cuarto libro. Siempre me preguntan, "¿Cuál es el aspecto más difícil de escribir un libro?". Mi respuesta y mi realidad siguen siendo las mismas: la sección de agradecimientos. Es imposible agradecer a todos los que me han apoyado para llegar a este momento. Uno de mis mayores gozos al escribir esta sección es, sin embargo, ver que todos a los que les he expresado mis agradecimientos en libros anteriores, continúan en mi vida. Son amigos de crecimiento hasta el final.

Comienzo una vez más por seguir profundamente agradecido por ese ticket dorado para la vida —mi segunda oportunidad, me fue dada por Dios. Vivo cada día para ganarme esa bendición, y en mis esfuerzos por vivir plenamente, amo abiertamente y marco una diferencia, estoy extremadamente agradecido por su amor y su guía.

Este libro lo dedico una vez más en parte a mi padre, Mel Burchard. Te perdimos muy pronto, papá, pero tuvimos la suerte de tenerte el tiempo que te tuvimos y llevaremos en nosotros tu chispa por siempre.

A mamá, a David, a Bryan y a Helen; los amo a todos. Siempre han creído en mí y me han dejado vivir mi vida, me han inspirado viviendo cada uno la suya. Tengo la chispa gracias a su amor y apoyo. Mamá, siempre tendrás quién te cuide.

A mi eterna luz del sol, Denise. Vivo sorprendido del amor que compartimos y ese es el amor que enciende mi vida y la hace cada día más brillante. Hace ya ocho años, Cielo, y no ha pasado un solo día en el que no haya sentido una chispa de emoción y agradecimiento en mi corazón por estar contigo.

A los muchachos y "¡a todos mis amigos!", no sé en cuántas ocasiones nuestras locas aventuras nos llevaron, a cada uno, a estar cerca de la muerte, pero ¡qué más da! Ha sido divertido. Espero que, a pesar de mis permanentes ocupaciones y de mi récord de llamadas perdidas, nunca me pongan la categoría de amigos en mantenimiento. Por su amistad de toda la vida los amo a todos: Jason Sorenson, Gwenda Houston, Dave Ries, Adam Standiford, Ryan Grepper, Steve Roberts, Jesse Brunner, Matt y Mark Hiesterman, Jeff Buszmann, Jessy Villano Falk, Brian Simonson, Dave Smith, Nick Dedominic, Jenny Owens, Dana Fetrow, Phil Bernard, y Stephan y Mira Blendstrup.

La razón por la que están leyendo este libro es porque mi profesora de periodismo de la secundaria, Linda Ballew, me inspiró con su amor a la literatura y su entusiasmo por compartir una conversación inteligente con el mundo. Ballewby, espero que, a sus ojos, lo haya hecho bien esta vez.

Una vez más, agradezco a mis amigos, mis antiguos compañeros de trabajo de Accenture que me enseñaron acerca de los negocios, la excelencia y el profesionalismo, especialmente a Jenny Chan, Mary Bartlett, Teri Babcock y Janet Hoffman.

No sé cómo expresar mi agradecimiento a Scott Hoffman, mi agente y el mejor de todos en el negocio editorial. Amigo, mira lo que hemos hecho juntos. Me siento honrado de haberlo hecho todo con tu guía y tu amistad. Scott es la razón por la cual mis libros se encuentran en todo el mundo.

A Roger Freet y a todo el equipo de HarperOne que tuvo fe en mi y publicó *Life's Golden Ticket* (*El ticket de tu vida*). Ese libro es aún mi consentido. Gracias por creer en mí cuando era apenas un bebé en esta industria. Gracias a Michael Carr, quien me ha ayudado en la corrección del primer borrador de todos mis libros y siempre me ayuda a encontrar la palabra y el lugar perfecto para cada coma, como ésta que acabo de usar.

Mi historia de convertirme en un experto en motivación y desempeño humano comenzó siendo un estudiante y un incansable buscador. Gracias a esos increíbles maestros que, en los meses y años que siguieron a mi accidente automovilístico a los diecinueve años de edad, cambiaron mi vida: Tony Robbins, Paulo Coehlo, James Redfield, Brian Tracy, Stephen Covey, Mark Victor Hansen, Jack Canfield, John Gray, Wayne Dyer, Debbie Ford, Benjamin Hoff, Og Mandino, Marianne Williamson, John Gottman, Nathaniel Branden, Phillip McGraw, Mitch Albom, Les Brown, Deepak Chopra, David Bach y a otras leyendas tanto vivas como del pasado. Es para mí un honor contar ahora con tantos de ustedes como amigos y colegas.

Tony Robbins merece un reconocimiento especial por haberme inspirado a cambiar en forma dramática la calidad de mi vida después del accidente. Aún recuerdo oír su voz dentro de mi auto y haber pensado un día, *tal vez, alguna vez, llegaré a ser esa voz para otros, y tal vez, algún día, llegaré a agradecérselo a este tipo.* Gracias, Tony, por todo.

Hace unos años, muchos de estos expertos compartieron conmigo invaluables lecciones de vida e ideas de mercadeo, respaldo o capacitación que me ayudaron a difundir mi mensaje a grandes distancias: Rick Frishman, Steve and Bill Harrison, Jeff Walker, Jim Kwik, Frank Kern, Bill Harris, Srikumar Rao, Eben Pagan, Jay Abraham, Jeff Johnson, Mike Koenigs, Seth Godin, Andy Jenkins, Joe Polish, Ryan Deiss, Tim Ferriss, Yanik Silver, Roger Love, Mike Filsaime, Paul Colligan, Brad Fallon, Garrett Gunderson, Richard Rossi, Trey Smith, Dean Graziosi, Jay Conrad Levinson, David Hancock, Darren Hardy, Daniel Amen, Ken Kleinberg, Bo Eason, Chris Atwood, Tellman Knudson, Randy Garn, Tony Hsieh, T. Harv Eker, Dean Jackson, Brian Kurtz, Rich Schefren, Brian Johnson, Armand Morin, John Carlton, Vishen Lakhiani, Don Crowther, Jason Van Orden, Jason Deitch, Dan Sullivan, John Assaraf, Paula Abdul. Gracias a todos.

Es imposible agradecer a todos y cada uno de los que me ayudaron a compartir mi mensaje, por lo tanto, presento disculpas a los que me apoyaron, a mis afiliados, admiradores, clientes y amigos que no he mencionado aquí. Les agradezco a todos. A mis clientes particulares; saben quiénes son y saben que los amo. Servirles enciende mi chispa cada día.

Mis compañeros de equipo hacen que todo esto sea posible. Jenni Robbins, sigues siendo la profesional y la amiga más talentosa, detallista, eficiente, colaboradora y sorprendente que jamás haya conocido. Me alegra que tengamos la oportunidad de trabajar juntos. Para el resto del equipo, expresarles mis agradecimientos no será nunca suficiente: Denise McIntyre, Travis Shields, Karen Lo, Heather Moffett, Lauren Davis, Audrey Hagen, Shawn Royster, John Josepho, Mel Abraham, Roberto Secades. Gracias también a nuestros antiguos compañeros de equipo y a los incontables e increíblemente dedicados voluntarios que avivaron nuestros encuentros e inspiraron a nuestros clientes.

A mi nuevo equipo y a mis amigos de Free Press: ay, ay, ay. Gracias por sacar este libro al mundo y por ser una empresa editorial tan personal, tan increíblemente dispuesta a brinda apoyo y tan experta. Tengo un profundo respeto por todos ustedes. Dominick Anfuso fue el encargado de este libro y por eso lo están leyendo. Él y Martha Levin son las principales razones por las cuales entré a formar parte de la familia de Free Press. Dominick, con todo lo que te ocurrió mientras trabajábamos en este proyecto siempre estuviste firme, presente, dispuesto a ayudar, atento, siempre líder y buen amigo. Estoy sorprendido de ver lo que tú y Leah Miller hicieron editando este libro y ayudándome a encontrar su esencia. Al resto del equipo quiero decirles que les debo mucho y que me encanta estar haciendo este viaje con ustedes: Martha Levin (¡gracias por creer en mí!), Suzanne Donahue, Carisa Hays, Larry Hughes, Sydney Tanigawa, Emily Jarrett, Tom Spain.

Por último, a usted, el lector: Tengo encendida la chispa día tras día pensando que he podido compartir mi voz con usted. Espero oír de usted algún día. Le agradecería que me tenga en su Facebook y me cuente cómo le va. Ahora… *¡A encender la Chispa!*

Acerca del autor

Brendon Burchard es fundador de High Performance Academy y autor del bestseller *Life's Golden Ticket (El ticket de tu vida)*. Es también autor del libro que ocupó el lugar #1 en la lista de bestsellers del *New York Times* y el *USA Today, The Millionaire Messenger (El mensajero millonario)*. Por estas obras, Brendon se ha convertido en uno de los principales capacitadores en motivación y mercadeo del mundo, y sus libros, videos, circulares, productos y presentaciones inspiran ahora a casi dos millones de personas en todo el mundo.

Brendon recibió la bendición de un ticket de oro para la vida —una segunda oportunidad— después de sobrevivir a un accidente automovilístico en República Dominicana. Desde entonces, ha dedicado su vida a ayudar a personas, equipos y organizaciones a encontrar la chispa en sus vidas, a compartir sus voces y a marcar una gran diferencia en el mundo.

Brendon aparece regularmente en la televisión pública y ha hecho presentaciones en los medios en *Anderson Cooper, ABC World News*, NPR stations, *Oprah and Friends,* y otros populares programas y medios de comunicación como *SUCCESS* magazine, Forbes. com, y el *Huffington Post*. Como uno de los capacitadores de mayor éxito de nuestro tiempo, ha compartido el escenario con el Dalai Lama, Sir Richard Branson, Tony Hsieh, Tony Robbins, Wayne Dyer, Stephen Covey, Deepak Chopra, Marianne Williamson, David Bach, John Gray, Brian Tracy, Keith Ferrazzi, Harv Eker, Les Brown, Debbie Ford, Jack Canfield y muchos otros. La lista de clientes de Brendon parece una lista de quién es quién en los mundos empresariales y de farándula, y a sus seminarios han asistido ejecutivos y empresarios de más de cincuenta países. Los logros más destacados en la vida de Brendon incluyen High Performance Academy, Experts Academy, World's Greatest Speaker Training y 10X Wealth & Business.

Conozca a Brendon y reciba capacitación y recursos gratuitos en www.BrendonBurchard.com.